财务会计类专业精品课程规划教材

经济法基础

主　编　李　辉　王子润
副主编　李佳馨　田　子

苏州大学出版社
Soochow University Press

图书在版编目(CIP)数据

经济法基础 / 李辉，王子润主编. -- 苏州 : 苏州大学出版社，2024. 8(2025. 7 重印). -- ISBN 978-7-5672-4810-6

Ⅰ. D922.29

中国国家版本馆 CIP 数据核字第 2024YG2242 号

经济法基础

李　辉　王子润　主编

责任编辑　王　娅

苏州大学出版社出版发行

（地址：苏州市十梓街 1 号　邮编：215006）

镇江文苑制版印刷有限责任公司印装

（地址：镇江市黄山南路 18 号润州花园 6-1 号　邮编：212000）

开本 787 mm×1 092 mm　1/16　印张 20.5　字数 518 千

2024 年 8 月第 1 版　2025 年 7 月第 3 次印刷

ISBN 978-7-5672-4810-6　定价：69.00 元

图书若有印装错误，本社负责调换

苏州大学出版社营销部　电话：0512-67481020

苏州大学出版社网址　http://www.sudapress.com

苏州大学出版社邮箱　sdcbs@suda.edu.cn

前言

为全面贯彻《中华人民共和国职业教育法》，加快推进《职业教育专业目录（2021年）》《职业教育专业简介（2022年修订）》的实施，满足高等职业教育财务会计类和财政税务类专业实施新版人才培养方案的教学所需，学院会计专业建设指导委员会依据“经济法基础”的课程标准和教学改革新要求，编写了本教材。本教材基于初级会计师岗位，按照市场经济运行的内在逻辑，构建起一个结构清晰的经济法理论体系，运用经济法基本理论，监督、规范各种经济行为和经济活动，解决经济运行中的各类法律问题，培养学生从事商务、会计、市场运行等工作时的法律技能，在专业课程体系中起到基础性和先导性作用。

本教材具有以下特点：

1. 融入课程思政内容，以立德树人为根本落脚点

本教材以习近平新时代中国特色社会主义思想为指导，有机融入党的二十大精神，将我国经济法律体系建设与党的二十大报告中提出的“建设现代化产业体系”“增进民生福祉，提高人民生活品质”等国家战略结合起来，通过学习经济法知识，深刻理解法律在国家宏观调控中的地位和作用。本教材设有“尚德精技”栏目，将立德树人根本任务融入学生的素养培养，在岗位技能的训练中，培养学生应用法律知识解决实际业务问题的能力。

2. 融入企业案例，以专业能力的培养为主线

本教材全面对接国际先进职业教育理念，突出理论和实践相统一，强调实践性，以真实项目、典型工作任务为导向，进行教学单元设计，每一个项目均以“案例导入”开始，在分析案例的过程中学习法律知识，配合“想一想”“练一练”等环节，加深学生对法律知识的理解，全面提升学习的效果。

3. 校企合作开发教材，以应用能力的培养为着力点

本教材的编写得到了财务数智化领域头部企业的大力支持，全面融入了经济运行相关领域的新标准、新规范、新应用等，编者与企业专家研讨教材编写方案，邀请会计服务业协会专家参与教材内容的设计，力求使教材内容实务性更强，培养满足实际工作岗位需求的毕业生，并

结合业财税融合大数据应用职业技能大赛，在教材内容的选取和编排上实现“岗课赛证”融通。

本教材由苏州信息职业技术学院李辉教授担任第一主编，负责内容规划，单元一、单元四的撰写，以及全书的统稿；江苏联合职业技术学院徐州财经分院王子润老师担任第二主编，负责单元五和单元九的撰写；江苏联合职业技术学院徐州财经分院田子、万广伟、严艳老师分别负责单元二、单元三、单元六的编写；四川省成都市财贸职业高级中学校楼庆东、李佳馨老师分别负责单元七、单元八的编写。本教材在编写过程中得到了苏州大学出版社、苏州市吴江区会计服务协会等单位的大力支持，在此表示诚挚的感谢。

由于编者水平有限，教材内容难免有疏漏之处，敬请读者批评指正。

编　者

2024 年 4 月

CONTENTS

目录

单元一

经济法概述

学习目标

1. 了解法的本质、特征、分类与渊源
2. 了解经济法律关系、法律事实和法律责任相关知识
3. 能够分析经济生活中经济法律关系的主体、客体和内容
4. 培养实事求是的职业精神和尽职尽责的工作态度

学习框架

- 经济法概述
  - 项目一　经济法概述和内容
    - 一、法的本质与特征
    - 二、法的分类和渊源
  - 项目二　经济法律关系
    - 一、法律关系的概念
    - 二、法律关系的要素
    - 三、法律事实
  - 项目三　经济法律责任
    - 一、法律责任的概念
    - 二、法律责任的种类

思政元素

- 法治思维　法治文化（项目一）
- 爱岗敬业　工匠精神（项目二）
- 实事求是　遵纪守法（项目三）

项目一　经济法概述和内容

案例导入

张某是某学校的一名学生,在法律课程中听老师讲到法是统治阶级意志的体现之后,提出疑问:既然法是统治阶级意志的体现,那是不是说统治阶级违法犯罪就不用受到法律的制裁了?

请分析:张某的观点是否正确?

知识储备

一、法的本质与特征

(一)法的本质

(1)法是统治阶级的国家意志的体现。

(2)法由统治阶级的物质生活条件决定,是社会客观需要的反映。

(3)法是统治阶级的整体意志和根本利益的体现,而不是统治阶级中个别成员的意志,也不是统治阶级中每个成员个人意志的简单相加。

(二)法的特征

(1)法是国家制定或者认可的规范,具有国家意志性。

(2)法凭借国家强制力的保证而获得普遍遵守的效力,具有国家强制性。

(3)法是确定人们在社会关系中的权利和义务的行为规范,具有规范性(利益导向性)。

(4)法是明确而普遍适用的规范,具有明确公开性和普遍约束性。

读一读

党的十八大以来,以习近平同志为核心的党中央在新时代中国特色社会主义事业中砥砺奋进,正式提出了习近平法治思想,从历史和现实相贯通、国际和国内相关联、理论和实际相结合方面,深刻回答了新时代为什么实行全面依法治国、怎样实行全面依法治国等一系列重大问题。全面依法治国是中国特色社会主义的本质要求和重要保障。全面依法治国,就是要把国家各项事业纳入法治轨道,保证广大人民群众依照宪法和法律规定,通过各种途径和形式管理国家事务,管理经济和文化事业,管理社会事务,保证国家各项工作都依法进行,逐步实现社会主义民主的制度化、法治化。

二、法的分类和渊源

（一）法的分类

根据不同的标准，可以对法做不同的分类（表 1-1）。

表 1-1　法的分类

标准	分类
法的创制方式和表现形式	成文法和不成文法
法的内容、效力和制定程序	根本法和普通法
法的内容	实体法和程序法
法的空间效力、时间效力或对人的效力	一般法和特别法
法的主体、调整对象和渊源	国际法和国内法
法律运用的目的	公法和私法

1-1-1 练一练

【单选题】下列对法所做的分类中，属于以法的空间效力、时间效力或对人的效力为依据进行分类的是（　　）。

A. 根本法和普通法　　B. 成文法和不成文法

C. 一般法和特别法　　D. 实体法和程序法

1-1-1　练一练答案

（二）法的渊源

法的渊源（表 1-2）也称为法的形式，是指法的具体表现形态，即法是由何种国家机关、依照什么方式或程序创制出来的，并表现为具有何种形式、何种效力等级的规范性法律文件。法的渊源的种类，主要是依据创制法的国家机关的不同、创制方式的不同而进行划分的。

表 1-2　法的渊源

渊源	制定机关	效力等级
宪法	全国人民代表大会	具有最高法律效力
法律	全国人民代表大会及其常务委员会	仅次于宪法
行政法规	国务院	仅次于宪法和法律
地方性法规	有地方立法权的地方人民代表大会及其常务委员会	① 地位低于宪法、法律、行政法规，不得与它们相抵触；② 效力高于本级和下级地方政府规章
部门规章	国务院各部委、中国人民银行、审计署和具有行政管理职能的直属机构（部委行署）	根据法律和国务院的行政法规、决定、命令，在本部门的权限范围内制定
地方政府规章	有地方立法权的地方人民政府	根据法律、行政法规和本省、自治区、直辖市的地方性法规制定

☞ **小提示**

(1) 效力等级。

① 宪法>法律>行政法规>地方性法规>本级和下级地方政府规章;

② 宪法>法律>行政法规>部门规章。

(2) 除表 1-2 所列之外,我国法的渊源还包括自治条例和单行条例、特别行政区的法律、我国缔结和参加的国际条约,但不包括判例。最高人民法院所作的判决书、最高人民法院指导案例等不能作为我国法的渊源。

(三) 法的冲突解决原则

1. 一般原则

(1) 根本法优于普通法。

在成文宪法国家,宪法是国家根本法,具有最高法律效力。普通法必须以宪法为依据,不得同宪法相抵触。这是国家法制统一的必然要求。在我国,宪法具有最高的法律效力,一切法律、行政法规、地方性法规、自治条例和单行条例、规章都不得同宪法相抵触。

(2) 上位法优于下位法。

不同位阶的法之间发生冲突时,遵循上位法优于下位法的原则。

在我国,法律的效力高于行政法规、地方性法规、规章。行政法规的效力高于地方性法规、规章。地方性法规的效力高于本级和下级地方政府规章。省、自治区的人民政府制定的规章的效力高于本行政区域内的设区的市、自治州的人民政府制定的规章。

(3) 新法优于旧法。

同一国家机关在不同时期颁布的法产生冲突时,遵循新法优于旧法的原则。

(4) 特别法优于一般法。

这一原则的适用是有条件的,要求必须是同一国家机关制定的法,并包括以下两种情况:一是指在适用对象上,对特定主体和特定事项的法优于对一般主体和一般事项的法;二是指在适用空间上,特定时间和特定区域的法优于平时和一般地区的法。

2. 特殊原则

如果法的效力冲突不能按照一般原则予以解决,则只能采取特殊方式。以我国为例,依据《中华人民共和国立法法》的有关规定,出现表 1-3 所示情况时可由有权的国家机关予以裁决。

表 1-3 法的冲突解决的特殊方式

冲突形式		解决方式
对同一事项的新的一般规定与旧的特殊规定不一致	法律之间	由全国人民代表大会常务委员会裁决
	行政法规之间	由国务院裁决
	同一机关制定的地方性法规或者规章之间	由制定机关依照规定的权限做出裁决

续表

冲突形式		解决方式
同一位阶的法对同一事项的规定不一致	地方性法规与部门规章之间	由国务院提出意见： ① 认为应当适用地方性法规的，应当决定在该地方适用地方性法规的规定； ② 认为应当适用部门规章的，应当提请全国人民代表大会常务委员会裁决
	部门规章之间、部门规章与地方政府规章之间	由国务院裁决
	国务院根据全国人民代表大会及其常务委员会授权制定的行政法规与法律不一致，不能确定如何适用	由全国人民代表大会常务委员会裁决

项目实施

本项目“案例导入”中，法体现的是整个统治阶级的意志，但不是统治阶级每个成员的个人意志都能上升为法。这是因为，统治阶级的每个成员除有其共同利益外，还有各自的特殊利益，法反映的只能是统治阶级共同的、根本的利益，统治阶级的每个成员也都必须守法，他们的违法行为也要受到法律的制裁，任何违法行为都是对统治阶级整体利益和根本利益的侵害。统治阶级内部成员做出违法犯罪行为，说明他们企图把自己的个人利益和个人意志凌驾于整个阶级的共同利益和共同意志之上，如果对这种行为听之任之，最终必将从根本上危及统治阶级的共同利益。所以，张某的观点是不正确的。

项目一 练习

一、单选题

1. 有关法的本质与特征，下列表述不正确的是（　　）。
   A. 法是由国家制定或认可的规范
   B. 法是全社会成员共同意志的体现
   C. 法是由统治阶级的物质生活条件所决定的
   D. 法凭借国家强制力的保证获得普遍遵守的效力

2. 下列规范性文件中，效力等级最高的是（　　）。
   A. 工业和信息化部发布的《新能源汽车生产企业及产品准入管理规定》
   B. 国务院发布的《企业财务会计报告条例》
   C. 全国人民代表大会通过的《中华人民共和国民法典》
   D. 财政部、国家税务总局发布的《增值税暂行条例实施细则》

3. 下列规范性文件中，属于行政法规的是（　　）。
   A. 国务院发布的《企业财务会计报告条例》
   B. 全国人民代表大会通过的《香港特别行政区基本法》
   C. 全国人民代表大会常务委员会通过的《票据法》
   D. 财政部发布的《企业会计准则——基本准则》

4. 下列规范性文件中，属于部门规章的是（　　）。
   A.《中华人民共和国票据法》　　B.《企业财务会计报告条例》
   C.《香港特别行政区基本法》　　D.《企业会计准则——基本准则》

二、多选题

1. 下列关于规范性法律文件适用原则的表述中，正确的有（　　）。
   A. 不同行政法规对同一事项的新的一般规定与旧的特别规定不一致，不能确定如何适用时，由国务院裁决
   B. 根据授权制定的法规与法律规定不一致时，由全国人民代表大会常务委员会裁决
   C. 部门规章与地方政府规章对同一事项的规定不一致时，由国务院裁决
   D. 不同法律对同一事项的新的一般规定与旧的特别规定不一致，不能确定如何适用时，由全国人民代表大会常务委员会裁决

2. 下列规范性文件中，属于规章的有（　　）。
   A. 国务院发布的《企业财务会计报告条例》
   B. 上海市人民政府发布的《上海市旅馆业管理办法》
   C. 财政部发布的《金融企业国有资产转让管理办法》

D. 北京市人民代表大会常务委员会发布的《北京市城乡规划条例》

三、判断题

1. 全国人民代表大会常务委员会制定的《中华人民共和国公司法》,其法律效力高于国务院制定的《中华人民共和国市场主体登记管理条例》。 (　　)

2. 根据内容的不同,法可以分为成文法和不成文法。 (　　)

项目二　经济法律关系

案例导入

星海公司是一家大型玩具公司，2023年11月6日，公司会计周某在领导张某的授意下，购买虚假发票入账。

请思考：会计周某与其公司领导的行为是否构成法律行为？

知识储备

一、法律关系的概念

法律关系是法律规范在调整人们的行为过程中所形成的一种特殊的社会关系，即法律上的权利与义务关系。或者说，法律关系是指被法律规范所调整的权利与义务关系。因为调整社会关系的法律规范不同，所形成的法律关系也不一样，如平等主体之间的人身关系和财产关系，由民法调整而形成的法律关系称为民事法律关系。

二、法律关系的要素

法律关系由法律关系的主体、法律关系的客体和法律关系的内容三个要素构成。法律关系的主体，又称法律主体，是指依法享有权利和承担义务的当事人。法律关系的客体，又称法律客体，是指法律主体的权利和义务所指向的对象。法律关系的内容，又称法律内容，是指法律主体所享有的权利和承担的义务。

1-2-1　想一想

星海公司从阳光商场购买一批货物，合同注明价款100万元。

请思考：这一活动中的法律主体和内容分别是什么？

1-2-1　**想一想答案**

（一）法律关系的主体

法律关系的主体主要包括以下几方面的内容(表 1-4)。

表 1-4　法律关系的主体及其具体内容

法律关系的主体	具体内容	
自然人	中国公民、外国公民、无国籍人	
法人	营利法人	包括有限责任公司、股份有限公司和非公司制营利法人
	非营利法人	包括事业单位、社会团体、基金会、社会服务机构等
	特别法人	包括机关法人、农村集体经济组织法人、城镇农村的合作经济组织法人、基层群众性自治组织法人
非法人组织	包括个人独资企业、合伙企业、不具有法人资格的专业服务机构等	
国家	在特殊情况下,国家可以作为一个整体成为法律关系的主体 【解释】在我国国内,国家是国家财产所有权唯一和统一的主体;在国际上,国家作为主权者,是国际公法关系的主体,也可以成为对外贸易关系中的债权人或债务人	

（二）法律关系的客体

法律关系的客体主要有以下几方面的内容(表 1-5)。

表 1-5　法律关系的客体及其具体内容

分类	具体内容	
物	自然物	如矿藏、土地、水流、森林等
	人造物	如飞机、大炮、轮船、机器设备、建筑物等
	货币及有价证券	如支票、股票、债券等
	有体物	可以是固定形态的,也可以是无固定形态的,如空气、天然气、电力、热力等
	无体物	如权利等
人身、人格	① 人的整体只能是法律关系的主体,不能作为法律关系的客体; ② 人身和人格是生命权、身体权、健康权、姓名权、肖像权、名誉权等人身权指向的客体	
智力成果	是指人们通过脑力劳动创造的能带来经济价值的精神财富,如作品、发明、实用新型、外观设计、商标等	
信息、数据、网络虚拟财产	如矿产情报、产业情报、国家机密、商业秘密、个人隐私等	
行为	如生产经营行为、经济管理行为、完成一定工作任务的行为和提供一定劳务的行为等	

三、法律事实

法律事实是指由法律规范所确定的,能够产生法律后果,即能够直接引起法律关系发生、变更和消灭的情况。法律规范和法律主体只是法律关系产生的抽象的、一般的前提,并不能直接引起法律关系的变化;法律事实则是法律关系产生的具体条件,只有当法律规范规定的法律事实发生时,才会引起法律关系的发生、变更和消灭。法律事实是法律关系发生、变更和消灭的直接原因。按照是否以当事人的意志为转移的标准,可以将法律事实划分为法律事件、法律行为和事实行为。

(一)法律事件

法律事件是指不以当事人的主观意志为转移的,能够引起法律关系发生、变更和消灭的法定情形或现象。

事件可以是自然现象,如地震、洪水、台风、森林大火等自然灾害,或者生老病死、意外事故等;也可以是某些社会现象,如社会革命、战争、重大政策的改变等。这两种事件对于特定的法律主体而言,都是不可避免、不以当事人的意志为转移的。自然灾害可引起保险赔偿关系的发生或合同关系的解除;人的出生可引起抚养关系、户籍管理关系的发生;人的死亡可引起赡养关系、婚姻关系、劳动合同关系的消灭和继承关系的发生。由自然现象引起的事实又称自然事件、绝对事件,由社会现象引起的事实又称社会事件、相对事件。

(二)法律行为

法律行为是法律主体通过意思表示设立、变更、终止法律关系的行为,例如签订合同、行政许可等。

根据不同的标准,可以对法律行为做不同的分类(表 1-6)。

表 1-6　不同标准下法律行为的分类

划分标准	具体类别
行为是否符合法律规范的要求	合法行为与违法行为
行为的表现形式不同	积极行为:作为,如参与"会计造假"行为; 消极行为:不作为,如竞业限制
行为人取得权利是否需要支付对价	有偿行为:如买卖、租赁; 无偿行为:如无偿保管、赠与
做出意思表示的主体数量	单方行为:如遗嘱、行政命令; 多方行为:如结婚
行为是否需要特定形式或实质要件	要式行为:要有特定形式或程序,如签发支票; 非要式行为:如零售合同
主体实际参与行为的状态	自主行为与代理行为

（三）事实行为

民事领域中，在法律行为之外还存在事实行为，事实行为是与法律主体的意思表示无关，由法律直接规定法律后果的行为。民法中常见的事实行为有无因管理行为、正当防卫行为、紧急避险行为，以及侵权行为、违约行为、遗失物的拾得行为、埋藏物的发现行为等。

1-2-2 练一练

【单选题】下列法律事实中，属于法律行为的是（　　）。

A. 网络购物　　B. 火山喷发

C. 战争爆发　　D. 冰山融化

1-2-2　练一练答案

项目实施

本项目“案例导入”中，会计周某购买虚假发票入账的行为和其公司领导授意的行为均构成法律行为，属于违法行为，也属于积极行为。

项目二 练习

一、单选题

1. 甲公司与乙公司签订租赁合同，约定甲公司承租乙公司一台精密仪器，租期1个月，租金15万元。引起该租赁法律关系发生的法律事实是（　　）。

A. 租赁的精密仪器　　B. 甲公司和乙公司

C. 15万元租金　　D. 签订租赁合同的行为

2. 下列主体中，属于非营利法人的是（　　）。

A. 农民专业合作社　　B. 合伙企业

C. 事业单位　　D. 有限责任公司

二、多选题

1. 下列各项中，可以成为法律关系客体的有（　　）。

A. 数字人民币　　B. 支付账户

C. 电子商务平台经营者　　D. 个人消费信息数据

2. 下列各项中，属于法律关系构成要素的有（　　）。

A. 主体　　B. 内容

C. 客体　　D. 法律事件

3. 会计人员张某在领导的授意下做假账，有关张某的行为是否构成法律行为，下列说法正确的有（　　）。

A. 张某的行为是违法行为，不属于法律行为

B. 虽然张某的行为违法，但仍属于法律行为

C. 张某的行为属于积极法律行为

D. 张某的行为属于消极法律行为

4. 下列各项中，属于事实行为的有（　　）。

A. 爆发战争　　B. 签订合同

C. 拾得遗失物　　D. 侵权行为

5. 下列各项中，能成为法律关系主体的有（　　）。

A. 国家　　B. 农村集体经济组织法人

C. 无人驾驶汽车　　D. 无国籍人

三、判断题

1. 网络虚拟财产不可以成为法律关系的客体。　　（　　）

2. 某网络带货主播通过虚假申报方式逃税10亿元,其逃税行为属于法律行为中的积极行为和违法行为。 ( )

3. 法律关系客体中的物,仅指有体物,不包括无体物。 ( )

4. 个人独资企业与合伙企业均具有法人资格。 ( )

项目三　经济法律责任

案例导入

孙某看见自家车位上停了别人的车，在等待车主来的时候，一冲动随手拿起旁边的砖头损坏了该车辆。后来，车主张某赶到并且报警处理，经鉴定车损达到9 000元。孙某及家人积极主动赔偿张某的车辆损失，人民法院依法判处孙某拘役1个月。

请思考：① 此案例中，孙某故意损害车辆，赔偿张某9 000元属于哪种类型的法律责任？② 人民法院依法判处孙某拘役1个月属于哪种类型的法律责任？

知识储备

一、法律责任的概念

法律责任这一概念可以从正反两个方面理解，即积极意义上的法律责任与消极意义上的法律责任。积极意义上的法律责任是指所有法律主体都有遵守法律的义务，即将法律责任与法律义务含义等同，也称广义的法律责任。现行立法所用的法律责任是一种消极意义上的法律责任，是指法律主体由于违反法定或约定的义务而应承受的不利的法律后果，也称狭义的法律责任。

二、法律责任的种类

根据我国法律的有关规定，可将法律责任分为民事责任、行政责任和刑事责任三种。

（一）民事责任

民事责任是指民事主体违反了约定或法定的义务所应承担的不利民事法律后果。根据《中华人民共和国民法典》（以下简称《民法典》）的规定，承担民事责任的方式主要有以下11种。

1. 停止侵害

适用于侵权行为正在进行或仍在延续中的情形，受害人可依法要求侵害人立即停止其侵害行为。

2. 排除妨碍

行为人实施的侵害行为使受害人无法行使或不能正常行使自己的财产权利、人身权利的，受害人有权请求排除妨碍。

3. 消除危险

行为人的行为对他人人身或财产安全造成威胁，或者存在着侵害他人人身或财产安全的可能，他人有权要求行为人采取有效措施消除危险。

4. 返还财产

行为人非法占有财产，权利人有权要求其返还。

5. 恢复原状

权利人有权要求恢复权利被侵害前的原有状态。

6. 修理、重作、更换

权利人有权要求将被损害的财产通过修理、重新制作或者更换损坏的部分，使财产恢复到原有正常状态。

7. 继续履行

行为人不履行或不当履行合同义务，另一方合同当事人有权要求违反合同义务的行为人承担继续履行合同义务的责任。

8. 赔偿损失

行为人因违反合同或者侵权行为而给他人造成损害，应以其财产赔偿受害人所受的损失。

9. 支付违约金

行为人因违反合同规定的义务，而应按照合同的约定，向权利人支付一定数额的货币作为违约的补偿或惩罚。

10. 消除影响、恢复名誉

行为人因其侵害了自然人或者法人的人格、名誉而应在影响所及的范围内消除不良后果，将受害人的名誉恢复到未受侵害时的状态。

11. 赔礼道歉

违法行为人向受害人公开认错、表示歉意的责任形式。既可由加害人向受害人口头表示，也可以由加害人以写道歉书的形式进行。

以上承担民事责任的方式，可以单独适用，也可以合并适用。

（二）行政责任

行政责任是指违反法律法规规定的行为人所应承受的由国家行政机关对其依行政程序所给予的制裁。行政责任包括行政处罚和行政处分两类（表 1-7）。

表 1-7　行政责任的不同类别

<table>
<tr><td rowspan="4">行政责任</td><td rowspan="2">行政处罚</td><td>概念</td><td>行政机关依法对违反行政管理秩序的公民、法人或者其他组织，以减损权益或者增加义务的方式予以惩戒的行为</td></tr>
<tr><td>形式</td><td>警告、通报批评，罚款、没收违法所得、没收非法财物，暂扣许可证件、降低资质等级、吊销许可证件，限制开展生产经营活动、责令停产停业、责令关闭、限制从业，行政拘留和法律、行政法规规定的其他行政处罚</td></tr>
<tr><td rowspan="2">行政处分</td><td>概念</td><td>指对违反法律规定的国家机关工作人员或被授权、委托的执法人员所实施的内部制裁措施</td></tr>
<tr><td>种类</td><td>警告、记过、记大过、降级、撤职、开除</td></tr>
</table>

（三）刑事责任

刑事责任是指犯罪人因实施犯罪行为所应承受的由国家审判机关（人民法院）依照刑事法律给予的制裁后果，是法律责任中最严厉的责任形式。刑事责任主要通过刑罚而实现，刑罚分为主刑和附加刑两类（表 1-8）。

表 1-8　刑事责任的种类及具体形式

种类	具体形式	基本涵义
主刑	管制	限制人身自由（3 个月以上 2 年以下），由公安机关管束和监督
	拘役	短期剥夺人身自由（1 个月以上 6 个月以下），就近拘禁并强制劳动
	有期徒刑	长期剥夺人身自由（6 个月以上 15 年以下），实行劳动改造
	无期徒刑	终身剥夺人身自由，实行劳动改造
	死刑	包括死刑立即执行和死刑缓期 2 年执行
附加刑（可与主刑一起适用，也可以独立适用）	罚金	强制向国家缴纳一定数额金钱
	剥夺政治权利	剥夺的政治权利包括： ① 选举权和被选举权； ② 言论、出版、集会、结社、游行、示威自由的权利； ③ 担任国家机关职务的权利； ④ 担任国有公司、企业、事业单位和人民团体领导职务的权利
	没收财产	将犯罪分子个人所有财产的一部分或者全部强制无偿地收归国有
	驱逐出境	强迫犯罪的外国人离开中国国（边）境

1-3-1 练一练

1.【多选题】下列法律责任形式中，属于行政处罚的有（　　）。

A. 通报批评　　B. 罚款

C. 记大过　　D. 开除

2.【单选题】下列法律责任形式中，属于民事责任的是（　　）。

A. 恢复原状　　B. 吊销许可证件

C. 剥夺政治权利　　D. 没收违法所得

3.【判断题】附加刑不得独立适用。（　　）

1-3-1　练一练答案

项目实施

本项目“案例导入”中，① 赔偿损失属于民事责任；拘役、管制、有期徒刑、无期徒刑、死刑属于刑事责任中的主刑。因此，孙某故意损害车辆赔偿张某 9 000 元属于民事责任。② 人民法院依法判处孙某拘役 1 个月属于刑事责任。

项目三　练习

一、单选题

1. 下列法律责任形式中，属于行政责任的是(　　)。
A. 返还财产　　B. 降低资质等级
C. 驱逐出境　　D. 罚金

2. 根据刑事法律制度的规定，下列各项中，属于拘役法定量刑期的是(　　)。
A. 15 天以下　　B. 1 个月以上 6 个月以下
C. 3 个月以上 2 年以下　　D. 6 个月以上 15 年以下

3. 下列法律责任形式中，属于行政责任的是(　　)。
A. 没收违法所得　　B. 赔偿损失
C. 剥夺政治权利　　D. 恢复原状

二、多选题

1. 下列法律责任形式中，属于民事责任的有(　　)。
A. 罚金　　B. 恢复原状　　C. 支付违约金　　D. 罚款

2. 下列法律责任形式中，属于行政处罚的有(　　)。
A. 通报批评　　B. 罚款　　C. 记大过　　D. 开除

三、判断题

1. 拘役的期限通常为 1 个月以上 6 个月以下，数罪并罚最高不超过 1 年。　(　　)

2. 罚款和没收违法所得属于刑事责任。　(　　)

单元二

公司法律制度

学习目标

1. 了解公司的登记管理事项
2. 掌握有限责任公司、股份有限公司的组织架构,董事会和股东大会的职责权限
3. 掌握公司的利润分配顺序
4. 能够利用公司法律制度正确分析现实生活中的相关案例
5. 培养实事求是、踏实刻苦的职业精神和严谨的工作态度

学习框架

公司法律制度

- 项目一 公司法基本概念与制度
  - 一、公司法人资格与股东有限责任
  - 二、公司的主体资格
  - 三、公司的登记管理
- 项目二 股份有限公司
  - 一、股份有限公司的设立
  - 二、股份有限公司的组织机构
  - 三、股票发行与优先股
- 项目三 有限责任公司
  - 一、有限责任公司的设立
  - 二、有限责任公司的组织机构
  - 三、公司董事、监事、高级管理人员的任职资格和义务
  - 四、有限责任公司的股权转让
  - 五、国家出资公司组织机构的特别规定
- 项目四 公司的财务会计
  - 一、财务会计报告的制作与公告
  - 二、会计师事务所聘用程序
  - 三、公司的利润分配
- 项目五 公司的重大变更
  - 一、公司合并、分立
  - 二、公司增加与减少注册资本
- 项目六 公司解散和清算
  - 一、公司解散
  - 二、公司清算

思政元素

- 宪法精神 法治思维 法治文化（项目一）
- 职业精神 爱岗敬业 工匠精神（项目二、项目三）
- 工匠精神 职业素养（项目四）
- 遵纪守法 社会责任 历史使命（项目五）

项目一　公司法基本概念与制度

案例导入

甲股份有限公司(以下简称"甲公司")于2024年3月上市,总资产2亿元,董事会成员为7人。2024年5月,甲公司召开董事会,分别讨论了如下事项:

① 讨论通过了为其子公司一次性提供融资担保8 000万元的决议。

② 讨论向丙公司投资的方案。参加会议的6名董事会成员中,有4人同时为丙公司董事,经参会董事一致同意,通过了向丙公司投资的方案。

请思考:甲公司董事会是否有权做出融资担保决议?

知识储备

一、公司法人资格与股东有限责任

1. 公司法人资格

法人是具有民事权利能力和民事行为能力,依法独立享有民事权利和承担民事义务的组织。

法人资格是指机关、团体、企事业单位等社会组织以法人的名义独立地参加民事活动,享受民事权利、承担民事义务的资格。

公司具有独立的法人资格,独立于股东,它不同于个人独资企业、合伙企业,公司是营利法人。

2. 股东有限责任

股东以其认缴的出资额或以其认购的股份为限对公司承担责任,公司以其全部财产对公司债务承担责任。

二、公司的主体资格

(一) 母子公司和总分公司

1. 母子公司

母公司和子公司都具有法人资格,在法律上是彼此独立的企业,子公司具有法人资格,依法独立承担民事责任。

2. 总分公司

(1) 分公司不具有法人资格,没有独立的公司名称、章程,没有独立的财产,但可领取营业执照，进行经营活动，其民事责任由总公司承担。

（2）法人可以依法设立分支机构。分支机构以自己的名义从事民事活动，产生的民事责任由法人承担；也可以先以该分支机构管理的财产承担，不足以承担的，由法人承担（表 2-1）。

表 2-1　子公司与分公司的主体资格

	子公司	分公司
是否具有法人资格	√	×
与母（总）公司是否属于同一法人	×	√
是否有独立的公司名称、章程，独立的财产	√	×
能否领取营业执照	√	√
民事责任的承担	独立承担	由总公司承担

（二）公司担保

1. 公司担保的基本规定

（1）决议机构。

为公司股东或者实际控制人提供担保，必须经股东（大）会决议。接受担保的股东或者实际控制人支配的股东，不得参加表决。该项表决由出席会议的其他股东所持表决权的过半数通过。

为公司股东或者实际控制人以外的他人提供担保，按照公司章程的规定由董事会或者股东（大）会决议。

（2）担保限额。

公司章程对担保的总额或者单项担保的数额有限额规定的，不得超过规定的限额。

2. 对上市公司担保行为的规定

出现下列担保事项，须经上市公司股东大会审批。

（1）担保总额过大。它是指本公司及本公司控股子公司的对外担保总额，达到或超过最近一期经审计净资产的 50%以后提供的任何担保；上市公司 1 年内担保金额超过公司最近一期经审计总资产的 30%的担保。

（2）单项担保额度过大。它是指单笔担保额超过最近一期经审计净资产 10%的担保。

（3）对象特殊。它是指为资产负债率超过 70%的担保对象提供的担保；对股东、实际控制人及其关联方提供的担保（实行关联表决权排除）。

（4）上市公司董事会拟决议公司担保事项，但出席董事会的无关联关系董事人数不足 3 人的，应将该事项提交上市公司股东大会审议。

三、公司的登记管理

1. 备案事项

公司的下列事项应当向登记机关办理备案。

（1）章程。

（2）经营期限。

(3) 有限责任公司股东或者股份有限公司发起人认缴的出资数额。

(4) 公司董事、监事、高级管理人员。

(5) 公司登记联络员。

(6) 法律、行政法规规定的其他事项。

公司变更备案事项的,应当自做出变更决议、决定或者法定变更事项发生之日起 30 日内向登记机关办理备案。

2. 登记事项

公司的登记事项如下。

(1) 名称。

(2) 住所。

(3) 注册资本。

(4) 经营范围。

(5) 法定代表人的姓名。

(6) 有限责任公司股东、股份有限公司发起人的姓名或者名称。

公司登记机关应当将前款规定的公司登记事项通过国家信用信息公示系统向社会公示。

3. 营业执照

营业执照是工商行政管理机关发给工商企业、个体经营者的准许从事某项生产经营活动的凭证。公司营业执照应当载明名称、法定代表人姓名、类型、注册资本、住所、经营范围、登记机关、成立日期、统一社会信用代码。

公司营业执照(包括纸质营业执照和电子营业执照)的签发日期为公司的成立日期。营业执照分为正本和副本,具有同等法律效力。

项目实施

本项目“案例导入”中,甲公司董事会无权做出融资担保决议。根据规定,上市公司 1 年内购买、出售重大资产或者担保金额超过公司最近一期经审计总资产 30%的,应当由股东大会审议批准,且应当经出席股东大会的股东所持表决权的 2/3 以上通过。在本题中,融资担保额度(8 000 万元)超过了甲公司总资产的 30%[2 亿元×30%=6 000(万元)],相关担保决议应由股东大会审议批准。

项目一　练习

一、单选题

1. 王某是甲公司的控股股东，因向银行借款请求甲公司为其提供担保。有关甲公司为王某提供担保的下列说法正确的是(　　)。

A. 甲公司不得为王某提供担保，因为法律禁止公司为其股东提供担保

B. 甲公司能否为王某提供担保取决于公司章程的规定

C. 甲公司为王某提供担保应当经股东(大)会决议，王某不得参加表决，该项决议由除王某以外的股东所持表决权的2/3以上通过

D. 甲公司为王某提供担保应当经股东(大)会决议，王某不得参加表决，该项决议由出席会议的其他股东所持表决权的过半数通过

2. 甲、乙、丙、丁4家公司共同出资设立一家注册资本为400万元的有限责任公司。4家公司的下列非货币财产出资中，合法的是(　　)。

A. 甲公司以其商誉作价50万元出资

B. 乙公司以其特许经营权作价50万元出资

C. 丙公司以其非专利技术作价60万元出资

D. 丁公司以其设定了抵押担保的房屋作价240万元出资

二、多选题

1. 甲公司在外地设立了乙分公司，有关乙分公司的下列说法中，正确的有(　　)。

A. 乙分公司不得领取营业执照

B. 甲公司和乙分公司是两个独立的法人

C. 乙分公司没有独立的财产

D. 乙分公司没有独立的公司名称

2. 有关子公司和分公司，下列表述中，不正确的有(　　)。

A. 子公司和分公司均有法人资格

B. 子公司和分公司均有独立的公司名称、章程，独立的财产

C. 子公司和分公司均不得领取营业执照

D. 子公司和分公司均能独立承担经营活动中产生的民事责任

3. 有关公司营业执照的下列说法中，正确的有(　　)。

A. 营业执照的正本和副本具有同等法律效力

B. 电子营业执照与纸质营业执照具有同等法律效力

C. 营业执照的签发日期为公司的成立日期

D. 公司变更登记不能涉及营业执照记载事项

三、判断题

1. 甲、乙、丙拟设立A有限责任公司，于2022年5月9日共同制定了公司章程，并于2022年6月14日向公司登记机关提出设立申请。公司登记机关于2022年6月26日签发营业执照。甲、乙、丙于2022年7月2日共同取回了营业执照并举行了隆重的开业庆典。A有限责任公司自2022年7月2日起成立。（　　）

2. 甲有限责任公司章程规定由其董事长担任公司的法定代表人。该规定合规合法。（　　）

3. 分公司不具有法人资格，但有独立的财产，可以其财产独立承担法律责任。（　　）

项目二 股份有限公司

案例导入

2024年1月,桃源股份有限公司(以下简称"桃源公司")首次公开发行股票并在证券交易所上市交易。

2024年5月,未持有桃源公司股份的董事曹某买入桃源公司10万股股份。曹某认为,只有转让股份才需要向公司报告,买入股份不需要报告,故未向桃源公司报告其买入股份的行为。

请思考:曹某不向桃源公司报告其买入公司股份的行为是否符合法律规定?

知识储备

股份有限公司是指公司资本为股份所组成的公司,股东以其认购的股份为限对公司承担责任。

一、股份有限公司的设立

(一)设立条件

1. 发起人应具备的条件

股份有限公司应当由2人以上200人以下为发起人。股份有限公司的发起人可以是自然人,也可以是法人,但发起人中须有过半数的人在中国境内有住所。

2. 注册资本

(1)发起设立的股份有限公司。

股份有限公司采取发起设立方式设立的,注册资本为在公司登记机关登记的全体发起人认购的股本总额;法律、行政法规以及国务院决定对股份有限公司注册资本实缴、注册资本最低限额另有规定的,从其规定。

在发起人认购的股份缴足前,不得向他人募集股份。

(2)募集设立的股份有限公司。

股份有限公司采取募集方式设立的,注册资本为在公司登记机关登记的实收股本总额。发起人认购的股份不得少于公司股份总数的35%,但法律、行政法规另有规定的,从其规定。

3. 公司章程

(1)以发起设立方式设立的股份有限公司,由全体发起人共同制定公司章程。

(2)以募集设立方式设立的股份有限公司,发起人制定的公司章程,还应当经出席创立大会的认股人所持表决权过半数通过。

（二）设立方式

股份有限公司的设立方式主要有发起设立、募集设立两种。

1. 发起设立

设立公司时，公司首次发行的股份由发起人全部认足，而不再向社会公众公开募集。这种设立形式中，全体发起人认购的股本总额，就是公司进行设立登记时的注册资本总额。

2. 募集设立

设立公司时，发起人只认购股份一部分，其余部分向社会公开招募。

依据《中华人民共和国公司法》（以下简称《公司法》）规定，股份有限公司采取发起方式设立的，注册资本为在公司登记机关登记的全体发起人认购的股本总额。在发起人认购的股份缴足前，不得向他人募集股份；采取募集方式设立的，注册资本为在公司登记机关登记的实收股本总额。

二、股份有限公司的组织机构

（一）股份有限公司股东大会

1. 基本职权

股份有限公司的股东大会由全体股东组成，是公司的权力机构，具有以下职权。

（1）决定公司的经营方针和投资计划。

（2）选举和更换非由职工代表担任的董事、监事，决定有关董事、监事的报酬事项。

（3）审批相关报告、方案。

① 审议批准董事会的报告。

② 审议批准监事会或者监事的报告。

③ 审议批准公司的年度财务预算方案、决算方案。

④ 审议批准公司的利润分配方案和弥补亏损方案。

（4）决议重大事项。

① 对公司增加或者减少注册资本做出决议。

② 对发行公司债券做出决议。

③ 对公司合并、分立、解散、清算或者变更形式做出决议。

④ 修改公司章程。

2. 会议类型

（1）定期会议。

定期会议的召开频率由公司章程规定，一般情况下每年召开一次。上市公司年度股东大会应当于上一会计年度结束后的 6 个月内召开。

（2）临时会议。

出现下列情形时，需要召开临时会议。

① 董事人数不足 5 人或者公司章程所定人数的 2/3 时。

② 公司未弥补的亏损达到实收股本总额的 1/3 时。

③ 单独或者合计持有公司 10%以上股份的股东请求时。
④ 董事会认为必要时。
⑤ 监事会提议召开时。
⑥ 公司章程规定的其他情形。

3. 通知时限

(1) 召开年会,应当在会议 20 日前通知各股东。
(2) 召开临时股东大会,应当在会议 15 日前通知各股东。
(3) 发行无记名股票的公司,应当在会议召开 30 日前公告会议召开时间、地点和审议事项。

股东大会不得对通知中未列明的事项做出决议。

(二) 股份有限公司董事会

1. 董事会组成

股份有限公司董事会成员为 5 至 19 人,任期不超过 3 年。董事会成员中可以有公司职工代表,董事会中的职工代表由公司职工通过职工代表大会、职工大会或者其他形式民主选举产生。

2. 董事会职权

股份有限公司董事会具备下列四项独立职权。

(1) 决定公司的经营计划和投资方案。
(2) 决定公司内部管理机构的设置。
(3) 决定聘任或者解聘公司经理及其报酬事项,并根据经理的提名决定聘任或者解聘公司副经理、财务负责人及其报酬事项。
(4) 制定公司的基本管理制度。

3. 董事会形式

根据召开形式不同,董事会可以分为定期会议和临时会议两种。定期会议每年最少召开两次。

满足下列条件之一的,可以召开临时会议。

(1) 代表 1/10 以上表决权的股东提议。
(2) 1/3 以上董事提议。
(3) 监事会提议。

4. 董事的赔偿责任

股份有限公司的董事会的决议违反法律、行政法规或者公司章程、股东大会决议,致使公司遭受严重损失的,参与决议的董事对公司负赔偿责任;但经证明在表决时曾表明异议并记载于会议记录的,该董事可以免除责任。

三、股票发行与优先股

(一) 股票发行的基本规定

公司向发起人、法人发行的股票,应当为记名股票。同次发行的同种类股票,每股的发行条件和价格应当是相同的，任何单位或者个人所认购的股份，每股应当支付相同的价额。

1. 发行价格

股票发行价格可以按票面金额发行（平价发行），也可以超过票面金额发行（溢价发行），但不得低于票面金额发行（折价发行）。

2. 新股发行程序

（1）股东大会对下列事项做出决议。

① 新股种类及数额。

② 新股发行价格。

③ 新股发行的起止日期。

④ 向原有股东发行新股的种类及数额。

（2）公告新股招股说明书和财务会计报告，并制作认股书。

（3）与依法设立的证券公司签订承销协议，并同银行签订代收股款协议。

（4）根据公司经营情况和财务状况，确定其作价方案。

（5）募足股款后，必须向公司登记机关办理变更登记并公告。

2-2-1 练一练

1.【单选】根据公司法律制度的规定，股份有限公司发行新股，股东大会应当对特定事项做出决议。下列各项表述不正确的是（　　）。

A. 新股发行的起止日期　　B. 新股种类及数额

C. 承销的证券公司　　D. 新股发行价格

2-2-1　练一练答案

2.【单选】下列有关股票发行价格的表述中，正确的是（　　）。

A. 股票发行价格只能与票面金额相同

B. 股票发行价格可以与票面金额相同，也可以低于票面金额，但不得超过票面金额

C. 股票发行价格可以与票面金额相同，也可以超过票面金额，但不得低于票面金额

D. 股票发行价格必须超过票面金额

3.【判断】股份有限公司发行股票时，对于同一种类的股票可以针对不同投资主体规定不同的发行条件和发行价格。（　　）

（二）优先股发行的基本规定

1. 优先股股东的权利

（1）优先分配股利。优先股股东先于普通股股东分配公司利润。

（2）优先分配剩余财产。在公司进行清算时，优先股股东先于普通股股东取得公司剩余财产。

2. 优先股股东的权利限制

（1）优先股股东一般不参与公司决策，不出席股东大会，不享有股东大会表决权。

（2）分类表决。出现以下情况之一的，公司召开股东大会会议应通知优先股股东。优先股股东有权出席股东大会会议，就以下事项与普通股股东分类表决，其所持每一股优先股有一表决权，但公司持有的优先股没有表决权。

① 修改公司章程汇总与优先股相关的内容。

② 一次或累计减少公司注册资本超过 10%。

③ 公司合并、分立、解散或者变更公司形式。

④ 发行优先股。

上述事项的决议,除须经出席会议的普通股股东所持表决权的 2/3 以上通过之外,还须经出席会议的优先股股东所持表决权的 2/3 以上通过。

（三）股份转让

1. 股票转让的方式

(1) 记名股票,由股东以背书方式或者法律、行政法规规定的其他方式转让,转让后由公司将受让人的姓名或者名称及住所记载于股东名册。

无记名股票的转让,由股东将该股票交付给受让人后即发生转让的效力。

(2) 股东大会召开前 20 日内或者公司决定分配股利的基准日前 5 日内,不得进行股东名册的变更登记。

2. 对发起人转让股份的限制

(1) 发起人持有的本公司股份,自公司成立之日起 1 年内不得转让。

(2) 公司公开发行股份前已发行的股份,自公司股票在证券交易所上市交易之日起 1 年内不得转让。

3. 对董事、监事、高级管理人员转让股份的限制

(1) 董事、监事、高级管理人员应当向公司申报所持有的本公司股份及变动情况。

(2) 董事、监事、高级管理人员所持本公司股份,自公司股票上市交易之日起 1 年内不得转让。

(3) 董事、监事、高级管理人员在任职期间每年转让的股份不得超过其所持有本公司股份总数的 25%(≤25%)。但下列两种情形不受该规定限制。

① 因司法强制执行、继承、遗赠、依法分割财产等导致股份变动的。

② 上市公司董事、监事和高级管理人员所持股份不超过 1 000 股的,可一次全部转让。

(4) 董事、监事、高级管理人员离职后 6 个月内,不得转让其所持有的本公司股份。

(5) 上市公司董事、监事和高级管理人员在下列期间内不得买卖本公司股票。

① 上市公司年度报告、半年度报告公告前 30 日内。

② 上市公司季度报告、业绩报告、业绩快报公告前 10 日内。

③ 自可能对本公司证券及其衍生品种交易价格产生较大影响的重大事件发生日或在决策过程中,至依法披露之日内。

项目实施

本项目“案例导入”中,曹某的行为不符合规定。根据《公司法》的要求,公司董事、监事、高级管理人员应当向公司申报所持有的本公司股份及其变动情况(不论增减)。

项目二 练习

一、单选题

1. A上市公司拟召开2022年度股东大会，董事会秘书赵某拟定了下列召开日期，其中符合公司法律制度规定的是（　　）。

A. 2022年6月30日　　B. 2022年7月31日

C. 2022年8月31日　　D. 2022年9月30日

2. 下列股份有限公司中，应当在2个月内召开临时股东大会的是（　　）。

A. 甲公司，实收股本总额为3 000万元，现未弥补的亏损为500万元

B. 乙公司，章程规定董事会由9名董事组成，现有4名董事因故辞职

C. 丙公司，持股5%的股东赵某提议召开临时股东大会

D. 丁公司，监事钱某提议召开临时股东大会

3. 根据公司法律制度的规定，下列关于股东大会的表述中，正确的是（　　）。

A. 股东人数较少的股份有限公司，股东大会会议可以每两年召开一次

B. 股东大会做出决议，必须经全体股东所持表决权过半数通过

C. 股东大会可以依照公司章程的规定以累积投票制的方式选举董事

D. 股东大会可以对会议通知中未列明的事项做出决议

4. 某上市公司董事会成员共9名，监事会成员共5名。下列有关该公司董事会召开的情形中，符合法律规定的是（　　）。

A. 经2名董事提议可召开董事会临时会议

B. 公司董事长、副董事长不能履行职务时，可由4名董事共同推举1名董事履行职务

C. 经3名监事提议可召开董事会临时会议

D. 董事会每年召开2次会议，并在会议召开10日前通知全体董事和监事

5. 王某和刘某共同出资设立了甲股份有限公司，注册资本为10万元，聘任赵某担任总经理。有关甲股份有限公司组织机构设置，下列说法正确的是（　　）。

A. 甲股份有限公司决定不设董事会，由王某担任执行董事

B. 甲股份有限公司决定不设监事会，由刘某担任监事

C. 甲股份有限公司决定由公司总经理赵某担任法定代表人

D. 甲股份有限公司决定由监事刘某兼任财务经理

6. 甲股份有限公司董事会有9名董事，该公司召开董事会会议，甲、乙、丙、丁、戊5名董事出席，其余4名董事缺席。会议表决前，丁因故提前退席，也未委托他人代为表决。会议最终由4名董事一致做出一项决议。该决议的法律效力为（　　）。

A. 有效　　B. 无效　　C. 可撤销　　D. 不成立

7. 下列有关股份有限公司股份转让的表述中，不正确的是(　　)。

A. 公司可以接受以本公司的股票作为质押权的标的

B. 无记名股票的转让，由股东在依法设立的证券交易场所将股票交付给受让人后即发生转让效力

C. 发起人持有的本公司股份，自公司成立之日起 1 年内不得转让

D. 公司董事在任职期间每年转让的本公司股份不得超过其所持有本公司股份总数的 25%

二、多选题

1. 根据公司法律制度的规定，认股人缴纳出资后，有权要求返还出资的情形有(　　)。

A. 公司未按期募足股份　　B. 公司发起人未按期召开创立大会

C. 创立大会决议不设立公司　　D. 公司发起人抽逃出资，情节严重

2. 股份有限公司股东大会所作的下列决议中，须经出席会议的股东所持表决权的 2/3 以上通过的有(　　)。

A. 批准公司年度财务预算方案的决议　　B. 公司合并、分立、解散的决议

C. 变更公司形式的决议　　D. 增加或者减少注册资本的决议

3. 甲股份有限公司发生了下列情形，其中，公司应当在 2 个月内召开临时股东大会的有(　　)。

A. 公司董事人数不足公司章程所定人数的 2/3

B. 公司未弥补的亏损达到实收股本总额的 10%

C. 监事会提议召开

D. 持股 15%的股东提议召开

4. 甲上市公司董事会正在讨论从乙公司大宗采购原材料，乙公司由甲上市公司董事长赵某实际控制；董事 A、B、C、D、E 出席会议，董事长赵某及董事会其余 2 名成员未出席会议；决议时 E 投了反对票，但董事会仍然通过决议，且未将 E 的反对意见记入会议记录。有关本案例的下列说法中，正确的有(　　)。

A. 赞同的董事人数占全体董事人数未过半数，该董事会决议不能通过

B. 赞同的董事人数占无关联关系的董事人数已过半数，该董事会决议通过

C. 如果日后发现该关联交易违法，给甲上市公司造成重大损失，出席会议的董事 A、B、C、D、E 应对公司承担赔偿责任

D. 如果日后发现该关联交易违法，给甲上市公司造成重大损失，出席会议且表示赞同的董事 A、B、C、D 应对公司承担赔偿责任，投反对票的董事 E 无须对公司承担赔偿责任

三、判断题

1. 股份有限公司采取发起设立方式设立的，注册资本为在公司登记机关登记的全体发起人认购的股本总额。(　　)

2. 在同次股份发行中，相同种类的股份，每股的发行条件和发行价格应当相同。
( )

3. 股东大会召开前20日内或者公司决定分配股利的基准日前5日内，不得进行股东名册的变更登记，但法律对上市公司股东名册变更登记另有规定的，从其规定。 ( )

项目三　有限责任公司

案例导入

刘某拟与关某、张某共同投资设立桃园有限责任公司(以下简称“桃园公司”),因刘某不愿以自己名义投资,遂与曹某约定,曹某为名义股东,刘某实际出资并享有投资收益。后曹某按照约定,认缴出资100万元。曹某被记载于桃园公司股东名册,并在公司登记机关登记。关某、张某认缴的出资全部缴足,曹某认缴的出资刘某仅实际缴纳60万元。

桃园公司经营期间,曹某未经刘某同意将其持有的桃园公司股权进行质押,并造成了损失。刘某得知后,要求曹某赔偿损失,但遭到拒绝。

请思考: 曹某是否有权拒绝刘某的赔偿请求?

知识储备

一、有限责任公司的设立

(一) 设立条件

1. 条件概述

有限责任公司的设立需要具备以下几个条件。

(1) 有限责任公司由50个以下股东出资设立。

(2) 有符合公司章程规定的全体股东认缴的出资额。

(3) 股东共同制定章程。

(4) 有公司名称,建立符合有限责任公司要求的组织机构。

(5) 有公司住所。

2. 股东资格

有限责任公司的股东需要具备以下条件。

(1) 法律、行政法规禁止从事营利性活动的人,不得成为公司股东,如国家公务员。

(2) 除担任公司发起人外,股东不需要具备完全民事行为能力。

(3) 机关法人一般不能担任公司股东,但依法对外投资时,仍然可以成为国有股东。

(4) 公司不得自为股东。

(5) 外商投资应遵守外商投资法律制度的规定。

3. 认缴资本制

根据《公司法》第二十六条规定,有限责任公司的注册资本为在公司登记机关登记的全体股东认缴的出资额。法律、行政法规以及国务院决定对有限责任公司注册资本实缴、注册资本最低限额另有规定的,从其规定。

股东可以用货币,也可以用实物、知识产权、土地使用权等可以用货币估价并可以依法转让的非货币财产作价出资;但是法律法规规定不得作为出资的财产除外(如土地使用权、非法的财产等),劳务、信用、自然人姓名、商誉、特许经营权或者设定担保的财产等不得作价出资。

4. 公司章程

股东应当在公司章程上签名、盖章,公司章程对公司、股东、董事、监事、高级管理人员具有约束力。

有限责任公司章程应当载明下列事项。

(1) 公司名称和住所。

(2) 公司经营范围。

(3) 公司注册资本。

(4) 股东的姓名或者名称。

(5) 股东的出资方式、出资额和出资时间。

(6) 公司的机构及其产生办法、职权、议事规则。

(7) 公司法定代表人。

(二) 设立程序

1. 订立公司章程

公司章程是公司设立的基本文件,需要严格按照法律要求订立。章程内容应涵盖公司名称、住所、经营范围、注册资本、股东的姓名或名称、股东的出资方式、出资额和出资时间等事项。

2. 股东缴纳出资

股东应当按照公司章程或法律规定的期限足额缴纳公司章程中规定的各自所认缴的出资额。

股东以货币出资的,应当将货币出资按照公司章程或法律规定的期限足额存入公司在商业银行开立的相关账户。

股东以非货币财产出资的,应当评估作价,依法办理其财产权的转移手续,该转移手续一般在6个月内办理完毕。

3. 申请设立登记、领取营业执照

股东认足公司章程规定的出资后,由全体股东指定的代表或者共同委托的代理人向公司登记机关报送公司登记申请书、公司章程等文件,申请设立登记。

(三) 股东未尽出资义务的法律责任

1. 补足责任

(1) 未尽出资义务的股东。

① 公司或者其他股东请求其向公司依法全面履行出资义务(补足未出资本息)的,人民法院应予支持。

② 公司债权人有权请求未尽出资义务的股东在未出资本息范围内对公司债务不能清

偿的部分承担补充清偿责任。

（2）其他责任人。

① 股东在公司设立时未尽出资义务，公司发起人与该股东承担连带责任，但发起人承担责任后，可以向该股东追偿。

② 股东在公司增资时未尽出资义务，公司、其他股东或者公司债权人有权请求未尽忠实和勤勉义务而使出资未缴足的董事、高级管理人员承担相应的责任；董事、高级管理人员承担责任后，可以向被告股东追偿。

2. 违约责任

股东不按照规定缴纳出资的，除应当向公司足额缴纳外，还应当向已按期足额缴纳出资的股东承担违约责任。

（四）股东抽逃出资

1. 抽逃出资的认定

公司成立后，公司、股东或者公司债权人以相关股东的行为符合下列情形之一且损害公司权益为由，请求认定该股东抽逃出资的，人民法院应予以支持。

（1）通过虚构债权债务关系将其出资转出。

（2）制作虚假财务会计报表虚增利润进行分配。

（3）利用关联交易将出资转出。

（4）其他未经法定程序将出资抽回的行为。

2. 抽逃出资的法律责任

股东抽逃出资的法律责任与股东未尽出资义务的法律责任相似（抽逃出资的股东应承担返还抽逃出资本息的责任，债权人有权要求抽逃出资的股东在其抽逃出资的本息范围内对公司债务不能清偿部分承担补充清偿责任，公司可以依法限制抽逃出资股东的股东权利，甚至按照规定将抽逃全部出资的股东除名），主要区别在于承担连带责任的主体。

（1）股东抽逃出资，公司或者其他股东有权请求其向公司返还出资本息，协助抽逃出资的其他股东、董事、高级管理人员或者实际控制人对此承担连带责任。

（2）公司债权人有权请求抽逃出资的股东在抽逃出资本息范围内对公司债务不能清偿的部分承担补充赔偿责任，协助抽逃出资的其他股东、董事、高级管理人员或者实际控制人对此承担连带责任。

二、有限责任公司的组织机构

有限责任公司的组织机构主要包括股东会、董事会、监事会和高级管理人员。高级管理人员主要指公司的（总）经理、副（总）经理、财务负责人、上市公司董事会秘书和公司章程规定的其他人员。

（一）有限责任公司的股东会

股东会由全体股东组成，是公司的权力机构。

1. 股东会的职权

(1) 决定公司的经营方针和投资计划。

(2) 选举和更换非由职工代表担任的董事、监事,决定有关董事、监事的报酬事项。

(3) 审议批准“2 报告、4 方案”。

① 审议批准董事会的报告。

② 审议批准监事会或者监事的报告。

③ 审议批准公司的年度财务预算方案、决算方案。

④ 审议批准公司的利润分配方案和弥补亏损方案。

(4) 决议重大事项。

① 对公司增加或者减少注册资本做出决议。

② 对发行公司债券做出决议。

③ 对公司合并、分立、变更公司形式、解散或清算等事项做出决议。

④ 修改公司章程。

(5) 公司章程规定的其他职权。

2. 股东会会议类型及召开频率

股东会可以分为定期会议和临时会议两种。定期会议一般一年召开一次。出现以下情形,应该召开临时会议。

(1) 代表 1/10 以上表决权的股东提议。

(2) 1/3 以上的董事提议。

(3) 监事会或者不设监事会的公司的监事提议。

股东会应于召开前 15 日通知全体股东,对于一般事项,除章程另有规定外,按出资比例行使表决权;对于特殊事项,如修改公司章程,增减注册资本,公司合并、分立、解散或者变更公司形式,应当由代表 2/3 以上表决权的股东通过。

3. 股东会决议

(1) 表决权的计算。

股东会会议由股东按照出资比例行使表决权,但公司章程另有规定的除外。

(2) 一般事项的决议。

股东会的议事方式和表决程序,由公司章程规定。

(3) 绝对多数通过事项。

股东会对下列事项做出决议时,必须经代表 2/3 以上表决权的股东通过。

① 修改公司章程。

② 增加或者减少注册资本。

③ 公司合并、分立、解散。

④ 变更公司形式。

(4) 关联表决权排除事项。

公司为股东、实际控制人提供担保的,必须经股东(大)会决议。接受担保的股东或者受实际控制人支配的股东,不得参加表决,该项表决由出席会议的其他股东所持表决权的过半数通过。

（二）有限责任公司的董事会

有限责任公司的董事会是股东会的执行机构，一般由 3～13 人组成。

1. 职权

（1）独立职权。

① 决定公司的经营计划和投资方案，而非经营“方针”和投资“计划”。

② 决定公司内部管理机构的设置。

③ 决定聘任或者解聘公司经理及其报酬事项，并根据经理的提名决定聘任或者解聘公司副经理、财务负责人及其报酬事项。

④ 制定公司的基本管理制度。

（2）附属职权。

① 召集股东会会议，并向股东会报告工作。

② 执行股东会的决议。

③ 制订公司的年度财务预算方案、决算方案。

④ 制订公司的利润分配方案和弥补亏损方案。

⑤ 制订公司增加或者减少注册资本以及发行公司债券的方案。

⑥ 制订公司合并、分立、变更公司形式、解散的方案。

（3）公司章程规定的其他职权。

2. 召集和主持

董事会会议由董事长召集和主持；董事长不能或者不履行职务的，由副董事长召集和主持；副董事长不能或者不履行职务的，由半数以上董事共同推举一名董事召集和主持。

（三）有限责任公司的监事会

有限责任公司经营规模较大时，设立监事会，其成员不得少于 3 人。监事会应当包括股东代表和适当比例的公司职工代表。其中，职工代表的比例不得低于 1/3，具体比例由公司章程规定。股东人数较少或者规模较小的有限责任公司，可以设立 1～2 名监事，不设立监事会。董事、高级管理人员不得兼任监事。

1. 监事会职权

（1）监督职权。

① 检查公司财务。

② 对董事、高级管理人员执行公司职务的行为进行监督，对违反法律、行政法规、公司章程或者股东会决议的董事、高级管理人员提出罢免的建议。

③ 当董事、高级管理人员的行为损害公司的利益时，要求董事、高级管理人员予以纠正。

④ 依照《公司法》的规定，对董事、高级管理人员提起诉讼。

（2）提议权。

① 提议召开临时股东会会议，在董事会不履行规定的召集和主持股东会会议职责时召集和主持股东会会议。

② 向股东会会议提出提案。

(3) 监事可以列席董事会会议,并对董事会决议事项提出质询或者建议。

(4) 监事会、不设监事会的公司的监事发现公司经营情况异常,可以进行调查;必要时,可以聘请会计师事务所等协助其工作,费用由公司承担。

(5) 监事会、不设监事会的公司的监事行使职权所必需的费用,由公司承担。

2. 议事规则

监事任期为3年,可以连选连任。监事会应当每年至少召开一次会议,监事可以提议召开临时监事会议。

监事会主席由全体监事过半数选举产生。监事会负责召集和主持监事会会议;监事会主席不能履行职务或者不履行职务的,由半数以上监事共同推举一名监事召集和主持监事会会议。监事会应当将所议事项的决定做成会议记录,由出席会议的监事在记录上签字盖章。

三、公司董事、监事、高级管理人员的任职资格和义务

1. 任职资格

有下列情形之一的,不得担任公司的董事、监事、高级管理人员。

(1) 无民事行为能力或者限制民事行为能力。

(2) 因贪污、贿赂、侵占财产、挪用财产或者破坏社会主义市场经济秩序,被判处刑罚,执行期满未逾5年;或者因犯罪被剥夺政治权利,执行期满未逾5年。

(3) 担任破产清算的公司、企业的董事或者厂长、经理,对该公司、企业的破产负有个人责任的,自该公司、企业破产清算完结之日起未逾3年。

(4) 担任因违法被吊销营业执照、责令关闭的公司、企业的法定代表人,并负有个人责任的,自该公司、企业被吊销营业执照之日起未逾3年。

(5) 个人所负数额较大的债务到期未清偿。

2. 忠实义务

(1) 公司董事、高级管理人员不得有下列行为。

① 挪用公司资金。

② 将公司资金以其个人名义或者以其他个人名义开立账户进行存储。

③ 违反公司章程的规定,未经股东(大)会或者董事会同意,将公司资金借贷给他人或者用公司财产为他人提供担保。

④ 违反公司章程的规定或者未经股东(大)会同意,与本公司订立合同或者进行交易。

⑤ 未经股东(大)会同意,利用职务便利为自己或者他人谋取属于公司的商业机会,自营或者为他人经营与所任职公司同类的业务。

⑥ 接受他人与公司交易的佣金归为己有。

⑦ 擅自披露公司秘密。

⑧ 违反对公司忠实义务的其他行为。

公司董事、高级管理人员违反上述规定所得的收入应当归公司所有。

四、有限责任公司的股权转让

（一）内部转让

除公司章程另有规定外，有限责任公司的股东之间可以相互转让其全部或者部分股权。

（二）外部转让

1. 股权转让

有限责任公司股东向股东之外的人转让股权，除公司章程另有规定外，应当经其他股东（人数）过半数同意；股东应就其股权转让事项以书面或者其他能够确认收悉的合理方式通知其他股东征求同意。

所谓同意，主要表现在以下几个方面。

（1）其他股东明确表示同意。

（2）其他股东自接到书面通知之日起满30日未答复的，视为同意转让。

（3）其他股东半数以上不同意转让，不同意的股东不购买的，人民法院应当认定视为同意转让。

2. 优先购买权

（1）基本规定。

① 经股东同意转让的股权，在同等条件下，转让股东以外的其他股东有权主张优先购买权，但转让股东依法放弃转让的除外。

② 人民法院在判断是否符合《公司法》所称的"同等条件"时，应当考虑转让股权的数量、价格、支付方式及期限等因素。

③ 两个以上股东主张行使优先购买权的，应协商确定各自的购买比例；协商不成的，按照转让时各自的出资比例行使优先购买权。

有限责任公司的自然人股东因继承发生变化时，其他股东主张行使优先购买权的，人民法院不予支持，但公司章程另有规定或者全体股东另有约定的除外。

（2）优先购买权的行使期间。

① 有限责任公司的股东主张优先购买转让股权的，应当在收到通知后，在公司章程规定的行使期间内提出购买请求。

② 公司章程没有规定行使期间或者规定不明确的，以通知确定的期间为准，通知确定的期间短于30日或者未明确行使期间的，行使期间为30日。

3. 股权对外转让的程序

股东转让股权后，公司应当注销原股东的出资证明书，向新股东签发出资证明书，并相应修改公司章程和股东名册中有关股东及其出资额的记载。对公司章程的该项修改不需要再由股东会表决。

五、国家出资公司组织机构的特别规定

国家出资公司是指国家出资的国有独资公司和国有资本控股公司，包括国家出资的有

限责任公司、股份有限公司。国家出资公司由国务院或者地方人民政府分别代表国家依法履行出资人职责,享有出资人权益。国务院或者地方人民政府可以授权国有资产监督管理机构或者其他部门与机构代表本级人民政府对国家出资公司履行出资人职责。

国有独资公司是指国家单独出资、由国务院或者地方人民政府授权本级人民政府国有资产监督管理机构履行出资人职责的有限责任公司。

1. 机构设置

国有独资公司不设股东会,由履行出资人职责的机构行使股东会职权;履行出资人职责的机构可以授权公司董事会行使股东会的部分职权,但公司章程的制定和修改,公司的合并、分立、解散、申请破产,增加或者减少注册资本,分配利润等事项,应当由履行出资人职责的机构决定。

2. 董事会

(1) 国有独资公司的董事会成员中应当有公司职工代表。

(2) 国有独资公司董事会成员由国有资产监督管理机构委派,董事会成员中的职工代表由公司职工代表大会选举产生。

(3) 董事会设董事长一人,可以设副董事长。董事长、副董事长由履行出资人职责的机构从董事会成员中指定。

(4) 经理。

① 国有独资公司设经理,由董事会聘任或者解聘。

② 经国有资产监督管理机构同意,董事会成员可以兼任经理。

(5) 国有独资公司的董事长、副董事长、董事、高级管理人员,未经国有资产监督管理机构同意,不得在其他公司或经济组织兼职。

3. 监事会

监事会成员不得少于5人,其中职工代表的比例不得低于1/3。监事会成员由国有资产监督管理机构委派,监事会中的职工代表由职工代表大会选举产生。监事会主席由国有资产监督管理机构从监事会成员中指定。

项目实施

本项目“案例导入”中,曹某无权拒绝刘某的赔偿请求。根据规定,名义股东将登记于其名下的股权转让、质押或者以其他方式处分,造成实际出资人损失的,实际出资人有权请求名义股东承担赔偿责任。

项目三　练习

一、单选题

1. 某有限责任公司共有甲、乙、丙3名股东。因甲无法偿还个人到期债务，人民法院拟依强制性程序变卖其股权偿债。根据公司法律制度的规定，下列表述中，正确的是（　　）。

A. 人民法院应当征得乙、丙同意，乙、丙在同等条件下有优先购买权

B. 人民法院应当通知乙、丙，乙、丙在同等条件下有优先购买权

C. 人民法院应当征得公司及乙、丙同意，乙、丙在同等条件下有优先购买权

D. 人民法院应当通知公司及全体股东，乙、丙在同等条件下有优先购买权

2. 下列有关股份有限公司设立的表述中，不符合法律规定的是（　　）。

A. 股份有限公司采取募集方式设立的，注册资本为在公司登记机关登记的实收股本总额

B. 股份有限公司可以采取发起设立或者募集设立的方式设立

C. 股份有限公司采取发起设立方式设立的，发起人应当书面认足公司章程规定其认购的股份

D. 股份有限公司章程中可以不载明公司的设立方式

3. 张某、王某、李某、赵某出资设立甲有限责任公司（以下简称"甲公司"），出资比例分别为5%、15%、36%和44%，公司章程对股东会召开及表决权行使无特别规定。下列有关甲公司股东会召开和表决的表述中，符合规定的是（　　）。

A. 张某、王某和李某行使表决权赞成即可通过修改公司章程的决议

B. 张某有权提议召开股东会临时会议

C. 王某和李某行使表决权赞成即可通过增加公司注册资本的决议

D. 首次股东会会议的召开应由赵某召集和主持

4. 甲、乙、丙、丁为A有限责任公司（以下简称"A公司"）的股东，出资比例为4∶3∶2∶1，公司章程对表决权行使及股东会议事规则无特别规定。A公司股东会的下列决议可以通过的是（　　）。

A. A公司吸收合并B有限责任公司的决议，甲、乙同意，丙、丁反对

B. A公司增加注册资本的决议，甲同意，乙、丙、丁反对

C. A公司修改公司章程的决议，甲、丙同意，乙、丁反对

D. A公司为甲向银行借款提供担保的决议，甲、乙同意，丙、丁反对

5. 甲出资设立了甲一人有限责任公司（以下简称"甲公司"）。甲公司的下列事项中，符合法律规定的是（　　）。

A. 甲公司决定投资设立新的一人有限责任公司

B. 甲公司决定会计年度终了时不编制财务会计报告

C. 甲公司不设立股东会
D. 股东王某行使股东会相应职权做出决定时未使用书面形式

6. 根据公司法律制度的规定,下列有关国有独资公司组织机构的表述中,不正确的是(　　)。
A. 国有独资公司的董事长由全体董事过半数同意选举产生
B. 国有独资公司不设股东会
C. 国有独资公司监事会中的职工代表由公司职工代表大会选举产生
D. 国有独资公司的经理由董事会聘任

二、多选题

1. 根据公司法律制度的规定,下列人员或机构中,有权要求有限责任公司召开临时股东会议的有(　　)。
A. 代表 1/10 以上表决权的股东　　B. 1/3 以上的董事
C. 董事长　　D. 监事会

2. 根据公司法律制度的规定,有限责任公司股东会会议的下列决议中,须经代表 2/3 以上表决权的股东通过的有(　　)。
A. 增加注册资本　　B. 对外提供担保
C. 决定利润分配方案　　D. 修改公司章程

3. 甲、乙、丙 3 人共同出资 500 万元设立了一个有限责任公司,其中甲和乙各出资 40%,丙出资 20%,该公司章程的下列条款中,符合公司法律制度规定的有(　　)。
A. 股东会表决时,甲、乙、丙按照出资比例行使表决权
B. 股东会表决选举公司董事和总经理时,须经甲、乙、丙一致同意,决议方为通过
C. 公司分配利润时,丙有优先分配权;公司当年利润不足 10 万元的,仅分配给丙,超过 10 万元的部分,甲、乙、丙按出资比例分配
D. 公司解散清算后,如有剩余财产,甲、乙、丙按照出资比例分配

4. 下列有关股份有限公司发起设立的表述中,正确的有(　　)。
A. 须有半数以上的发起人在中国境内有住所
B. 应当有 2 人以上 200 人以下为发起人
C. 注册资本为在公司登记机关登记的实收股本总额
D. 发起人只能是中国公民

5. 甲投资设立了甲一人有限责任公司,有关该公司组织机构的设置,下列说法正确的有(　　)。
A. 不设股东会
B. 不设董事会,由甲担任执行董事及法定代表人
C. 不设董事会,由甲担任执行董事兼任经理
D. 不设监事会,由甲担任执行董事兼任监事

6. 下列有关国有独资公司组织机构的表述中，正确的有(　　)。

A. 国有独资公司董事会必须有职工代表担任的董事

B. 国有独资公司监事会必须有职工代表担任的监事

C. 国有独资公司监事会主席由全体监事选举产生

D. 国有独资公司不设立股东会

三、判断题

1. 甲、乙、丙 3 人共同出资设立了 A 有限责任公司，公司章程对股权转让没有特别规定。甲拟将其拥有的股权全部转让给丁，通知了乙、丙。乙、丙均不愿意购买，则甲可以将股权转让给丁。(　　)

2. 一人有限责任公司的股东可以是一个法人。(　　)

3. 国有独资公司章程由国有资产监督管理机构制定，或者由董事会制定报国有资产监督管理机构批准。(　　)

4. 债权人拟要求一人有限责任公司股东对一人有限责任公司债务承担连带责任的，应当举证证明一人有限责任公司的财产与股东财产混同。(　　)

项目四　公司的财务会计

案例导入

刘某、关某、张某等5位股东设立甲有限责任公司（以下简称“甲公司”），张某持有该公司1.7%的股权。鉴于甲公司连续7年盈利且符合法定利润分配条件，但均未向股东分配利润，张某书面提出查阅公司账簿的请求，但甲公司拒绝了该请求，理由是张某的持股比例太低，无权查阅公司账簿。

2022年6月，甲公司股东会会议决定，虽然2021年度公司盈利且符合利润分配条件，但是为了扩大再生产，2021年度的利润不作分配。刘某在该次股东会会议上投了反对票，并于7月初请求甲公司收购其股权。

请思考：刘某是否有权请求甲公司收购其股权？

知识储备

一、财务会计报告的制作与公告

公司应当在每一个会计年度终了时编制财务会计报告，并依法经会计师事务所审计。股份有限公司的财务会计报告应当在召开股东大会年会的20日前置备于本公司，供股东查阅；公开发行股票的股份有限公司必须公告其财务会计报告。

二、会计师事务所聘用程序

1. 选聘会计师事务所的相关规定

根据《国有企业、上市公司选聘会计师事务所管理办法》第五条规定，上市公司聘用或解聘会计师事务所，应当由审计委员会审议同意后，提交董事会审议，并由股东大会决定。

根据《上市公司章程指引（2022年修订）》，公司聘用会计师事务所必须由股东大会决定，董事会不得在股东大会决定前委任会计师事务所。聘用会计师事务所可以召开临时股东大会，不一定由年度股东大会决定。

2. 变更会计师事务所的流程

公司如需变更会计师事务所，需经下列程序予以变更和披露。

（1）相关部门书面提出变更会计师事务所的请示。

（2）证券部门判断变更事项的动议方和具体情形。

（3）如上市公司解聘会计师事务所，应向其发出事前沟通函。

(4) 召开审计委员会审议变更事项。

(5) 召开董事会会议,审议变更事项。

(6) 披露决议公告及事务所变更专项公告。

(7) 召开股东大会,审议变更事项。

(8) 披露股东大会决议公告,披露变更事项决议。

3. 聘用会计师事务所的时间要求

根据《上市公司章程指引(2022 年修订)》第一百五十九条规定,公司聘用符合《中华人民共和国证券法》规定的会计师事务所进行会计报表审计、净资产验证及其他相关的咨询服务等业务,聘期一年,可以续聘。国有企业、上市公司更换会计师事务所的,应当在被审计年度第四季度结束前完成选聘工作。

三、公司的利润分配

(一) 公司利润处理规则

公司年末取得的利润须按如下顺序进行利润分配。

(1) 按税法弥补以前年度亏损。将本年净利润(或亏损)与年初未分配利润(或亏损)合并,计算出可供分配的利润。如果可供分配的利润为负数,即亏损,则不能进行后续分配;如果可供分配的利润为正数(即本年累计盈利),则进行后续分配。

(2) 缴纳企业所得税。

(3) 提取法定公积金,按抵减年初累计亏损后的本年净利润计提法定公积金。

(4) 提取任意公积金。

(5) 向股东分配利润。公司股东大会或董事会违反上述利润分配顺序,在抵补亏损和提取法定公积金之前向股东分配利润的,必须将违反规定发放的利润退还给公司。

(二) 违反利润分配须承担的法律责任

根据《公司法》规定,公司违法分配的情形以及应负的法律责任具体如下。

(1) 股东会、股东大会或者董事会违反规定,在公司弥补亏损和提取法定公积金之前向股东分配利润的,股东必须将违反规定分配的利润退还给公司。

(2) 公司分配当年税后利润时,应当提取利润的 10%列入公司法定公积金。公司不依照规定提取法定公积金的,由县级以上人民政府财政部门责令如数补足应当提取的金额,并可以对公司处以 20 万元以下的罚款。需要注意的是,公司法定公积金累计额为公司注册资本 50%的,可以不再提取。

读一读

法定公积金又称强制性公积金,是按照《公司法》第一百六十六条规定必须提取的,一般情况下应当提取当年净利润的 10%,公积金累计超过 50%的,可以不再进行法定公积金的提取。任意公积金和法定公积金相比具有较大的自主决定性,公司可以通过章程或股东会决议的方式决定提取的任意公积金。

公司的法定公积金不足以弥补以前年度亏损的，在依照前款规定提取法定公积金之前，应当先用当年利润弥补亏损。公司弥补亏损和提取公积金后所余税后利润，有限责任公司依照《公司法》第三十四条的规定按照股东的持股比例分配，但股份有限公司章程规定不按持股比例分配的除外。

项目实施

本项目“案例导入”中，刘某有权请求甲公司收购其股权。根据规定，有限责任公司连续5年不向股东分配利润，而公司该5年连续盈利，并且符合法定分配利润条件的，对股东会该项决议投反对票的股东可以请求公司按照合理的价格收购其股权。

项目四　练习

一、单选题

1. 某有限责任公司的下列财务会计事项中,符合规定的是(　　)。

A. 依照公司章程的规定,由董事会决定聘用承办公司审计业务的会计师事务所

B. 将公司部分货币资产以个人名义开立储存账户

C. 公司财务会计报告只提供给持有表决权30%以上的股东查阅

D. 在法定会计账簿外另立会计账簿

2. 根据公司法律制度的规定,对于股份有限公司溢价发行股票所得溢价款,应采用的会计处理方式是(　　)。

A. 列入法定公积金　　B. 列入资本公积金

C. 列入任意公积金　　D. 列入盈余公积金

3. 甲公司注册资本为700万元,公司当年税后利润300万元,法定公积金累计额310万元。公司无亏损,根据公司法律制度的规定,甲公司当年应提取的法定公积金金额是(　　)万元。

A. 40　　B. 30　　C. 50　　D. 60

4. 有限责任公司自行清算的,其清算组由(　　)组成。

A. 董事　　B. 债权人　　C. 股东　　D. 股东会确定的人员

5. 甲股份有限公司因控股股东赵某怠于履行义务,导致主要财产、账册、重要文件等灭失,公司无法进行清算。有关赵某对公司债务应承担的责任,下列说法正确的是(　　)。

A. 赵某以其出资额为限对公司债务承担有限责任

B. 赵某与其他股东对公司债务承担连带清偿责任

C. 赵某与公司对公司债务承担连带清偿责任

D. 赵某与公司对公司债务平均承担清偿责任

6. 甲有限责任公司(以下简称"甲公司")于2020年9月解散并依法清算,下列财产中,不属于其清算财产的是(　　)。

A. 股东赵某分期缴纳但尚未到期的出资12万元

B. 股东钱某出租给甲公司价值100万元的设备

C. 股东孙某从甲公司借用但尚未归还的资金8万元

D. 股东李某到期未缴纳的出资10万元

二、多选题

1. 有限责任公司中,单独或者合计持有公司全部股东表决权10%以上的股东,在发生

某些法定事由时，可以提起解散公司的诉讼，人民法院应予受理。下列各项中，属于法定事由的有(　　)。

A. 股东知情权、利润分配请求权等权益受到严重损害的

B. 公司董事长期冲突且无法通过股东会解决，公司经营管理发生严重困难的

C. 股东表决时无法达到法定或者公司章程规定的比例，持续2年以上不能做出有效的股东会决议，公司经营管理发生严重困难的

D. 公司持续2年以上无法召开股东会，公司经营管理发生严重困难的

2. 下列各项中，属于可以提请法院强制解散公司的情形有(　　)。

A. 甲公司连续3年严重亏损，已濒临破产

B. 乙公司由大股东控制，连续4年不分配利润

C. 丙公司股东之间发生矛盾，持续3年无法召开股东会，经营管理发生严重困难

D. 丁公司董事长期不合，公司无法正常运行，且无法通过股东会解决

3. 下列各项中，属于清算组在清算期间可以行使的职权有(　　)。

A. 清理公司财产

B. 处理与清算有关的公司未了结的业务

C. 清缴所欠税款以及清算过程中产生的税款

D. 代表公司参与民事诉讼活动

4. 根据公司法律制度的规定，因股份有限公司的相关责任人怠于履行义务，导致公司主要财产、账册、重要文件灭失，无法进行清算的，公司债权人有权主张相关责任人对公司债务承担连带责任。上述情形的责任人包括(　　)。

A. 公司监事　　　　B. 公司董事

C. 公司的控股股东　　　　D. 公司的中小股东

5. 下列有关公司利润分配的表述中，符合规定的有(　　)。

A. 公司持有的本公司股份不得分配利润

B. 公司发生重大亏损，税后利润不足弥补的，可用公司的资本公积金弥补

C. 公司的任意公积金可转增为公司资本

D. 公司章程可以规定股东对公司可分配利润的分配比例

项目五　公司的重大变更

案例导入

2023 年 4 月，甲上市公司与乙有限责任公司达成合并意向，并经两个股东大会表决通过。B 银行对甲公司享有一笔 2024 年 6 月底到期的借款债权。接到甲公司合并通知后，B 银行于 6 月 20 日向甲公司提出偿债请求，甲公司以债务未到期为由，予以拒绝。

请思考： 甲公司拒绝 B 银行偿债请求的理由是否成立？

知识储备

一、公司合并、分立

（一）公司合并

1. 合并定义

公司合并是指两个或两个以上的公司依照《公司法》的规定和程序，通过订立合并协议，共同组成一个公司的法律行为。

2. 合并类型

公司的合并可分为吸收合并和新设合并。

吸收合并又称存续合并，是指通过将一个或一个以上的公司并入另一个公司的方式而进行公司合并的一种法律行为。并入的公司解散，其法人资格消失。接受合并的公司继续存在，并办理变更登记手续。

新设合并是指两个或两个以上的公司以消灭各自的法人资格为前提而合并组成一个公司的法律行为。原有公司的法人资格均告消灭，新组建公司办理设立登记手续，取得法人资格。

3. 合并程序

（1）签订合并协议。

（2）编制资产负债表及财产清单。

（3）做出合并决议。

（4）通知、公告债权人。公司应当自做出合并决议之日起 10 日内通知债权人，并于 30 日内在报纸上公告。债权人自接到通知书之日起 30 日内，未接到通知书的自公告之日起 45 日内，可以要求公司清偿债务或者提供相应的担保。

（5）依法进行登记。因合并而解散的公司注销登记；因合并而新设的公司设立登记。

2-5-1 想一想

张某、李某为甲公司的股东，持股比例分别为65%与35%，张某为公司董事长。为谋求更大的市场空间，张某提出吸收合并乙公司的发展战略。张某认为自己身为公司董事长，无须征得李某的同意，于2月10日做出合并决议，并于2月22日通知其债权人。合并乙公司后，甲公司对原乙公司的债权人负责。

请思考：张某的上述做法有哪些不符合法律规定？

2-5-1 想一想答案

（二）公司分立

1. 分立定义

公司分立指原有的一个公司按照《公司法》有关规定，通过股东会决议分成两个或两个以上独立公司的法律行为。公司分立时，其财产应做相应的分割。

2. 分立方式

公司分立分为存续分立与解散分立两种方式。

存续分立是指一个公司分离成两个以上公司，本公司继续存在并设立一个以上新的公司。

解散分立是指一个公司分散为两个以上公司，本公司解散并设立两个以上新的公司。

存续分立方式中，本公司继续存在但注册资本减少，原股东在本公司、新公司的股权比例可以不变。在实践中，总公司为了实现资产扩张，降低投资风险，往往把其分公司改组成具有法人资格的全资子公司。此时，总公司也转化为母公司，母公司仅以其投资额为限对新设子公司债务负有限责任。

3. 分立程序

（1）签订合并协议。

（2）编制资产负债表及财产清单。

（3）做出合并决议。

（4）通知、公告债权人。公司应当自做出分立决议之日起10日内通知债权人，并于30日内在报纸上公告。但公司分立时，债权人无权要求清偿债务或者提供担保。

二、公司增加与减少注册资本

（一）增加注册资本（以下简称“增资”）

1. 增资方式

无论是有限责任公司还是股份有限公司，增资的方式主要有以下几种。

（1）增加票面价值。

公司在不改变原有股份总数的情况下增加每股金额，通过这种方式达到增加资本的目的。

（2）增加资本。

有限责任公司如果需要增加资本，可以按照原有股东的出资比例增加出资，也可以邀请原有股东以外的其他人出资。如果是原有股东认购出资,可以另外缴纳股款,也可以将资本公积金或者应分股利保存转换为出资。

(3) 发行新股。

股份有限公司增加股份可以采取发行新股的方式。发行新股是指公司为了扩大资本需求而发行新的股份。发行新股既可以向社会公众募集,也可以由原有股东认购。通常公司原有股东享有优先认购权。

(4) 债转股。

当债权转换为股权时,公司负债消灭,股本增加。

2. 增资程序

(1) 董事会制定与提出方案。

(2) 编制资产负债表及财产清单。

(3) 与增资人订立协议。国有独资公司的增资由国有资产监督管理机构决定;重要的国有独资公司应当由国有资产监督管理机构审核后,报本级人民政府批准。

(4) 增资缴纳。

(5) 变更登记。

(二) 减少注册资本(以下简称"减资")

1. 减资方式

(1) 返还出资或股款。

(2) 减免出资或购股义务。

(3) 缩减股权或股份。

2. 减资程序

股东会会议做出减资的决议,必须经代表 2/3 以上表决权的股东通过。公司需要减资时,必须编制资产负债表及财产清单。公司应当自做出减资决议之日起 10 日内通知债权人,并于 30 日内在报纸上公告。债权人自接到通知书之日起 30 日内,未接到通知书的自公告之日起 45 日内,有权要求公司清偿债务或者提供相应的担保。

项目实施

在本项目"案例导入"中,甲公司拒绝清偿的理由不成立。根据规定,公司合并,应当自做出合并决议之日起 10 日内通知债权人,并于 30 日内在报纸上公告。债权人(包括未到期债权人)自接到通知书之日起 30 日内,未接到通知书之日起 45 日内,可以要求公司清偿债务或者提供相应的担保。

项目五　练习

一、单选题

1. 甲公司分立为乙公司和丙公司，根据分立协议，乙公司承继甲公司20%的净资产，丙公司承继甲公司80%的净资产及全部负债。甲公司的到期债权人丁公司接到分立通知后，要求上述相关公司立即清偿债务。下列关于丁公司清偿请求的表述中，符合公司法律制度规定的是(　　)。

A. 丁公司仅能请求乙公司对该债务承担20%的责任

B. 丁公司仅能请求丙公司对该债务承担责任，不能请求乙公司对该债务承担责任

C. 丁公司可请求乙、丙公司对该债务承担连带责任

D. 丁公司仅能请求丙公司对该债务承担80%的责任

2. 2023年，乙公司兼并甲公司，在兼并协议中未对各自的债务约定处理。甲公司原对A银行负债5 000万元，到期未清偿。后来乙公司将部分优良资产分出，再设立丙公司，在分立协议中，乙、丙公司约定：乙公司原对丁公司的债务由乙公司承担，与丙公司无关。公司分立未通知丁公司。下列说法中，正确的是(　　)。

A. A银行有权要求甲、乙公司连带清偿其债务

B. A银行无权要求乙公司清偿其债务

C. 丁公司有权要求乙、丙连带清偿其债务

D. 乙、丙公司对债务分担做出的约定无效

3. 甲、乙等6位股东各出资30万元于2015年5月设立一家有限责任公司，5年来公司效益一直不错，但为了扩大再生产一直未向股东分配利润；2020年股东会上，乙提议进行利润分配，但股东会仍然做出不分配利润的决议，乙对该决议投了反对票，并觉得继续投资该公司没有什么意义。乙拟采取的下列措施中，符合规定的是(　　)。

A. 请求法院撤销该股东会决议

B. 请求法院解散该公司

C. 请求公司以合理价格收购其股权

D. 不经其他股东同意而将其股权转让给第三人

二、多选题

1. 下列各项中，属于公司减少注册资本时应当执行的程序有(　　)。

A. 办理变更登记　　B. 通知债权人并公告

C. 编制资产负债表　　D. 编制财产清单

2. 甲公司分立成乙、丙两个公司。根据分立协议，乙公司承继甲公司20%的净资产，丙公司承继甲公司80%的净资产以及所有负债。甲公司的债权人丁公司接到分立通知后，要

求乙、丙公司立即清偿甲公司分立前的到期债务，已知不存在其他有关债务清偿的协议。下列关于丁公司请求的表述中，不符合公司法律制度的有(　　)。

A. 丁公司仅能请求乙公司对该债务承担20%的责任

B. 丁公司仅能请求丙公司对该债务承担80%的责任

C. 丁公司可请求乙、丙两公司对该债务承担连带责任

D. 丁公司仅能请求丙公司承担所有负债

3. 甲公司欠乙公司300万元货款。后甲公司将部分优良资产分离出去另成立丙公司。甲、丙公司在分立协议中约定，该笔债务由甲、丙公司按3∶7的比例分担，但甲、丙公司未与乙公司达成债务清偿协议。债务到期后，乙公司要求甲公司偿还300万元，遭到拒绝。根据公司法律制度规定，下列表述中，不正确的有(　　)。

A. 乙公司只能向甲公司主张清偿

B. 乙公司只能向丙公司主张清偿

C. 应当由甲、丙公司按连带责任方式向乙公司清偿

D. 应当由甲、丙公司按分立协议约定的比例向乙公司清偿

4. 有限责任公司有关(　　)的决议，必须经代表2/3以上表决权的股东通过。

A. 增资、减资

B. 公司的合并、分立

C. 变更公司形式

D. 修改公司章程

5. 以下《公司法》中关于公司合并、分立的表述中，正确的有(　　)。

A. 公司合并和减少注册资本时，公司应当自做出决定之日起10日内通知债权人，并于30日内在报纸上公告

B. 债权人自接到通知书之日起30日内，未接到通知书的自公告之日起45日内，可以要求公司清偿债务或者提供相应的担保

C. 在合并和分立的条款中，新《公司法》删去了“不清偿债务或者不提供相应的担保的，公司不得合并”的规定

D. 规定公司分立前的债务由分立后的公司承担连带责任，但公司在分立前与债权人就债务清偿达成的书面协议另有规定的除外

三、判断题

1. A、B两个公司合并成立了C公司，C公司要求B公司的债务人D公司按照规定偿还到期债务，D公司以债权人B公司已经不存在为由拒绝偿还债务，D公司的主张不符合法律规定。　(　　)

2. 公司合并的，合并各方应当真实、全面地编制资产负债表和财产清单，真实反映公司的财产情况，不得隐瞒公司债权、债务。　(　　)

3. 甲、乙、丙共同投资设立一家有限责任公司，甲以房屋作价100万元出资，并在公司设立时办理了产权转移手续，但直至公司成立半年后才将房屋实际交付给公司使用，乙、丙主张甲在实际交付房屋之前不享有相应的股东权利。乙、丙的主张是合法的。　(　　)

项目六　公司解散和清算

案例导入

2020年6月，甲、乙、丙公司和陈某共同投资设立丁有限责任公司（以下简称“丁公司”）。

2023年6月，因股东之间经营理念存在诸多冲突且无法达成一致，陈某提议解散丁公司。丁公司召开股东会就该事项进行表决。甲公司、乙公司和陈某赞成，丙公司反对。于是，股东会做出了解散丁公司的决议。丁公司股东在法定期限内成立清算组开始清算。

清算期间，清算组发现如下情况：

① 由于市场行情变化，甲公司出资的房屋贬值10万元。

② 乙公司出资时机器设备的实际价额为70万元，明显低于公司章程所定价额100万元。

清算组要求甲公司补足房屋贬值10万元，甲公司拒绝；要求乙公司和其他股东对乙公司实际出资价额的不足承担相应的民事责任。

请思考：根据上述资料及相关规定，丁公司股东会做出解散公司的决议是否合法？

知识储备

一、公司解散

（一）公司解散的原因

根据《公司法》第一百八十条规定，公司可能因下列原因发生解散。

（1）公司章程规定的营业期限届满或者公司章程规定的其他解散事由出现。

（2）股东（大）会决议解散。

（3）因公司合并、分立需要解散。

（4）依法被吊销营业执照、责令关闭或者被撤销。

（5）人民法院依法予以解散。

（二）解散公司诉讼

1. 适用情形

单独或者合计持有公司全部股东表决权10%以上的股东，以公司有下列事由之一，公司继续存续会使股东利益受到重大损失，通过其他途径不能解决为由提起解散公司诉讼的，人民法院应当受理。

（1）公司持续2年以上无法召开股东会或者股东大会，公司经营管理发生严重困难的。

（2）股东表决时无法达到法定或者公司章程规定的比例，持续2年以上不能做出有效的股东会或者股东大会决议，公司经营管理发生严重困难的。

（3）公司董事长期冲突，并且无法通过股东会或者股东大会解决，公司经营管理发生严重困难的。

（4）经营管理发生其他严重困难，公司继续存续会使股东利益受到重大损失的。

股东以知情权、利润分配请求权等权益受到损害，或者公司亏损、财产不足以偿还全部债务以及公司被吊销营业执照未进行清算等为由，提起解散公司诉讼的，人民法院不予受理。

2. 解散公司诉讼的原告和被告

（1）原告：单独或者合计持有公司全部股东表决权百分之十以上的股东为适格原告。

（2）被告：股东提起解散公司诉讼应当以公司为被告。

二、公司清算

（一）公司清算的适用情形

公司除因合并和分立而解散外，其余原因引起的解散都应该经过清算，包括营业期限届满或者公司章程规定的其他解散事由出现、股东会或者股东大会决议解散、依法被吊销营业执照等。公司解散之后会进行清算程序。

（二）清算组的组成

1. 自行清算

公司应当在解散事由出现之日起15日内成立清算组，有限责任公司的清算组由股东组成，股份有限公司的清算组由董事或者股东大会确定的人员组成。

2. 指定清算

有下列情形之一，债权人、公司股东、董事或其他利害关系人申请人民法院指定清算组进行清算的，人民法院应予以受理。

（1）公司解散逾期（解散事由出现之日起15日）不成立清算组进行清算的。

（2）虽然成立清算组但故意拖延清算的。

（3）违法清算可能严重损害债权人或者股东利益的。

人民法院受理公司清算案件，指定的清算组成员可以从下列人员或者机构中产生。

① 公司股东、董事、监事、高级管理人员。

② 依法设立的会计师事务所、律师事务所、破产清算事务所等社会中介机构。

③ 依法设立的会计师事务所、律师事务所、破产清算事务所等社会中介机构中具备相关专业知识并取得职业资格的人员。

清算组应当自成立之日起10日内将清算组成员、清算组负责人名单通过国家企业信用信息公示系统公告。

3. 清算组在清算期间的职权

（1）清理公司财产，分别编制资产负债表和财产清单。

（2）通知、公告债权人。

（3）处理与清算有关的公司未了结的业务。

（4）清缴所欠税款以及清算过程中产生的税款。

（5）清理债权、债务。

（6）处理公司清偿债务后的剩余财产。

（7）代表公司参与民事诉讼活动。

（三）清算义务人的职责

1. 清算义务人含义

清算义务人是指基于其与公司之间存在的特定法律关系，而在公司解散时，对公司负有依法组织清算义务，并在公司因未及时清算给相关权利人造成损害时，依法承担相应责任的民事主体。

2. 清算义务人职责

（1）有限责任公司的股东、股份有限公司的董事和控股股东未在法定期限内成立清算组开始清算，导致公司财产贬值、流失、毁损或者灭失，债权人主张其在造成损失范围内对公司债务承担赔偿责任的，人民法院应依法予以支持。

（2）有限责任公司的股东、股份有限公司的董事和控股股东因怠于履行义务，导致公司主要财产、账册、重要文件等灭失，无法进行清算，债权人主张其对公司债务承担连带清偿责任的，人民法院应予以支持。

（3）上述两项情形系实际控制人原因造成，债权人主张实际控制人对公司债务承担相应民事责任的，人民法院应予以支持。

（四）清算的程序

1. 成立清算组

公司自行成立或法院指定成立清算组。

2. 清理公司财产，编制资产负债表和财产清单

（1）清算组应当对公司财产进行清理，编制资产负债表和财产清单，制订清算方案。清算方案应当报股东会、股东大会或者人民法院确认。

（2）公司解散时，股东尚未缴纳的出资（包括到期应交未交的出资以及依法分期缴纳尚未届满缴纳期限的出资）均应作为清算资产。

3. 公告和通知公司债权人

（1）清算组应当自成立之日起10日内通知债权人，并于60日内在报纸上公告。债权人自接到通知书之日起30日内，未接到通知书的自公告之日起45日内，向清算组申报债权。

（2）清算组可以通过国家企业信用信息公示系统发布债权人公告。

4. 登记债权，编制清算方案

（1）债权人在规定的期限内未申报债权，在公司清算程序终结前补充申报的，清算组应

予以登记。债权人补充申报的债权，可以在公司尚未分配的财产中依法清偿。公司清算程序终结，是指清算报告经股东大会或者人民法院确认完毕。

（2）清算组未按照规定履行通知和公告义务，导致债权人未及时申报债权而未获清偿，清算组成员对因此造成的损失承担赔偿责任。

5. 收取债权、清偿债务、分配剩余财产

公司全部财产（包括收取的债权）在分别支付清算费用、职工的工资、社会保险费用和法定补偿金，缴纳所欠税款，清偿公司债务后的剩余财产，有限责任公司按照股东的出资比例分配，股份有限公司按照股东持有的股份比例分配。

6. 制作清算报告

公司清算结束后，清算组应当制作清算报告，报股东会、股东大会或者人民法院确认，并报送公司登记机关，申请注销公司登记，公告公司终止。

7. 进行注销登记

（1）清算组应当自清算结束之日起30内向登记机关申请注销登记。

（2）可以简易注销的情形：公司未发生债权债务或者已将债权债务清偿完结，未发生或者已结清清偿费用、职工工资、社会保险费用、法定补偿金等，并向全体股东书面承诺对上述情况的真实性承担法律责任的，可以按照简易程序办理注销登记。

（3）简易注销的程序：公司应当将承诺书及注销登记申请通过国家企业信用信息公示系统公示，公示期为20日；在公示期内无相关部门、债权人及其他利害关系人提出异议的，公司可以于公示期届满之日起20日内向登记机关申请注销登记。

项目实施

本项目“案例导入”中，丁公司股东会做出解散公司的决议合法。根据规定：① 有限责任公司的解散决议应当经代表2/3以上表决权的股东通过；② 有限责任公司股东会由股东按出资比例行使表决权，但公司章程另有规定的除外。在本案例中，公司章程规定股东按照1∶1∶1∶1行使股东会表决权，而甲公司、乙公司和陈某赞成解散公司，解散决议以3/4表决权赞成而通过。

项目六 练习

一、单选题

1. 有限责任公司自行清算的，其清算组由(　　)组成。

A. 董事　　B. 债权人　　C. 股东　　D. 股东会确定的人员

2. 甲股份有限公司因控股股东赵某怠于履行义务，导致主要财产、账册、重要文件等灭失，公司无法进行清算。有关赵某对公司债务应承担的责任，下列说法正确的是(　　)。

A. 赵某以其出资额为限对公司债务承担有限责任

B. 赵某与其他股东共同对公司债务承担连带清偿责任

C. 赵某与公司共同对公司债务承担连带清偿责任

D. 赵某与公司共同对公司债务平均承担清偿责任

3. 甲有限责任公司(以下简称“甲公司”)于2020年9月解散并依法清算，下列财产中，不属于其清算财产的是(　　)。

A. 股东赵某分期缴纳但尚未到期的出资12万元

B. 股东钱某出租给甲公司的价值100万元的设备

C. 股东孙某从甲公司借用但尚未归还的8万元资金

D. 股东李某到期未缴纳的出资10万元

二、多选题

1. 下列各项中，属于清算组在清算期间可以行使的职权有(　　)。

A. 清理公司财产

B. 处理与清算有关的公司未了结的业务

C. 清缴所欠税款以及清算过程中产生的税款

D. 代表公司参与民事诉讼活动

2. 根据公司法律制度的规定，因股份有限公司的相关责任人怠于履行义务，导致公司主要财产、账册、重要文件灭失，无法进行清算的，公司债权人有权主张相关责任人对公司债务承担连带责任。上述情形的责任人包括(　　)。

A. 公司监事　　B. 公司董事

C. 公司的控股股东　　D. 公司的中小股东

3. 因公司章程所规定的营业期限届满，甲有限责任公司进入清算程序。下列有关该公司清算的说法中，不正确的有(　　)。

A. 在公司逾期不成立清算组时，公司股东可直接申请法院指定清算组

B. 公司在清算期间，由清算组代表公司参加民事诉讼

C. 债权人未在规定期限内申报债权的，则不再清偿

D. 法院指定清算的，清算方案报法院备案后，清算组即可执行

三、判断题

1. 人民法院裁定宣告破产的，有关破产管理人可以持人民法院宣告破产的裁定，直接向登记机关申请办理注销登记。 (　　)

2. 企业清算必须成立清算组，清算组成立后进入清算程序，清算组代表公司执行机构对内执行清算事务，对外代表公司行使职权。 (　　)

3. 公司股东发现公司经营管理出现困难，就可以请求法院判决解散。 (　　)

单元三

合伙企业法律制度

学习目标

1. 了解合伙企业的概念和类型。

2. 掌握合伙企业设立条件、财产转让和出质、事务执行、损益分配、债务清偿、入伙和退伙、解散和清算等相关规定。

3. 能够区分普通合伙人和有限合伙人，能正确分析现实生活场景中涉及的普通合伙人和有限合伙人的相关职责。

4. 培养分工合作与团结协作的职业精神和勇于担当、勤于探索的工作态度。

学习框架

合伙企业法律制度

- 项目一　合伙企业法律制度概述
  - 一、合伙企业概念
  - 二、合伙企业特征
  - 三、合伙企业类型
  - 思政元素：创业精神　团结合作
- 项目二　普通合伙企业
  - 一、普通合伙企业概念
  - 二、普通合伙企业设立条件
  - 三、普通合伙企业财产
  - 四、普通合伙企业事务执行
  - 五、普通合伙企业损益分配
  - 六、普通合伙企业债务清偿
  - 七、入伙和退伙
  - 思政元素：创新精神　诚信经营　勇于担当
- 项目三　有限合伙企业
  - 一、有限合伙企业概念
  - 二、有限合伙企业设立条件
  - 三、有限合伙企业财产的特殊规定
  - 四、有限合伙企业事务执行的特殊规定
  - 五、有限合伙企业损益分配的特殊规定
  - 六、有限合伙企业债务清偿的特殊规定
  - 七、有限合伙企业入伙与退伙的特殊规定
  - 八、合伙人性质转变
  - 思政元素：契约精神　分工合作　创新思维
- 项目四　合伙企业的解散与清算
  - 一、合伙企业的解散
  - 二、合伙企业的清算
  - 思政元素：实事求是　遵纪守法

项目一　合伙企业法律制度概述

案例导入

小明和小李是一所中职院校的同班同学，所学专业均为动画制作。毕业后两人打算合伙创业，小李认为如果只出力不出钱，承担的风险会少一些，一旦合伙企业亏损，自己无需承担任何责任。经过两人协商，小明投资6万元，担任经理来进行日常管理，小李利用劳务投资，作价4万，口头商议利润按照6∶4比例分配。随后两人租用了一处门面房作为营业场地，决定将合伙企业取名为“爱酷传媒有限责任公司”，但到工商行政管理部门申请登记时，却被告知要求整改。

请思考： 假如你是小明和小李，要顺利设立合伙企业，针对目前状况需要做出哪些整改？

知识储备

一、合伙企业概念

合伙企业是指依照《中华人民共和国合伙企业法》（以下简称《合伙企业法》）在中国境内设立的，由两个或两个以上合伙人通过订立合伙协议，共同出资经营，共享收益，共担风险的企业组织形式。

读一读

《合伙企业法》，1997年2月23日第八届全国人民代表大会常务委员会第二十四次会议通过，2006年8月27日第十届全国人民代表大会常务委员会第二十三次会议修订，自2007年6月1日起施行。这是继《公司法》修订之后完善我国商事主体立法的又一个标志性成果。

《合伙企业法》是为了规范合伙企业的行为，保护合伙企业及其合伙人、债权人的合法权益，维护社会经济秩序，促进社会主义市场经济的发展制定的。《合伙企业法》的实施为投资者提供了投资的多种渠道和方式，不仅弥补了公司制度和独资企业的不足，丰富了我国企业的组织形式，而且还为实现多种组织形式的市场主体自由竞争创造了条件。

二、合伙企业特征

（1）合伙企业由两个或两个以上合伙人组成。合伙企业的合伙人可以是自然人、法人和其他组织。

（2）合伙人必须共同出资、共同经营、共享收益、共担风险。

（3）合伙协议是合伙企业设立及经营管理的基础。合伙协议是依法由全体合伙人协商一致、以书面形式订立的合伙企业的契约。

（4）合伙企业不具有法人资格。合伙企业是非法人组织，但也能以自己的名义从事民事活动。

（5）合伙企业不缴纳企业所得税。由各合伙人分别缴纳个人所得税。

三、合伙企业类型

合伙企业分为普通合伙企业和有限合伙企业，如图 3-1 所示。

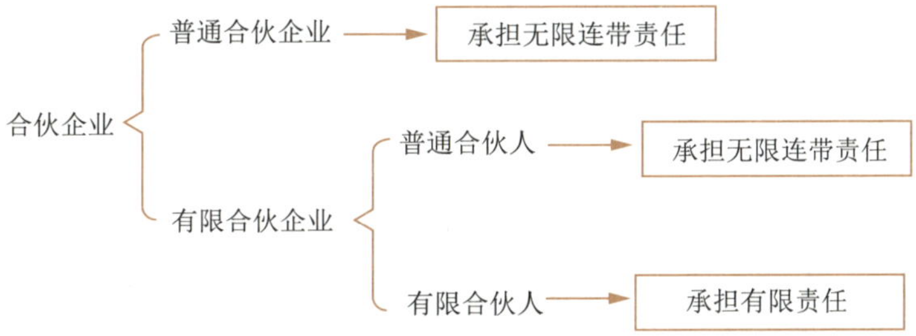

图 3-1　合伙企业的分类

（一）普通合伙企业

（1）普通合伙企业由普通合伙人组成。

（2）合伙人对合伙企业债务承担无限连带责任。

（二）有限合伙企业

（1）有限合伙企业由普通合伙人和有限合伙人组成。

（2）普通合伙人对合伙企业债务承担无限连带责任，有限合伙人以其认缴的出资额为限对合伙企业债务承担责任。

读一读

①什么是有限责任？

有限责任指责任人以其部分财产承担责任。有限代表着承担有限的责任，以责任人的投资为上限对公司的债务负责。这一专用语多用于组建公司或者企业，以表示该公司或者企业的性质，如“有限公司”“有限责任公司”“股份有限公司”等。

② 什么是无限责任？

无限责任指合伙人不以其出资额为限对企业债务承担责任。

③ 什么是连带责任？

连带责任指债权人可以向任一合伙人主张其全部债权。合伙人清偿的数额超过其应当承担的部分的，可以向其他合伙人进行追偿。

④ 什么是无限连带责任？

无限连带责任指合伙人对外承担的是无限责任，对内合伙人之间承担的是连带责任。每个合伙人对于合伙债务都负有全部清偿的义务，而合伙的债权人也有权向合伙人中的任何一人或数人要求其清偿债务的一部分或全部。

3-1-1 想一想

创业创新已经成为当今时代的主题，越来越多的大学生选择毕业后投身创业大军，开启自己的事业征程。小李在校期间参加了学校组织的创新创业比赛，毕业后想成立企业，孵化创新项目。他通过咨询学校创业中心了解到我国的企业组织形式主要包括个人独资企业、合伙企业和公司制企业这三大类。

3-1-1 想一想答案

请思考：如何区分这三种企业组织形式？这三种企业组织形式的主要特点是什么？

尚德精技

乡村发展离不开人才支撑。山东日照五莲县北店村这个曾经平平无奇的小村落，发展成了一个以莒北文化为特色，集民宿、温泉、柿产品于一体的“富裕村”，“乡村振兴合伙人”功不可没。“现在家乡产业发展起来了，在外边工作不如回来为家乡建设出一份力。”乡村振兴合伙人刘玉明说。2018 年，他从大连返乡与 7 个志同道合的青年一起创业，如今，他已有“柿子红了”温泉小镇开发和电商服务两家公司，还投资了 30 多个羊肚菌大棚，年销售额达到 200 万元。

为招引更多“金凤凰”，五莲县出台“人才金政 14 条”，从本科毕业生到博士毕业生，每月可享受从 1 000 元到 5 000 元不等的补贴；回乡创业人才还可申请最高 60 万元创业担保贷款，3 年内按照规定享受贴息政策。同时，五莲县还开展“村村都有好青年”选培等工作，全县已吸引各类优秀青年人才 624 人，其中本科及以上学历 273 人。“今年下半年，我们计划在 12 个乡镇街道设立乡村振兴人才工作驿站，设立乡村振兴人才服务专员、办事直通车等制度，努力为人才回流打通乡村人才服务的‘最后一公里’。”五莲县人力资源和社会保障局局长许军龙表示，他们将重点解决合伙人在创业贷款、引才补贴、项目补助、技能培训等方面的难点问题，引导乡村振兴合伙人工作加速推进。

2015 年以来，国务院推出了一系列鼓励大众创业、万众创新的优惠政策，取消及调整 200 余项行政审批等事项、设立 400 亿元新兴产业创投引导基金、支持发展“众创空间”、奖励成功创业、小额贷款担保扶持……众多政策“礼包”让人倍受鼓舞，越来越多的大学生跃跃欲试，希望加入到创业大军中来。

那么，究竟怎样创业才能增加成功率，提高含金量？同学们首先要明确创业目标，不要好高骛远，不切实际。虽然创业肯定是为了赚钱，但赚钱并不是大学生创业的最重要目的，应通过创业，积累相关行业的从业经验，磨炼心性，为将来的事业发展打下基础。其次，要具备勇于创新的企业家精神、精益求精的工匠精神，不断提升创新创业能力。最后，还应具备强大的心理素质和达观的人生态度，即便创业失败，也是一种人生历练，要经得起磨难，要有坚持精神。

项目实施

本项目“案例导入”中，① 小明和小李口头协商成立合伙企业，这不符合法律规定，应签订书面合伙协议。② 企业名称“爱酷传媒有限责任公司”属于公司制企业名称，合伙制企业和公司制企业是两种不同的企业组织形式，合伙企业的名称中必须有“合伙”字样。③ 合伙企业合伙人共享收益、共担风险，小李虽然用劳力出资入伙，但当企业出现亏损负债时，也需要对企业债务承担清偿责任。

项目一　练习

一、单选题

1. 合伙企业与个人独资企业的共同点是(　　)。

A. 都具有独立的经营主体资格　　B. 企业财产性质相同

C. 决策方式相同　　D. 解散原因相同

2. 合伙企业设立时，对货币以外的出资，须经全体合伙人协商一致，且评估方法须由全体合伙人协商确定的出资形式是(　　)。

A. 土地使用权　　B. 知识产权　　C. 实物　　D. 劳务

3. 下列对合伙企业的表述正确的是(　　)。

A. 合伙企业具有独立的法人资格

B. 合伙企业以合伙人之间的相互信任为基础

C. 合伙企业以合伙人之间订立的合伙协议为基础

D. 合伙企业以合伙人共同制定的合伙企业的章程为基础

4. 根据《合伙企业法》的规定，下列关于有限合伙企业债务的表述中，正确的是(　　)。

A. 全体合伙人承担无限连带责任

B. 全体合伙人以其认缴的出资额为限承担责任

C. 全体合伙人以其实缴的出资额为限承担责任

D. 普通合伙人承担无限连带责任，有限合伙人以其认缴的出资额为限承担责任

二、多选题

1.《合伙企业法》所称合伙企业的特征包括(　　)。

A. 只能由自然人依法设立

B. 合伙企业包括普通合伙企业和有限合伙企业

C. 合伙协议由全体合伙人协商一致、以书面形式订立

D. 普通合伙人对合伙企业债务承担无限连带责任

2. 合伙企业，是指(　　)依照《合伙企业法》在中国境内设立的普通合伙企业和有限合伙企业。

A. 自然人　　B. 法人

C. 其他组织　　D. 工商局

3. 订立合伙协议、设立合伙企业，应当遵循的原则有(　　)。

A. 自愿　　B. 平等

C. 公平　　D. 诚实信用

三、判断题

1. 我国法律只允许设立自然人合伙企业。（　　）

2. 有限合伙企业由普通合伙人和有限合伙人组成，普通合伙人对合伙企业债务承担无限连带责任，有限合伙人以其认缴的出资额为限对合伙企业债务承担责任。（　　）

项目二　普通合伙企业

案例导入

2022年1月1日，小李、小张、小陈3人成立了一家普通合伙企业——徐州鲜味烧烤店（普通合伙）。小李以一处门面房作价15万元出资，小张以10万元现金出资，小陈以劳务作价5万元出资，3人约定盈亏比例为3∶2∶1。为了扩大生产经营，合伙企业向小张的朋友小徐借款26万元，约定3年后还款。两年后，小张经其他合伙人同意决定退伙，并进行了退伙结算。第3年企业出现经营困难，小李和小陈决定解散合伙企业，经结算，现企业资产为20万元。小徐听说合伙企业要解散的事情后，先找到小张要求还债，小张说我已经退伙，已经做了退伙结算，和合伙企业没有关系了，拒绝还债。小徐又找到小陈要求还债，小陈以自己是打工的，以劳动力出资为由拒绝还债。小徐最后又找到小李，小李愿意以企业资产20万元还债，剩余的6万元只能按照合伙人约定的3∶2∶1的比例承担3万元，拒绝偿还剩余的3万元。

请思考：①债权人小徐应该怎么办呢？②小张、小陈、小李的说法对吗？

知识储备

一、普通合伙企业概念

普通合伙企业是指由普通合伙人组成，各合伙人对合伙企业债务需要承担无限连带责任的合伙企业。

二、普通合伙企业设立条件

根据《合伙企业法》第十四条规定，设立合伙企业，应当具备下列条件。

（一）有两个以上的合伙人

普通合伙企业合伙人都是依法承担无限责任者。

【注意】 合伙人为自然人的，应当具有完全民事行为能力。

> **☞ 小提示**
>
> 国有独资公司、国有企业、上市公司及公益性的事业单位、社会团体不得成为普通合伙人。

（二）有书面合伙协议

合伙协议应当由全体合伙人协商一致，以书面形式订立，经全体合伙人签名、盖章后生效。合伙协议应当载明下列事项。

(1) 合伙企业的名称和主要经营场所的地点。
(2) 合伙目的和合伙经营范围。
(3) 合伙人的姓名或者名称、住所。
(4) 合伙人的出资方式、数额和缴付期限。
(5) 利润分配与亏损分担方式。
(6) 合伙事务的执行。
(7) 入伙与退伙。
(8) 争议解决办法。
(9) 合伙企业的解散与清算。
(10) 违约责任。

（三）有各合伙人实际缴付的出资

合伙人可以用货币、实物、土地使用权、知识产权或其他财产权利缴纳出资。经全体合伙人协商一致，合伙人也可以用劳务出资。对劳务出资，其评估办法由全体合伙人协商确定。

（四）有合伙企业的名称和生产经营场所

合伙企业名称必须符合企业名称管理的有关规定，有营业场所和从事合伙经营的必要条件。

小提示

合伙企业名称不得出现“有限”“有限责任”“公司”等字样。

（五）法律、行政法规规定的其他条件

读一读

特殊的普通合伙企业

什么是特殊的普通合伙企业？指以专门知识和专门技能为客户提供有偿服务的专门服务机构。特殊的普通合伙企业必须在其企业名称中标明“特殊普通合伙”字样，以区别于普通合伙企业。

特殊的普通合伙企业有什么特殊性？以专门知识和技能为客户提供有偿服务，例如律师事务所、会计师事务所、医师事务所、设计师事务所等。以会计师事务所为例，比如大华会计师事务所(特殊普通合伙)、中天运会计师事务所(特殊普通合伙)、天职国际会计

师事务所(特殊普通合伙)等。因为这些专门知识和技能通常只为少数的、受过专门知识教育与培训的人才所掌握,而在向客户提供专业服务时,个人的知识、技能、职业道德、经验往往起着决定性的作用,与合伙企业本身的财产状况、声誉、经营管理方式等都没有直接的和必然的联系,合伙人个人的独立性极强。

特殊的普通合伙企业的合伙人债务承担有什么特点?因债而异。特殊的普通合伙企业的合伙人中,一个合伙人或者数个合伙人在执业活动中因故意或者重大过失造成合伙企业债务的,应当承担无限责任或者无限连带责任,而其他合伙人以其在合伙企业中的财产份额为限承担责任。若不是因为故意或者重大过失造成,全体合伙人承担无限连带责任。为了保护债权人利益,合伙企业法规定,特殊的普通合伙企业应当建立执业风险基金,办理职业保险。执业风险基金用于支付合伙人执业活动产生的债务,由单独账户管理,具体管理办法由国务院制定。

三、普通合伙企业财产

(一)普通合伙企业财产构成

普通合伙企业财产包含两部分:一是合伙人的出资财产,二是以合伙企业名义取得的收益和依法取得的其他财产,如图3-2所示。

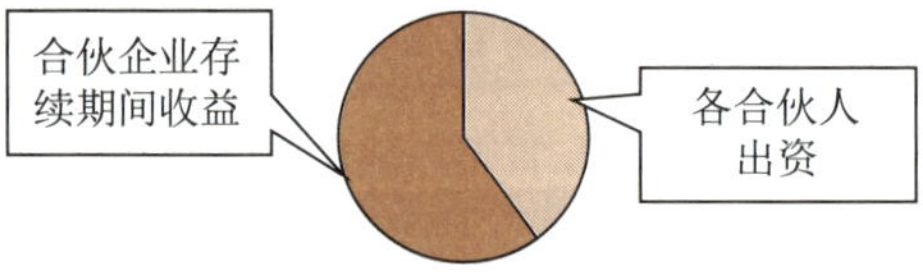

图3-2　普通合伙企业财产构成

(二)普通合伙企业财产特征

(1)合伙企业财产由合伙人共有。

(2)合伙企业存续期间,合伙企业财产独立于合伙人个人财产,合伙人在合伙企业清算前,不得请求分割合伙企业的财产;《合伙企业法》另有规定的除外。

(3)合伙人在合伙企业清算前私自转移或者处分合伙企业财产的,合伙企业不得以此对抗善意第三人。

小提示

善意第三人,这里的"善"并不是善良的意思,而是不知情的意思,是对双方的合同关系不知情的合同第三方,"善意第三人"的提法旨在保护交易的安全,但也有例外,比如盗赃物、遗失物并不适用善意取得制度。

（三）普通合伙企业财产转让

1. 对内转让

合伙人之间互相转让，履行通知义务，也就是说通知其他合伙人即可。

2. 对外转让

合伙人向合伙以外的人转让其在合伙企业中的全部或者部分财产份额时，则需要全体合伙人一致同意，并且其他合伙人同等条件下具有优先购买权。

（四）普通合伙企业财产出质

普通合伙人以其在合伙企业中的财产份额出质的，须经其他合伙人一致同意；未经其他合伙人一致同意，其行为无效，由此给善意第三人造成损失的，由行为人依法承担赔偿责任。

☞ **小提示**

出质，也就是质押，分为动产质押和权利质押，就是把自己所有的物品或权利交付出去作为抵押。

四、普通合伙企业事务执行

（一）普通合伙企业的事务执行方式

普通合伙人对执行合伙事务享有同等权利。

1. 合伙人共同执行

全体合伙人共同执行合伙企业事务，即全体合伙人都参与合伙事务的执行。一般适合于合伙人较少、经营业务比较单一的合伙企业。

2. 委托部分合伙人代为执行

根据合伙协议，由全体合伙人中的某一或几个代为执行合伙事务，不执行合伙事务的其他合伙人有监督权，通常适合规模较大、人数较多、专业分工比较精细的合伙企业。

除合伙协议另有约定外，合伙企业的下列事项应当经全体合伙人一致同意。

(1) 改变合伙企业的名称。

(2) 改变合伙企业的经营范围、主要经营场所的地点。

(3) 处分合伙企业的不动产。

(4) 转让或者处分合伙企业的知识产权和其他财产权利。

(5) 以合伙企业名义为他人提供担保。

(6) 聘任合伙人以外的人担任合伙企业的经营管理人员。

（二）普通合伙企业的事务表决方法

合伙协议有约定的，按约定；未约定或者约定不明确的，实行合伙人一人一票并经全体合伙人过半数通过的表决办法。

五、普通合伙企业损益分配

合伙企业的利润分配、亏损分担，按照合伙协议的约定办理；合伙协议未约定或者约定不明确的，由合伙人协商决定；协商不成的，由合伙人按照“实缴出资”比例分配、分担；无法确定出资比例的，由合伙人平均分配、分担。

合伙协议不得约定将全部利润分配给部分合伙人或者由部分合伙人承担全部亏损。

六、普通合伙企业债务清偿

（一）普通合伙企业债务

1. 合伙企业承担优先清偿责任

合伙企业对其债务应先以其全部财产承担清偿责任。

2. 合伙人对外承担无限连带责任

企业财产不足清偿到期债务的，债权人可以请求全体合伙人中的一人或数人承担全部清偿责任，也可以按照自己确定的清偿比例向各合伙人分别追偿。

3. 合伙人对内可以债务追偿

部分合伙人承担清偿责任后，对于超出自己承担比例的债务可以向其他合伙人追偿。

（二）普通合伙人个人债务

1. 禁止事项

（1）代位禁止。

合伙人的个人债权人不得代位行使合伙人在合伙企业中的权利。

（2）抵销禁止。

合伙人的个人债权人不得以其债权抵销其对合伙企业的债务。

3-2-1 想一想

甲因个人债务欠乙100万元，甲是A合伙企业的普通合伙人，甲到期未能清偿乙的债务；与此同时，乙和A合伙企业存在购销关系，尚欠A合伙企业100万元的货款。于是乙主张用甲欠乙的100万元抵销其欠A合伙企业的货款。

请思考：乙的主张可以成立吗？

3-2-1 想一想答案

2. 清偿的途径

（1）收益清偿。

首先用合伙人的个人财产清偿；不足的，债权人可以选择以合伙人从合伙企业中分配的收益清偿。

（2）强制执行。

债权人可以依法请求法院强制执行合伙人的合伙财产份额。

① 法院执行时，应通知全体合伙人，其他合伙人可以行使优先购买权。

② 其他合伙人既不购买也不同意转让给他人的，应给该合伙人办理退伙结算，或削减该合伙人份额。

七、入伙和退伙

（一）入伙

1. 含义

入伙是指在合伙企业存续期间，合伙人以外的第三人加入合伙企业，成为新的合伙人。

2. 入伙程序

新合伙人入伙，除合伙协议另有约定外，应当经全体合伙人一致同意，并订立书面入伙协议。订立入伙协议时，原合伙人应向新合伙人如实告知原合伙企业的经营状况和财务状况。

3. 新合伙人的权利与责任承担

入伙的新合伙人与原合伙人享有同等权利，承担同等责任。入伙协议另有约定的，从其约定。入伙的新合伙人对入伙前合伙企业的债务承担无限连带责任。

（二）退伙

1. 含义

退伙是指合伙企业存续期间，合伙人因一定的法律事实而退出合伙企业，从而丧失合伙人资格的法律行为。

2. 退伙的情形

退伙一般分为自愿退伙、法定退伙两大类。

自愿退伙，也称声明退伙，是指基于合伙人单方的退伙意愿而终止与其他合伙人之间的合伙协议，包括协议退伙和通知退伙。

法定退伙，也称强制退伙，是指不是基于合伙人的意思表示，而是基于法律规定或者法定事由发生的退伙。例如，合伙人死亡或者被依法宣告死亡、被依法宣告为无民事行为能力的人等。法定退伙包括当然退伙和除名退伙，如图3-3所示。

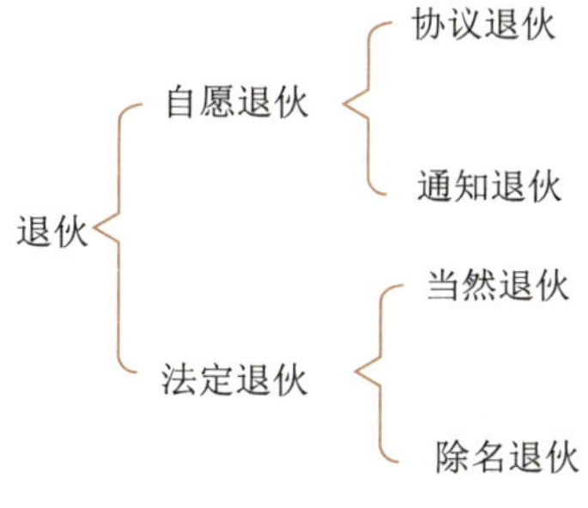

图3-3　退伙的分类

（1）协议退伙。

当合伙协议约定了合伙的经营期限，在合伙企业存续期间，满足下列情形之一的，合伙人可以退伙。

① 合伙协议约定的退伙事由出现。

② 经全体合伙人一致同意。

③ 发生合伙人难以继续参加合伙的事由(死亡、个人无能力承担债务等)。

④ 其他合伙人严重违反合伙协议约定的义务。

(2) 通知退伙。

合伙协议未约定合伙期限的,在不给合伙企业事务执行造成不利影响的前提下,合伙人可以不经其他合伙人的同意而退伙,但应当提前 30 日通知其他合伙人。

(3) 当然退伙。

合伙人有下列情形之一的,当然退伙。

① 作为合伙人的自然人死亡或者被依法宣告死亡。

② 个人丧失偿债能力。

③ 作为合伙人的法人或者其他组织依法被吊销营业执照、责令关闭、撤销或者被宣告破产。

④ 合伙人在合伙企业中的全部财产份额被人民法院强制执行。

⑤ 法律规定或者合伙协议约定合伙人必须具有相关资格而丧失该资格的。

【注意】 合伙人在被依法认定为无民事行为能力人或者限制民事行为能力人的情况下,经其他合伙人一致同意,可以依法转为有限合伙人,普通合伙企业依法转为有限合伙企业。其他合伙人未能一致同意的,该无民事行为能力或者限制民事行为能力的合伙人退伙。当然退伙以法定事由实际发生之日为退伙生效日。

(4) 除名退伙。

合伙人有下列情形之一的,经其他合伙人一致同意可以决议将其除名。

① 未履行出资义务。

② 因故意或者重大过失给合伙企业造成损失。

③ 执行合伙事务时有不正当行为发生。

④ 发生合伙协议约定的事由。

【注意】 对合伙人的除名决议应当书面通知被除名人,被除名人接到除名通知之日除名生效,被除名人退伙。被除名人对除名决议有异议的,可以自接到除名通知之日起 30 日内向人民法院起诉。

3. 退伙的效力

(1) 退伙人的合伙人资格丧失。

退伙事由实际发生之日为退伙生效日,若是除名退伙,被除名人接到除名通知之日,除名生效,被除名人退伙。自退伙之日起,合伙人丧失合伙人的资格,对退伙后发生的债务不再承担清偿责任。

(2) 退伙人在合伙企业中财产份额的退还办法。

按照退伙时的合伙企业财产状况进行结算,退还退伙人的财产份额。退伙人对给合伙企业造成的损失负有赔偿责任的,相应扣减其应当赔偿的数额。退伙时有未了结的合伙企业事务的,待该事务了结后进行结算。退还的具体办法由合伙协议约定或者由全体合伙人决定,可以退还货币资金也可以退还实物。

(3) 退伙人对合伙企业债务的承担。

退伙人应对基于退伙前原因发生的合伙企业债务承担无限连带责任。

(4) 退伙人对合伙亏损的分担。

合伙人退伙时,合伙企业财产少于合伙企业债务的,退伙人应当依照其应分担的比例分担亏损。

项目实施

本项目“案例导入”中,① 债权人小徐可以向小李、小张、小陈任意一人或多人主张全部债权,也可以按照自己确定的清偿比例向各合伙人分别追偿。

② 小张的说法错误。原因:退伙人应对基于退伙前原因发生的合伙企业债务承担无限连带责任。

小陈的说法错误。原因:普通合伙人对合伙企业债务承担无限连带责任。

小李的说法错误。原因:普通合伙人对合伙企业债务承担无限连带责任。小李承担清偿责任后,对于超出自己承担比例的债务可以向其他合伙人追偿。

项目二　练习

一、单选题

1. 普通合伙人对合伙企业财产承担(　　)责任。

A. 有限　　B. 连带　　C. 无限连带　　D. 无限

2. 李某、王某、丁某约定成立普通合伙企业。协议约定丁某承担有限责任,李某和王某承担无限责任,以下说法正确的是(　　)。

A. 合伙协议有效,合伙企业是有限合伙,丁某承担有限责任,李某和王某承担无限责任

B. 合伙协议无效,合伙企业不得成立

C. 合伙协议部分无效,李某和王某成为该合伙企业的合伙人,丁某不得成为合伙人

D. 合伙协议部分无效,李某、王某、丁某均应承担无限责任

3. 根据《合伙企业法》的规定,下列人员中,可以不对普通合伙企业债务承担连带责任的有(　　)。

A. 执行合伙企业事务的合伙人

B. 不执行合伙企业事务的合伙人

C. 合伙企业债务发生后办理退伙的退伙人

D. 被聘为合伙企业的经营管理人员

4. 王某是一名16岁的中学生,拥有一项发明专利,王某与20岁的张某约定成立合伙企业,王某提供发明专利作为出资,不参与合伙企业事务的管理和执行,合伙企业的事务由张某全权负责,以下说法正确的是(　　)。

A. 合伙企业成立

B. 合伙协议中对合伙事务处理的约定无效,合伙企业不成立

C. 合伙协议中对合伙事务处理的约定无效,但是合伙企业成立

D. 合伙人不符合法律规定,合伙企业不成立

5. 下列关于普通合伙企业财产的表述不正确的是(　　)。

A. 具有共有财产的性质

B. 合伙人向合伙企业以外的第三人转让其在合伙企业中的财产份额,其他合伙人有优先受让权

C. 合伙企业对财产不享有独立财产权

D. 合伙人向合伙企业以外的第三人转让其在合伙企业中的财产份额,只需要提前30日通知其他合伙人

6. 特殊的普通合伙企业名称中应当标明(　　)字样。

A. 普通合伙　　B. 合伙　　C. 特殊普通合伙　　D. 特殊合伙

7. 根据《合伙企业法》的规定，合伙人对合伙企业有关事项做出决议，按照合伙协议约定的表决办法办理。合伙协议未约定或者约定不明确的，实行(　　)的表决办法。

A. 合伙人一人一票并经全体合伙人过半数通过

B. 合伙人一人一票并经全体合伙人三分之二以上通过

C. 合伙人一人一票并经全体合伙人一致通过

D. 合伙人一人一票并经出席会议的合伙人过半数通过

8. 下列事项中，按照《合伙企业法》规定，不必经普通合伙企业全体合伙人一致同意的是(　　)。

A. 处分合伙企业的不动产

B. 改变合伙企业名称

C. 合伙人之间转让在合伙企业中的财产份额

D. 合伙人以其在合伙企业中的财产份额出质

9. 某合伙企业的合伙人甲不能偿还合伙人以外的乙的到期债务100万元，根据《合伙企业法》的规定，乙可以(　　)。

A. 以对甲的债权100万元抵销乙对合伙企业的债务

B. 代位行使甲在合伙企业中的权利

C. 自行接管甲在合伙企业中的财产份额

D. 如果甲的个人财产不足以清偿对乙的债务，甲只能以其从合伙企业中分取的收益用于清偿，乙也可以依法请求人民法院强制执行甲在合伙企业中的财产份额用于清偿

10. 甲、乙、丙3人于2022年10月投资设立A普通合伙企业，11月1日甲在与B公司的借款合同中，以其在合伙企业中的财产份额出质，但甲未将此事通知合伙人乙和丙。根据我国《合伙企业法》的规定，下列各项中，错误的是(　　)。

A. 甲的出质行为无效

B. 甲的出质行为有效

C. 由此给B公司造成损失的，由甲依法承担赔偿责任

D. 如果甲的行为给乙、丙造成损失，应当承担赔偿责任

11. 下列关于普通合伙企业亏损承担的方式错误的是(　　)。

A. 按合伙协议的约定承担　　B. 可以协商按出资比例承担

C. 通过协商可以由部分合伙人承担　　D. 可以协商平均承担

12. 甲、乙、丙、丁共同投资设立合伙企业，约定利润分配比例为4∶2∶2∶2。现甲、乙已退伙，丙、丁未就现有合伙企业的利润分配约定新的比例，经过协商后也无法确定。依照法律规定，现该合伙企业的利润在丙、丁之间的分配方式应是(　　)。

A. 全部利润仍按2∶2的比例分配，剩余的部分作为企业的基金

B. 全部利润的40%按2∶2的比例分配，其余部分平均分配

C. 全部利润按两人的实际出资比例分配

D. 全部利润平均分配

13. 下列选项中，不属于合伙企业分配给所有合伙人的所得和企业当年留存所得的处理原则的是(　　)。

A. 合伙企业的合伙人以合伙企业的生产经营所得和其他所得，按照合伙协议约定的分配比例确定应纳税所得额

B. 合伙协议未约定或者约定不明确的，以全部生产经营所得和其他所得，按照合伙人协商决定的分配比例确定应纳税所得额

C. 协商不成的，以全部生产经营所得和其他所得，按照合伙人实缴出资比例确定应纳税所得额

D. 无法确定出资比例的，以全部生产经营所得和其他所得，可以约定将全部利润分配给部分合伙人

14. 合伙协议未约定合伙企业经营期限的，合伙人在不对合伙企业事务执行造成不利影响的情况下，只需提前(　　)通知其他合伙人即可以退伙。

A. 15 日　　B. 30 日　　C. 20 日　　D. 60 日

二、多选题

1. 设立合伙企业，应当具备的条件有(　　)。

A. 有一个以上合伙人　　B. 有书面合伙协议

C. 有合伙人认缴或者实际缴付的出资　　D. 有合伙企业的名称和生产经营场所

2. 设立合伙企业，合伙协议应当载明的事项包括(　　)。

A. 合伙企业的名称和主要经营场所的地点

B. 合伙目的和合伙经营范围

C. 合伙人的出资方式、数额和缴付期限

D. 入伙与退伙

3. 以下事项中，需要全体合伙人一致同意的有(　　)。

A. 改变合伙企业的名称

B. 聘任合伙企业以外的人担任经营管理人员

C. 接受合伙企业以外的第三人成为新合伙人

D. 处分合伙企业的不动产

4. 甲、乙、丙共同出资设立一普通合伙企业，在合伙企业存续期间，甲拟以其在合伙企业中的财产份额出质借款。根据合伙企业法律制度的规定，下列表述中正确的有(　　)。

A. 无须经乙、丙同意，甲可以出质

B. 经乙、丙同意，甲可以出质

C. 未经乙、丙同意，甲私自出质的，其行为无效

D. 未经乙、丙同意，甲私自出质的，一律按退伙处理

5. 普通合伙企业中，未经其他合伙人一致同意，合伙人以其在合伙企业中的财产份额出质，其法律后果有(　　)。

A. 行为无效

B. 行为有效，需要向其他合伙人赔偿经济损失
C. 由此给善意第三人造成损失的，由行为人依法承担赔偿责任
D. 质权人享有优先受偿权

6. 下列选项中，属于除名退伙情形的有(　　)。
A. 作为合伙人的自然人死亡或者被依法宣告死亡
B. 执行合伙事务时有不正当行为
C. 个人丧失偿债能力
D. 未履行出资义务

7. 合伙人有下列(　　)情形之一的，当然退伙。
A. 作为合伙人的自然人死亡或者被依法宣告死亡
B. 个人丧失偿债能力
C. 作为合伙人的法人或者其他组织依法被吊销营业执照、责令关闭、撤销，或者被宣告破产
D. 法律规定或者合伙协议约定合伙人必须具有相关资格而丧失该资格的

三、判断题

1. 为了规范合伙企业的行为，保护合伙企业及其合伙人、债权人的合法权益，维护社会经济秩序，促进社会主义市场经济的发展，制定《合伙企业法》。(　　)

2. 普通合伙企业由普通合伙人组成，合伙人对合伙企业债务承担有限连带责任。(　　)

3. 普通合伙人除承担无限责任外，还应承担连带责任。(　　)

4. 国有独资公司、国有企业、上市公司以及公益性的事业单位、社会团体可以成为普通合伙人。(　　)

5. 合伙企业的生产经营所得和其他所得，按照国家有关税收规定，由合伙人分别缴纳所得税。(　　)

6. 合伙人以劳务出资的，其评估办法由全体合伙人协商确定，并在合伙协议中载明。(　　)

7. 合伙人在合伙企业清算前私自转移或者处分合伙企业财产的，合伙企业可以以此对抗善意第三人。(　　)

8. 合伙企业不能清偿到期债务的，普通合伙人承担无限连带责任。(　　)

9. 普通合伙企业的合伙人之间约定的合伙企业亏损的分担比例对合伙人和债权人均有约束力。(　　)

10. 新合伙人入伙，除合伙协议另有约定外，应当经全体合伙人一致同意，并依法订立书面入伙协议。(　　)

项目三　有限合伙企业

案例导入

2023年1月，甲、乙、丙3人决定共同投资设立一家从事旅游业务的有限合伙企业。合伙协议明确约定了以下事项（部分）。

① 甲、乙为普通合伙人，丙为有限合伙人。

② 甲以现金10万元出资，乙以门面房作价20万元出资，丙以劳务作价5万元出资。

③ 合伙企业名称为“众乐旅游合伙企业”。

④ 合伙企业的事务由甲和乙执行，丙不执行合伙企业事务，不得参与决定普通合伙人入伙、退伙的事宜，也不得对外代表合伙企业。

⑤ 合伙人转让财产份额的，需要经过其他合伙人一致同意。

⑥ 有限合伙人转变为普通合伙人或者普通合伙人转变为有限合伙人，须经全体合伙人一致同意。

该合伙企业在进行工商注册登记时，却被告知合伙协议内容部分不合法，被要求整改。

请思考：该有限合伙企业合伙协议的哪些内容违反了《合伙企业法》的规定？

知识储备

一、有限合伙企业概念

有限合伙企业指由普通合伙人和有限合伙人共同组成的合伙组织。其中普通合伙人对合伙企业债务承担无限连带责任，有限合伙人以其认缴的出资额为限对合伙企业债务承担有限责任。

二、有限合伙企业设立条件

（一）合伙人符合法定人数

有2个以上50个以下合伙人，其中至少有1个普通合伙人。

（二）有合法企业名称

有限合伙企业名称中应当标明“有限合伙”字样。

（三）出资合法

有限合伙人可以用货币、实物、知识产权、土地使用权或者其他财产权利作价出资，但不得用劳务出资。

（四）制定有限合伙协议

有限合伙企业合伙协议的内容一般包括以下几项。

(1) 普通合伙人和有限合伙人的姓名或者名称、住所。

(2) 执行事务合伙人的除名条件和更换程序。

(3) 执行事务合伙人的权限与违约处理办法。

(4) 执行事务合伙人应具备的条件和选择程序。

(5) 有限合伙人入伙与退伙的条件、程序以及相关责任等。

(6) 有限合伙人和普通合伙人相互转变的程序。

☞ 小提示

有限合伙企业仅剩有限合伙人的，应当解散；有限合伙企业仅剩普通合伙人的，转为普通合伙企业。

三、有限合伙企业财产的特殊规定

（一）有限合伙人一般不受交易禁止的限制

有限合伙人可以同本有限合伙企业进行交易，合伙协议另有约定的除外。

（二）有限合伙人一般不受竞业禁止的限制

有限合伙人可以自营或者同他人合作经营与本有限合伙企业相竞争的业务，合伙协议另有约定的除外。

（三）有限合伙人财产转让

有限合伙人可以按照合伙协议的约定向合伙人以外的人转让其在有限合伙企业中的财产份额，但应当提前 30 日通知其他合伙人。

（四）有限合伙人财产出质

有限合伙人可以将其在有限合伙企业中的财产份额出质，合伙协议另有约定的除外。

四、有限合伙企业事务执行的特殊规定

有限合伙企业的事务由普通合伙人执行，有限合伙人不执行合伙事务，也不得对外代表

有限合伙企业。

【注意】 有限合伙人未经授权以有限合伙企业名义与他人进行交易，给有限合伙企业或者其他合伙人造成损失的，该有限合伙人应当承担赔偿责任。

有限合伙人的下列行为，不视为执行合伙事务。

(1) 参与决定普通合伙人入伙、退伙。

(2) 对企业的经营管理提出建议。

(3) 参与选择承办有限合伙企业审计业务的会计师事务所。

(4) 获取经审计的有限合伙企业财务会计报告。

(5) 对涉及自身利益的情况，查阅有限合伙企业财务会计账簿等财务资料。

(6) 在有限合伙企业中的利益受到侵害时，向有责任的合伙人主张权利或者提起诉讼。

(7) 执行事务合伙人怠于行使权利时，督促其行使权利或者为了本企业的利益以自己的名义提起诉讼。

(8) 依法为本企业提供担保。

☞ **小提示**

在普通合伙企业中，任何一个合伙人都有权执行合伙事务，都有权对外代表合伙企业，其地位是完全平等的。这是有限合伙企业与普通合伙企业的重大区别。

五、有限合伙企业损益分配的特殊规定

(1) 有限合伙企业的利润分配按照合伙协议的约定办理。

(2) 合伙协议未约定或者约定不明确的，由合伙人协商决定；协商不成的，由合伙人按照实缴的出资比例分配；无法确定出资比例的，由合伙人平均分配。

(3) 有限合伙企业不得将全部利润分配给部分合伙人，但是合伙协议另有约定的除外。

☞ **小提示**

普通合伙的合伙协议不得约定将全部利润分配给部分合伙人或者由部分合伙人承担全部亏损。

六、有限合伙企业债务清偿的特殊规定

（一）有限合伙企业债务

先用合伙企业财产清偿，不足的部分普通合伙人承担无限连带责任，有限合伙人以出资额为限承担有限责任。

（二）有限合伙人个人债务

（1）以有限合伙企业分配的收益清偿。

（2）债权人也可以要求法院执行有限合伙人的合伙份额，其他合伙人同等条件下有优先购买权。

七、有限合伙企业入伙与退伙的特殊规定

（一）入伙

新入伙的有限合伙人对入伙前合伙企业的债务以其认缴出资额为限承担责任。

（二）退伙

有限合伙人退伙后，对于退伙前合伙企业的债务，以其退伙时取回的财产承担责任。有限合伙人出现下列情形之一时当然退伙。

（1）作为合伙人的自然人死亡或者被依法宣告死亡。

（2）作为合伙人的法人或者其他组织依法被吊销营业执照、责令关闭撤销，或者被宣告破产。

（3）法律规定或者合伙协议约定合伙人必须具有相关资格而丧失该资格的。

（4）合伙人在合伙企业中的全部财产份额被人民法院强制执行。

3-3-1 想一想

某有限合伙企业有 3 个合伙人，甲是普通合伙人，乙、丙是有限合伙人，甲、乙、丙各出资 5 万元。2021 年 5 月，丙退伙时从合伙企业取回财产 3 万元，退伙前，合伙企业欠 A 银行 20 万元，合伙资产合计为 10 万元。

请思考：对于不足的 10 万元，债权人 A 银行能否要求合伙人甲、乙、丙清偿全部的 10 万元？并说明理由。

3-3-1 **想一想答案**

读一读

有限合伙人丧失行为能力，其他合伙人不得因此要求其退伙。这是因为有限合伙人对有限合伙企业只进行投资，而不负责事务执行。作为有限合伙人的自然人在有限合伙企业存续期间丧失民事行为能力，并不影响有限合伙企业的正常生产经营活动，其他合伙人不能要求该丧失民事行为能力的合伙人退伙。

普通合伙人被依法认定为无民事行为能力人或者限制民事行为能力人的，经其他合伙人一致同意，可以依法转为有限合伙人，普通合伙企业依法转为有限合伙企业。其他合伙人未能一致同意的，该无民事行为能力或者限制民事行为能力的合伙人退伙。

表 3-1 总结了有限合伙企业入伙与退伙的特殊规定。

表 3-1　有限合伙企业入伙与退伙的特殊规定

行为	合伙人性质	入(退)伙前责任	入(退)伙后责任
入伙	普通合伙人	无限连带责任	无限连带责任
	有限合伙人	以认缴的出资额为限承担责任	以认缴的出资额为限承担责任
退伙	普通合伙人	无限连带责任	—
	有限合伙人	以退回的财产为限承担责任	—

八、合伙人性质转变

（一）转变类型

所谓合伙人性质转变是指有限合伙人转变为普通合伙人或者普通合伙人转变为有限合伙人。

（二）转变条件

除合伙协议另有约定外，应当经全体合伙人一致同意。

（三）责任承担

有限合伙人转变为普通合伙人时，对其作为有限合伙人期间有限合伙企业发生的债务承担无限连带责任。

普通合伙人转变为有限合伙人时，对其作为普通合伙人期间合伙企业发生的债务承担无限连带责任。

☞ 小提示

有限合伙人转变为普通合伙人的或者普通合伙人转变为有限合伙人的，对转变前的债务都承担无限连带责任。

表 3-2 总结了有限合伙企业与普通合伙企业的特点。

表 3-2　有限合伙企业与普通合伙企业的特点

要素	普通合伙企业	有限合伙企业
人员构成	普通合伙人	普通合伙人+有限合伙人
企业名称	注明“普通合伙”字样	注明“有限合伙”字样
人数	2 人以上	2~50 人
责任承担	无限连带责任	普通合伙人：无限连带责任； 有限合伙人：以认缴出资额为限承担责任

续表

要素	普通合伙企业	有限合伙企业
设立条件	合伙人可以以劳务出资	有限合伙人不得以劳务出资
事务执行	共同执行或委托执行	普通合伙人执行,有限合伙人不执行
关联交易	通常不得同本合伙企业交易	有限合伙人可以同本企业交易
竞业禁止	不得经营同类业务	有限合伙人可以经营同类业务
财产份额转让	须经其他合伙人一致同意	无须其他合伙人一致同意,仅需要提前 30 日通知
财产份额出质	须经其他合伙人一致同意	无须其他合伙人一致同意
退伙	丧失民事行为能力应退伙	丧失民事行为能力不构成退伙

项目实施

本项目“案例导入”中,① 第 2 项不符合规定。丙作为有限合伙人可以用货币、实物、知识产权、土地使用权或者其他财产权利作价出资,但不得用劳务出资。② 第 3 项不符合规定。有限合伙企业名称中应当标明“有限合伙”字样,企业名称应该为“众乐旅游合伙企业(有限合伙)”。③ 第 4 项不符合规定。丙作为有限合伙人不执行合伙企业事务,但可以参与决定普通合伙人入伙、退伙,该行为不视为执行合伙企业事务。④ 第 5 项不符合规定。有限合伙人向合伙人以外的人转让其在有限合伙企业中的财产份额,不需要经其他合伙人一致同意,只要提前 30 日通知其他合伙人即可。

项目三 练习

一、单选题

1. 下列关于有限合伙企业中有限合伙人入伙与退伙的表述中，符合《合伙企业法》规定的是（ ）。

A. 新入伙的有限合伙人对入伙前有限合伙企业的债务，以其实缴的出资额为限承担责任

B. 作为有限合伙人的自然人，有限合伙企业存续期间丧失民事行为能力的，该有限合伙人当然退伙

C. 退伙后的有限合伙人对基于其退伙前的原因发生的有限合伙企业的债务，以其退伙时从有限合伙企业中取回的财产为限承担责任

D. 退伙后的有限合伙人对基于其退伙前的原因发生的有限合伙企业的债务，以其认缴的出资额为限承担责任

2. 某有限合伙企业由甲、乙、丙、丁 4 人出资设立，其中，甲、乙为普通合伙人，丙、丁为有限合伙人。后丙因故退伙。对于在丙退伙前有限合伙企业既有的债务，丙应承担责任的正确表述是（ ）。

A. 丙以其认缴的出资额为限承担责任

B. 丙以其实缴的出资额为限承担责任

C. 丙以其退伙时从有限合伙企业中取回的财产承担责任

D. 丙不承担责任

3. 关于有限合伙人企业的特殊规定，以下表述正确的是（ ）。

A. 有限合伙人不能执行合伙企业事务

B. 有限合伙人未经企业同意不得与本企业进行交易

C. 有限合伙人未经企业同意不得经营与本企业同类的营业

D. 有限合伙人丧失民事行为能力的，当然退伙

4. 甲是某合伙企业中的有限合伙人，在该合伙企业经营过程中，甲共取得分配的利润 5 万元。后来，甲因故退伙，退伙清算时甲从该合伙企业分得价值 2 万元的财产。甲对基于其退伙前的原因发生的合伙企业债务，承担清偿责任的数额是（ ）万元。

A. 0　　B. 2　　C. 5　　D. 7

5. 甲、乙、丙 3 人成立有限合伙企业，甲和乙为普通合伙人，合伙企业经营一段时间后，甲欲转变为有限合伙人，经查，合伙协议中并没有对这种转换做出约定，下列说法正确的是（ ）。

A. 甲转变为有限合伙人后会导致该有限合伙企业中的普通合伙人不足 2 人，因此甲不能转换

B. 经过全体合伙人一致同意，甲可以转换为有限合伙人
C. 甲转变后，对其作为普通合伙人期间合伙企业发生的债务承担有限责任
D. 由于合伙协议未约定转换的方式，因此应该经过全体合伙人协商，协商不成的，不能进行转换

二、多选题

1. 下列各项可以作为有限合伙企业出资形式的有（　　）。
A. 某专利技术　　B. 大型企业管理经验
C. 机器设备　　D. 100 万元现金

2. 下列各项内容中，符合有限合伙人退伙规定的有（　　）。
A. 作为有限合伙人的自然人在合伙期间丧失民事行为能力的，属于当然退伙
B. 若有限合伙人自然死亡，其继承人可以依法取得该有限合伙人在有限合伙企业中的资格
C. 有限合伙人退伙后，对其退伙前合伙企业发生的债务，以其退伙时取回的财产承担责任
D. 作为有限合伙人的法人依法被吊销营业执照的，当然退伙

3. 甲、乙、丙、丁、戊出资设立一有限合伙企业，甲、乙为有限合伙人，丙、丁、戊为普通合伙人，一年后，甲、丙退出合伙企业，乙转为普通合伙人，则下列关于该合伙企业的说法正确的有（　　）。
A. 甲对退伙前合伙企业的债务承担无限责任
B. 丙对退伙前合伙企业的债务承担无限责任
C. 乙对转为普通合伙人之前的债务承担无限责任
D. 该合伙企业由有限合伙企业转变为普通合伙企业

4. 甲公司、乙公司、王某、张某共同出资设立 A 有限合伙企业，甲公司、王某为有限合伙人，乙公司、张某为普通合伙人。2022 年，王某发生车祸身亡，小王是其唯一继承人。下列各项中，正确的有（　　）。
A. 王某当然退伙
B. A 企业将王某除名
C. 小王可以依法取得王某在 A 企业中的资格
D. 小王经甲公司、乙公司、张某的一致同意，方可取得王某在 A 企业中的资格

5. 甲、乙、丙 3 人拟共同设立一个有限合伙企业，下列表述错误的有（　　）。
A. 该有限合伙企业至少应当有一个普通合伙人
B. 经合伙协议约定，有限合伙人可以以货币、实物、劳务、知识产权或其他财产作价出资
C. 经合伙协议约定，有限合伙人可以执行部分合伙事务
D. 如有限合伙人转变为普通合伙人，则对其作为有限合伙人期间企业的债务不承担连带责任

三、判断题

1. 有限合伙企业由普通合伙人和有限合伙人组成。 (　　)

2. 有限合伙人可以执行合伙企业事务。 (　　)

3. 有限合伙企业由普通合伙人和有限合伙人组成,普通合伙人对合伙企业债务承担无限连带责任,有限合伙人以其认缴的出资额为限对合伙企业债务承担责任。 (　　)

4. 有限合伙人向合伙人以外的人转让其在有限合伙企业中的财产份额,不受合伙协议的限制。 (　　)

5. 有限合伙企业中至少有一名有限合伙人,以其实缴的出资额为限对合伙企业债务承担责任。 (　　)

项目四　合伙企业的解散与清算

案例导入

2022 年 1 月，甲、乙合伙成立了一家“俏佳人服饰普通合伙企业”，双方签订了书面合作协议，约定了出资方式、合伙份额、事务执行、盈亏分担及清算条款等内容。为了扩大经营，该合伙企业于 2023 年 2 月从银行取得期限为一年的 20 万元贷款。同年 6 月，丙出资 5 万元入伙该企业，10 月，经全体合伙人一致同意，甲办理了退伙，并办理了退伙结算。后因经营不善，12 月底，合伙企业销售陷入停滞，乙、丙随即解散该合伙企业，并将合伙企业价值 10 万元的现有资产平均分配，但是对于未到期的银行贷款未予清偿。

2024 年 2 月银行贷款到期，银行找到合伙企业清偿债务，发现合伙企业已经解散，遂分别向甲、乙、丙要求偿还全部贷款，甲拒绝还款。原因为自己早已退伙，不承担债务；乙表示只按照清算所得 5 万元承担清偿义务；丙拒绝还款，原因是该笔贷款是自己入伙前发生的。

请思考： ① 甲、乙、丙的理由是否成立？② 合伙企业该如何清偿该笔到期的贷款？

知识储备

一、合伙企业的解散

（一）解散的概念

合伙企业解散是指因法定原因或约定原因而使得各合伙人解除合伙协议，合伙企业终止活动的法律行为。

（二）解散的原因

合伙企业有下列情形之一的，应当解散。

（1）合伙期限届满，合伙人决定不再经营。

（2）合伙协议约定的解散事由出现。

（3）全体合伙人决定解散。

（4）合伙人已不具备法定人数满 30 天。

（5）合伙协议约定的合伙目的已经实现或者无法实现。

（6）依法被吊销营业执照、责令关闭或者被撤销。

（7）法律、行政法规规定的其他原因。

二、合伙企业的清算

（一）清算的概念

合伙企业的清算是指依法对宣布解散的合伙企业的财产进行清理，收回债权，清偿债务，并最后分配所剩财产和分担债务的行为。

（二）清算人的确定

合伙企业解散的，应当由清算人进行清算。清算人可以由以下人员担任。

（1）由全体合伙人担任。

（2）经全体合伙人过半数同意，可以自合伙企业解散事由出现后15日内指定一个或者数个合伙人，或者委托第三人担任清算人。

（3）自合伙企业解散事由出现之日起15日内未确定清算人的，合伙人或者其他利害关系人可以申请人民法院指定清算人。

（三）清算人的职责

清算人在清算期间执行下列事务。

（1）清理合伙企业财产，分别编制资产负债表和财产清单。

（2）处理与清算有关的合伙企业未了结事务。

（3）清缴所欠税款。

（4）清理债权、债务。

（5）处理合伙企业清偿债务后的剩余财产。

（6）代表合伙企业参加诉讼或者仲裁活动。

（四）清算财产分配顺序

（1）支付清算费用。

（2）支付所欠职工工资、社会保险费用等。

（3）缴纳所欠税款。

（4）清偿债务。

（5）利润分配和亏损分担。

（五）合伙企业债务分担

合伙企业清算时，其全部财产不足清偿其债务的，其不足的部分由各合伙人按照合伙协议约定的比例，用其在合伙企业以外的财产承担清偿责任；合伙协议未约定的，由各合伙人用其在合伙企业以外的财产平均分担清偿责任。合伙人由于承担连带责任，所清偿数额超过其应当承担的数额时，有权向其他合伙人追偿。

☞ **小提示**

合伙企业解散后，原合伙人对合伙企业存续期间的债务仍然应当承担连带责任，但债权人在5年内未向债务人提出偿债请求的，该责任消灭。

（六）合伙企业注销登记

合伙企业的注销登记是合伙企业消灭其主体资格的法定程序。合伙企业清算结束后，清算人应当编制清算报告，经全体合伙人签字、盖章后，在15日内报送给企业登记机关，办理合伙企业的注销登记。

项目实施

本项目“案例导入”中，① 退伙人对其退伙前已发生的债务，与其他合伙人承担连带责任。② 合伙人之间对债务承担份额的约定对债权人没有约束力。③ 入伙的新合伙人对入伙前的债务承担连带清偿责任。在得知合伙企业解散后，应当按照法律和《合伙协议》约定先行组织清算，再进行合伙财产分配。乙、丙应退还各自分得的财产，即先用合伙企业的财产10万元清偿贷款，剩余10万元由甲、乙、丙承担无限连带责任，清偿合伙债务超过自己应当承担份额的合伙人，有权向其他合伙人追偿。

项目四 练习

一、单选题

1. 在合伙企业中，下列事务可以不经全体合伙人一致同意的是（　　）。
A. 合伙人同本企业进行交易
B. 在合伙协议未约定的情况下，合伙人将财产份额转让给合伙企业以外的人
C. 改变合伙企业名称
D. 合伙企业解散，合伙人指定清算人

2. 根据合伙企业法律制度的规定，合伙企业解散清算时，企业财产首先应当清偿或支付的是（　　）。
A. 所欠税款　B. 所欠银行借款　C. 所欠职工工资　D. 清算费用

3. 根据《合伙企业法》的规定，下列各项中，不属于合伙企业应当解散的情形是（　　）。
A. 合伙人因决策失误给合伙企业造成重大损失
B. 合伙企业被依法吊销营业执照
C. 合伙企业的合伙人已不具备法定人数满 30 天
D. 合伙协议约定的合伙目的无法实现

二、多选题

1. 下列各项中，属于合伙企业解散事由的有（　　）。
A. 合伙期限届满，合伙人决定不再经营
B. 全体合伙人决定解散
C. 合伙协议约定的解散事由出现
D. 合伙协议约定的合伙目的已经实现或者无法实现

2. 甲、乙、丙 3 人设立一家普通合伙企业，下列情形中，合伙企业应当解散的有（　　）。
A. 甲、乙退出合伙企业，30 天没有其他人入伙
B. 甲、乙同意解散合伙企业，丙不同意
C. 合伙企业的营业执照被吊销
D. 合伙协议约定的合伙目的已经实现

3. 某合伙企业解散时，在如何确定清算人的问题上，合伙人甲、乙、丙、丁各执一词。下列各合伙人的主张中，不符合《合伙企业法》规定的有（　　）。
A. 甲：由我们 4 人共同担任清算人
B. 乙：我是大家一致同意的企业事务执行人，只能由我担任清算人
C. 丙：建议从我们 4 人中推选一人担任清算人
D. 丁：合伙企业清算不允许由合伙人担任，因此建议请一名注册会计师来担任清算人

4. 合伙企业解散时应当由清算人进行清算。下列关于清算人的说法正确的有(　　)。

A. 可以由全体合伙人担任清算人

B. 可以指定一个或者数个合伙人担任清算人

C. 可以委托第三人担任清算人

D. 可以申请人民法院指定清算人

单元四

合同法律制度

学习目标

1. 了解合同的概念、特征和分类。

2. 掌握有关合同的订立、效力、履行和合同的担保、变更、转让以及合同的解除、终止、违约责任的法律制度。

3. 能够掌握签订合同和审查合同的基本技能并能处理现实生活中合同的履行、违约等问题。

4. 培养契约精神,培育诚信意识。

学习框架

合同法律制度

- 项目一　合同法律制度概述
  - 一、合同的概念和特征
  - 二、合同的分类
  - 三、合同法律制度的基本原则
- 项目二　合同的订立
  - 一、合同订立的形式
  - 二、合同订立的内容
  - 三、合同订立的规则
  - 四、合同成立的时间、地点
  - 五、缔约过失责任
- 项目三　合同的效力
  - 一、合同生效
  - 二、效力待定合同
  - 三、无效合同
  - 四、可撤销合同
  - 五、无效合同或被撤销合同的法律后果
- 项目四　合同的履行
  - 一、合同履行的规则
  - 二、合同履行中的抗辨权
  - 三、合同的保全
- 项目五　合同的担保
  - 一、合同担保的分类
  - 二、担保合同
  - 三、保证
- 项目六　合同的变更与转让
  - 一、合同的变更
  - 二、合同的转让
- 项目七　合同的解除与终止
  - 一、合同的解除
  - 二、合同终止的其他情形
- 项目八　违约责任
  - 一、违约责任的概念
  - 二、违约行为
  - 三、违约责任的承担方式
  - 四、违约责任的免除

思政元素（项目一）：宪法精神　法制思维　诚实守信

思政元素（项目二、项目三）：契约精神　遵纪守法　责任意识

思政元素（项目四、项目五）：守法意识　合作精神　公平原则

思政元素（项目六、项目七）：平等自愿　遵纪守法　实事求是

思政元素（项目八）：责任意识　契约精神　法制思维

项目一　合同法律制度概述

案例导入

2023年4月,董某通过招聘网站应聘某科技公司销售经理岗位,该岗位要求大专学历。董某与该公司签订了《劳动合同书》,合同约定试用期3个月,试用期间,被证明不符合录用条件的,公司可以解除合同。入职后1个月,公司发现董某曾被某大学本科退学,其真实学历是中专,故公司解除了劳动合同。董某遂诉至法院,要求科技公司支付解除劳动关系的赔偿金。

请思考: ① 法院会支持董某的诉讼请求吗? ② 董某在签订合同时违背了什么样的原则?

知识储备

一、合同的概念和特征

我国《民法典》第四百六十四条规定,合同是指民事主体之间设立、变更、终止民事法律关系的协议。合同是当事人之间意思表示一致的民事法律行为,旨在设立、变更或终止民事权利义务关系。

合同具有如下法律特征:① 合同的主体具有平等的法律地位。② 合同是一种双方或多方的民事法律行为。③ 合同是双方或多方主体在平等自愿的基础上做出的一致意思表示。④ 合同以设立、变更、终止民事法律关系为目的。

读一读

《中华人民共和国合同法》的历史沿革

自1949年中华人民共和国成立以来,我国的合同法律经历了从修订到不断完善的过程。新中国成立之初,国家经济处于起步阶段,法律制度较为简单。1950年年初,我国修订了第一个合同法的雏形,即《中华人民共和国合同法暂行条例》,该条例在合同的签订、成立和效力方面做了一些规定,但并不完善。1978年改革开放以后,我国开始实行社会主义市场经济,经济活动日渐多样化,为适应经济发展需要,1981年,我国颁布了《中华人民共和国合同法》,该法主要对合同的订立、效力、履行及违约责任做出了相应规定,并取得了一定的实践效果。到了1999年,随着经济全球化的发展,国际合同和电子合同等新兴形式的出现,原有的合同法已经不能完全适应新的情况,我国对经济法进行了一次全面的修订，其中包括对合同的订立、无效、解除等方面进行了细化和完善。截至 2020 年 5 月，我国通过了最新一轮修订的《中华人民共和国合同法》，该次修订的目的主要是进一步扩大合同自由原则的适用范围，加强公平交易原则和消费者权益保护等方面的规定。由此可见，每一次的修订和完善都是为了使合同法律更加适应经济的发展和社会的变革。

二、合同的分类

按照不同的标准，可以将合同划分成不同的类型，主要有以下几种分类。

（一）有名合同与无名合同

根据法律是否赋予其名称和是否做出具体规定为标准，将合同分为有名合同与无名合同。有名合同，又称典型合同，是指法律对其设有详细规范，且赋予一定名称的合同，如《民法典》中规定的买卖合同、赠与合同、借款合同、租赁合同等 19 种有名合同。有名合同是在社会生活中频繁出现且具有典型意义的合同。无名合同，又称非典型合同，是指法律对其未作特别规定，也未赋予一定名称的合同。当事人之间依合意成立的无名合同，只要不违反法律、行政法规的强制性规范，不违背公序良俗，即属有效。

在出现合同纠纷时，有名合同直接适用《民法典》合同编分则的规定，无名合同适用《民法典》合同编通则的规定，并可以参照合同编分则或其他法律最相类似的规定。

（二）诺成合同与实践合同

根据合同的成立是否需要交付标的物为标准，将合同区分为诺成合同与实践合同。诺成合同是指当事人意思表示一致即成立的合同；实践合同是指除当事人意思表示一致外，尚需交付标的物才能成立的合同。绝大部分合同自双方达成合意时成立，所以现实生活中诺成合同最为常见，如买卖合同、租赁合同。实践合同的认定以交付标的物为合同成立要件或者限于法律特别规定，如保管合同自保管物交付时成立，但当事人另有约定的除外。

（三）要式合同与不要式合同

根据合同是否要求具备特定形式和手续为标准，将合同分为要式合同与不要式合同。要式合同是指必须具备一定形式和手续的合同，如中外合资经营企业合同、中外合作经营企业合同只能采用批准形式（即经国家批准才能生效），所以属于要式合同。不要式合同是指不要求必须具备一定形式和手续的合同。合同除法律特别规定外，均为不要式合同。

（四）双务合同与单务合同

根据当事人之间是否互负给付义务，将合同分为双务合同与单务合同。双务合同的当事人双方互负给付义务，如买卖合同、租赁合同。我国《民法典》中规定的绝大多数合同都是双务合同。单务合同是只有一方当事人负给付义务的合同，如赠与合同、无偿保管合同。

（五）主合同与从合同

以合同之间的主从关系为标准，可将合同分为主合同与从合同。主合同是不依赖于其他合同的存在即可独立存在的合同，从合同是以其他合同的存在为前提的合同。如借款合同与作为履行债务担保的保证合同，借款合同为主合同，能够独立存在，而保证合同为从合同，以借款合同的存在为存在条件。主合同的成立和效力影响从合同的成立和效力。

4-1-1 练一练

【多选题】买卖合同属于（　　）。

A. 单务合同　　B. 双务合同

C. 诺成合同　　D. 实践合同

E. 有偿合同　　F. 无偿合同

4-1-1　练一练答案

三、合同法律制度的基本原则

《民法典》合同编的基本原则是合同当事人在合同活动中应当遵守的基本准则，也是人民法院、仲裁机构在审理、仲裁合同纠纷时应当遵循的原则。

（一）平等原则

合同当事人的法律地位平等，平等地享有民事权利和承担民事义务，表现为以平等、协商的方式设立、变更、消灭合同关系。

（二）自愿原则

合同当事人依法享有自愿订立合同的权利，任何单位和个人不得非法干预。当事人享有基于内心的真实想法而自愿订立合同的自由，包括订立或不订立的自由，选择合同相对人、合同内容、合同形式的自由等。

（三）公平原则

合同当事人在合同订立、履行、解释的过程中，要根据公平的原则确定各自的权利、义务、风险分担机制及违约责任。公平正义是中国特色社会主义的内在要求。

（四）诚实信用原则

合同当事人在行使权利、履行义务时应遵循诚实守信的原则，真实地向对方当事人陈述与合同有关的情况，并按照约定全面、正确地履行合同义务。诚实守信是社会主义核心价值观的重要组成部分。

（五）守法和公序良俗原则

合同当事人订立、履行的合同，应严格遵守国家的法律规定，不得违反法律，也不得违背公序良俗。

尚德精技

华某是某国有企业工程管理部副经理，方某是某私营工程公司老板。2013 年至 2022 年间，华某利用职务便利，为方某在承接工程、工程量审核、工程款结算等方面提供帮助。2020 年 11 月，华某想购买某小区房产，得知该项目的土建施工方系方某的工程公司，遂询问至方某。方某表示，华某可以自行至开发商处选房，自己再以工程公司“工抵房”的名义转售给华某。华某随即选定该小区一套面积为 145 平方米的商品房，并告知方某。

2020 年 12 月，华某与开发商签订商品房买卖合同，载明房屋销售价 155 万元。同时，方某的工程公司、开发商与华某三方签订房屋冲抵工程款协议，约定华某与开发商所签的商品房买卖合同视为工程公司与开发商结清 155 万元的工程款，华某应将购房款直接支付给工程公司。合同签订后，方某的工程公司以优惠价的方式只收取华某 140 万元的购房款。

本案中，方某的工程公司在签订了三方协议后，未按照合同价收取华某的房款，而是选择亏本交易，客观上是通过债务免除的形式实现了对华某的利益输送，应认定华某收受贿赂 15 万元。

项目实施

本项目“案例导入”中，① 法院不支持董某的诉讼请求。科技公司在招聘信息中，明确要求大专学历，董某应聘时未如实告知科技公司其系本科退学状态，实际学历为中专。在试用期间，董某被证明不符合录用条件，科技公司与其解除劳动合同系合法行为，无须向董某支付违法解除劳动关系赔偿金。② 董某违背了诚实信用原则。用人单位与劳动者在建立劳动关系及履行劳动合同期间，双方均应遵守诚实信用原则，如实告知与合同有关的情况。

项目一 练习

一、单选题

1. 合同按照成立时是否需要交付标的物可分为(　　)。
   A. 有名合同与无名合同　　B. 诺成合同与实践合同
   C. 要式合同与不要式合同　　D. 单务合同与双务合同

2. 下列各项中,不属于合同的法律特征的一项是(　　)。
   A. 合同主体具有平等的法律地位
   B. 合同是在平等自愿基础上的一致意思表示
   C. 合同以设立、变更、终止民事权利义务关系为目的
   D. 合同是一项法律事件

二、判断题

1. 合同是双方或多方主体在平等自愿的基础上做出的相互一致的意思表示。(　　)

2. 合同当事人依法享有自愿订立合同的权利,因此只要双方当事人愿意,其所拟定的合同内容可以不受法律约束。(　　)

项目二　合同的订立

案例导入

2023 年 7 月 8 日，某研究所就单位物业项目公开发出投标邀请。2023 年 7 月 28 日，某物业管理有限公司向该研究所发出《投标文件》，表示对招标文件无任何异议，愿意提供招标文件要求的服务。2023 年 8 月 1 日，该研究所向物业管理公司送达中标通知书，确定该物业管理公司为中标人。2023 年 8 月 11 日，该研究所向该物业管理公司致函，要求解除与该物业管理公司之间的中标关系，后续合同不再签订。该物业管理公司主张中标通知书送达后合同法律关系成立，该研究所应承担因违约给其造成的损失。

请思考：① 该物业管理公司关于中标通知书送达后合同法律关系成立的主张正确吗？② 该研究所可以以双方并未签订正式书面合同为由提出抗辩吗？

知识储备

一、合同订立的形式

《民法典》第四百六十九条第一款规定："当事人订立合同，可以采用书面形式、口头形式或者其他形式。"

（一）书面形式

书面形式是指合同书、信件和数据电文（包括电报、电传、传真、电子数据交换和电子邮件）等可以有形地表现所载内容的形式。法律、行政法规规定或者当事人约定采用书面形式的，应当采用书面形式。

（二）口头形式

口头形式是指当事人双方就合同内容面对面或以通信设备交谈达成的协议。口头形式的优点是方便迅速，缺点是一旦发生纠纷，很难取证。

（三）其他形式

除了书面和口头形式外，其他形式还包括推定形式和默示形式。

推定形式是指当事人没有口头或者文字的意思表示，由特定行为间接推知其意思表示而成立的合同。例如，房屋租赁合同期限届满时，当事人双方未明确表示续租，但承租人继续缴纳租金，出租人接受租金，由此行为可推定房屋租赁合同继续成立有效。

默示形式指当事人既未明示其意思，也不能借由其他事实推知其意思，即当事人单纯沉默。例如，试用买卖中，试用期限届满，买受人对是否购买标的物未做表示的，视为购买。该情形中，买受人对于是否购买试用标的物的单纯沉默，按照法律的特别规定被解释为“同意购买”的意思。

4-2-1 想一想

小明在租房网站上找到一套心仪的公寓，他在与房东进行了几次电话沟通后，达成了租房的口头协议。根据协议，小明将支付每月2 000元的租金，并在入住时支付1 000元的租房押金。

请思考：小明与房东采用的是哪一种合同订立形式？

4-2-1 想一想答案

二、合同订立的内容

（一）合同的一般条款

合同一般包括以下条款。

（1）当事人的名称或姓名和住所。

（2）标的。

（3）数量。

（4）质量。

（5）价款或者报酬。

（6）履行期限、地点、方式。

（7）违约责任。

（8）解决争议的方法。

（二）合同的格式条款

格式条款是指当事人为了重复使用而预先拟定，并在订立合同时未与对方协商的条款。

格式条款可以简化签约程序，加快交易速度，减少交易成本。但是，由于格式条款是由当事人一方预先拟定且在合同谈判中不容许协商修改的，因此，出于公平，法律对格式条款的适用做出了如下限制。

1. 提供格式条款一方的义务

提供格式条款的一方应当遵循公平原则确定当事人之间的权利和义务，并采取合理的方式提请对方注意免除或者限制其责任的条款，按照对方的要求，对该条款予以说明。例如，提供格式条款的一方对格式条款中免除或者限制其责任的内容，在合同订立时应采用足以引起对方注意的文字、符号、字体等特别标识，并按照对方的要求对该格式条款予以说明。

2. 格式条款无效的情形

格式条款具备下列情形之一时，该格式条款无效。

（1）提供格式条款的一方不合理地免除或者减轻其责任，加重对方责任，限制对方主要权利。

（2）提供格式条款的一方排除对方主要权利。

(3) 造成对方人身损害的免责格式条款。

(4) 因故意或重大过失造成对方财产损失的免责格式条款。

3. 对格式条款的解释

对格式条款的理解发生争议的,应当按照通常理解予以解释。对格式条款有两种及以上解释的,应当做出不利于提供格式条款一方的解释。格式条款和非格式条款不一致的,应当采用非格式条款。

4-2-2 想一想

生活中我们经常会办理一些会员卡,如健身 VIP 卡、美容美发 VIP 卡等。这些 VIP 卡上往往会标有“一经出售,概不退换,不找零,不兑现”“最终解释权归本店所有”的字样。

请思考:这些字样所表述的内容是否有效?

4-2-2 **想一想答案**

三、合同订立的规则

(一) 要约

要约是一方当事人以缔结合同为目的,向对方当事人提出合同条件,希望对方当事人接受的意思表示。发出要约的当事人称为要约人,要约所指向的对方当事人则称为受要约人。

1. 要约的构成要件

(1) 要约必须是向特定相对人做出的意思表示。相对人一般为特定的人,但在特殊情况下,对不特定的人做出但不妨碍要约所达目的时,相对人也可以是不特定人。《民法典》第四百七十三条第二款规定:“商业广告和宣传的内容符合要约条件的,构成要约。”

(2) 要约的内容必须确定、完整,具有足以使合同成立的必要条款。依具体合同类型的不同,要约可能需要包含标的、数量、质量、价款或者报酬等内容。

(3) 要约必须表明经受要约人承诺,要约人即受该意思表示约束。要约必须是以缔结合同为目的的意思表示。要约人发出的要约内容必须能够表明:如果对方接受要约,合同即告成立。相反,单纯的初步磋商、贸易谈判的邀请或戏谑等表示,不构成要约。

2. 要约邀请

要约邀请是希望他人向自己发出要约的表示。要约邀请与要约不同,要约是一经承诺就成立合同的意思表示;而要约邀请的目的则是邀请他人向自己发出要约,一旦他人发出要约,要约邀请人则处于一种可以选择是否接受对方要约的承诺人地位。要约邀请处于合同的准备阶段,没有法律约束力。《民法典》第四百七十三条第一款规定:“拍卖公告、招标公告、招股说明书、债券募集办法、基金招募说明书、商业广告和宣传、寄送的价目表等为要约邀请。”

3. 要约生效时间

要约到达受要约人时生效。以对话方式做出的要约,自相对人知道其内容时生效。以非对话方式做出的要约,自要约到达受要约人时生效。

《民法典》第一百三十七条第二款规定:“以非对话方式做出的采用数据电文形式的意思表示,相对人指定特定系统接收数据电文的,该数据电文进入该特定系统时生效;未指定特定系统的，相对人知道或者应当知道该数据电文进入其系统时生效。当事人对采用数据电文形式的意思表示的生效时间另有约定的，按照其约定。”

4. 要约的效力

要约一经生效，要约人即受到要约的约束，不得随意撤销要约或者对要约加以限制、变更和扩张。受要约人在要约生效时即取得了依承诺而成立合同的法律地位，受要约人可以承诺，也可以不承诺。

5. 要约的撤回

要约撤回是指要约在发出后、生效前，要约人使要约不发生法律效力的意思表示。法律规定要约可以撤回，撤回要约的通知应当在要约到达受要约人之前到达，或者与要约同时到达受要约人。

6. 要约的撤销

要约撤销是指要约人在要约生效后、受要约人承诺前，使要约丧失法律效力的意思表示。法律规定要约可以撤销，但撤销要约的通知应当在受要约人发出承诺通知之前到达受要约人。

由于撤销要约可能会给受要约人带来不利的影响，因此法律规定了两种不得撤销要约的情形。

（1）要约人以确定承诺期限或者其他形式明示要约不可撤销的。

（2）受要约人有理由认为要约是不可撤销的，并已经为履行合同做了合理准备工作。

7. 要约失效

要约失效是指要约丧失法律效力，即要约人与受要约人均不再受其约束。有下列情形之一的，要约失效。

（1）要约被拒绝。

（2）要约被依法撤销。

（3）承诺期限届满，受要约人未做出承诺。

（4）受要约人对要约的内容做出实质性变更。

对要约内容的实质性变更，是指对合同标的、数量、质量、价款或者报酬、履行期限、履行地点和方式、违约责任和解决争议方法等内容的变更。

（二）承诺

承诺是受要约人同意要约的意思表示。

1. 承诺的构成要件

（1）承诺必须由受要约人向要约人做出。

（2）承诺的内容必须与要约的内容一致。承诺不得对要约的内容做出实质性变更，做出实质性变更的，视为一个新的要约。

（3）承诺必须在合理的期限内做出并到达要约人。受要约人超过承诺期限发出承诺的，除要约人及时通知受要约人该承诺有效的以外，视为新要约。

2. 承诺的方式

承诺应当以通知的方式做出，通知的方式可以是口头的，也可以是书面的。一般来说，如果法律或者要约中没有规定必须以书面形式表示承诺，当事人就可以用口头形式表示承诺。根据交易习惯或当事人之间的约定，承诺也可以不以通知的方式，而通过实施一定的行为或以其他方式做出。

3. 承诺的期限

承诺应当在要约确定的期限内到达要约人。要约以信件或者电报做出的，承诺期限自信件载明的日期或者电报交发之日开始计算。信件未载明日期的，自投寄该信件的邮戳日期开始计算。要约以电话、传真、电子邮件等快速通信方式做出的，承诺期限自要约到达受要约人时开始计算。

受要约人超过承诺期限发出承诺，除要约人及时通知受要约人该承诺有效的以外，为新要约。受要约人在承诺期限内发出承诺，但因其他原因承诺到达要约人时超过承诺期限的，除要约人及时通知受要约人因承诺超过期限不接受该承诺的以外，该承诺有效。

4. 承诺的生效

承诺通知到达要约人时生效。承诺不需要通知的，在根据交易习惯或者要约的要求做出承诺的行为时生效。采用数据电文形式订立合同的，承诺到达的时间同上述要约到达时间的规定相同。

5. 承诺的撤回

承诺可以撤回。承诺的撤回是指受要约人阻止承诺发生法律效力的意思表示。撤回承诺的通知应当在承诺通知到达要约人之前或者与承诺通知同时到达要约人。

4-2-3 想一想

某化妆品广告称其生产的驻颜系列眼霜，引进了日本全新的专业技术，能有效消除眼袋、黑眼圈及眼周皮肤暗沉。咨询订购热线：12345678，免费送货。

请思考：该广告属于要约还是要约邀请？

4-2-3 想一想答案

四、合同成立的时间、地点

（一）合同成立的时间

一般情况下，承诺做出生效后合同即告成立，当事人于合同成立时开始享有合同权利，承担合同义务。所以，一般而言，承诺生效的时间就是合同成立的时间，在不同合同订立方式下，合同成立的具体时间有所不同。

（1）当事人采用合同书形式订立合同的，自双方当事人均签名、盖章或者按指印时合同成立。在签名、盖章或者按指印之前，当事人一方已经履行主要义务并且对方接受的，该合同成立。

（2）当事人采用信件、数据电文等形式订立合同的，可以在合同成立之前要求签订确认书，签订确认书时合同成立。

（3）当事人一方通过互联网等信息网络发布的商品或者服务信息符合要约条件的，对方选择该商品或者服务并提交订单成功时合同成立，但是当事人另有约定的除外。这是《民法典》中关于网购电子合同的相关规定。

（4）当事人以直接对话方式订立合同的，承诺人的承诺生效时合同成立。

（二）合同成立的地点

合同成立的地点是确定合同纠纷案件管辖的标准之一。一般来说，承诺生效的地点为合同的成立地点，但在特殊情况下，合同可以有不同的成立地点。

（1）采用数据电文形式订立合同的，收件人的主营业地为合同成立的地点，没有主营业地的，其住所地为合同成立的地点。

（2）当事人采用合同书、确认书形式订立合同的，双方当事人签名、盖章或者按指印的地点为合同成立的地点。双方当事人签名、盖章或者按指印不在同一地点的，最后签名、盖章或者按指印的地点为合同成立地点。

（3）合同需要完成特殊的约定形式或者法定形式才能成立的，以完成合同的约定形式或者法定形式的地点为合同的成立地点。

（4）当事人对合同的成立地点另有约定的，从其约定。采用书面形式订立合同，合同约定的成立地点与实际签字或者盖章地点不符的，应当认定约定的地点为合同成立地点。

4-2-4 练一练

【单选题】甲公司向乙公司购买一批复印纸，双方已达成书面协议，但尚未盖章。随后，乙公司按约向甲公司发货，甲公司以合同不成立为由拒绝签收。下列说法正确的是（　　）。

A. 合同因未盖章不成立

B. 合同因未盖章而无效

C. 合同因已有书面协议而成立，因未盖章而失效

D. 合同因乙已经履行义务而成立

4-2-4 **练一练答案**

五、缔约过失责任

（一）缔约过失责任的概念

缔约过失责任是指当事人在订立合同过程中，因故意或者过失致使合同未成立、未生效、被撤销或者无效，给他人造成损失所应承担的损害赔偿责任。缔约过失责任是当事人在缔约过程中因违反诚实信用原则应承担的民事责任。

（二）承担缔约过失责任的情形

当事人在订立合同过程中有下列情形之一，造成对方损失的，应当承担损害赔偿责任：① 假借订立合同，恶意进行磋商；② 故意隐瞒与订立合同有关的重要事实或者提供虚假情况；③ 有其他违背诚实信用原则的行为。

此外，《民法典》第五百零一条规定："当事人在订立合同过程中知悉的商业秘密或者其他应当保密的信息，无论合同是否成立，不得泄露或者不正当地使用；泄露、不正当地使用该商业秘密或者信息，造成对方损失的，应当承担赔偿责任。"该条专就当事人违反缔约中所知悉信息的保密义务规定了缔约过失责任。

4-2-5 练一练

【单选题】下列各项中,应当承担缔约过失责任的是(　　)。

A. 甲未按时履行支付租金的义务

B. 乙在收到货物后未按约向供货方付款

C. 丙隐瞒患有甲肝的事实,到饭店应聘厨师工作,并签订劳动合同

D. 丁在合同签订后未按时发货

4-2-5　练一练答案

项目实施

本项目"案例导入"中,① 正确。从合同法律关系成立的角度来看,招投标程序中的招标行为应为要约邀请,投标行为应为要约,经评标后招标人向特定投标人发送中标通知书的行为应为承诺,中标通知书送达投标人后承诺生效,合同成立。② 不可以。案例中,中标通知书到达投标人时双方当事人已就合同内容达成合意。后续签订书面合同,只是合同成立后法律要求的书面确认形式。

项目二　练习

一、单选题

1. 根据《中华人民共和国合同法》的规定，下列情形中，要约发生法律效力的是（　　）。
   A. 撤销要约的通知与要约同时到达受要约人
   B. 撤销要约的通知在受要约人发出承诺通知之前到达
   C. 同意要约的通知到达要约人
   D. 受要约人对要约的内容做出实质性变更

2. 如果甲公司向乙公司寄送商品价目表，并欢迎乙公司前来采购。甲公司的行为属于（　　）。
   A. 发出要约　　B. 发出要约邀请　　C. 做出承诺　　D. 以上都不对

二、多选题

1. 下列各项中，属于不得撤销要约的情形有（　　）。
   A. 要约已经到达受要约人　　B. 要约人确定了承诺期限
   C. 要约人明示要约不可撤销　　D. 受要约人已对要约做出承诺

2. 根据《中华人民共和国合同法》的规定，下列各项中，属于合同成立的情形有（　　）。
   A. 甲、乙以书面形式签订合同，甲已完成签名、盖章，乙尚未签名、盖章
   B. 甲、乙以书面形式签订合同，双方均已完成签名、盖章
   C. 甲、乙虽然没有以书面形式签订合同，但甲已经履行主要义务，且乙已经接受了甲所履行的义务
   D. 甲于5月1日向乙发出要约，要约规定承诺期限截至5月20日，乙于5月25日发出承诺，该承诺在5月29日到达甲

3. 缔约过失责任包括（　　）。
   A. 假借订立合同，进行恶意磋商　　B. 故意隐瞒与合同有关的重要事实
   C. 提供虚假情况　　D. 不按规定履行合同

三、判断题

1. 沉默也是合同订立的一种形式。（　　）
2. 要约在到达受要约人时成立。（　　）
3. 要约在受要约人发出承诺之前可以撤回。（　　）

项目三　合同的效力

案例导入

2023 年 6 月 27 日，王某与武某签订了一份《销售协议》，双方约定王某向武某销售甲醇 3 吨，价格合计为 70 000 元。武某签收货物后，于 2023 年 7 月 15 日向李某支付货款 10 000 元，剩余 60 000 元一直未给付。王某索要剩余货款未果后，于 2023 年 11 月 15 日向人民法院提起诉讼，要求武某给付剩余货款。武某以王某未办理《危险化学品经营许可证》为由，提起反诉，要求解除双方签订的《销售协议》。经查明，王某在经营甲醇之前确系未办理过《危险化学品经营许可证》。

请思考：① 法院是否应支持王某要求武某给付剩余货款的诉讼请求？② 武某请求解除合同的做法正确吗？

知识储备

一、合同生效

（一）合同生效要件

合同生效是指成立了的合同依当事人意思表示的内容而发生效力。根据《民法典》的规定，合同生效应具备以下要件。

(1) 行为人具有相应的民事行为能力。

(2) 意思表示真实。

(3) 不违反法律、行政法规的强制规定，不违背公序良俗。

（二）合同生效时间

《民法典》根据合同类型的不同，分别规定了合同的不同生效时间。

(1) 依法成立的合同，原则上自成立时生效。

(2) 法律、行政法规规定应当办理批准、登记等手续生效的，自批准、登记时生效。

(3) 当事人对合同的效力可以约定附条件。附生效条件的合同，自条件成就时生效。附解除条件的合同，自条件成就时失效。

二、效力待定合同

效力待定合同是指合同订立后尚未生效，须经同意权人追认方能有效的合同。效力待定合同虽已成立，但因不符合有关合同生效要件的规定，其效力仍有待确定。效力待定合同的效力取决于相关第三人的承认或拒绝行为，若第三人追认，追认的意思表示自到达相对人时生效，且合同自订立时起生效；若第三人拒绝追认，则合同自订立时起无效。

效力待定合同主要包括以下两种情形。

（一）限制民事行为能力人订立的合同

限制民事行为能力人超出自己的行为能力范围与他人订立的合同，经法定代理人追认后，该合同自始有效。但限制民事行为能力人订立的纯获利益的合同或者是与其年龄、智力、精神健康状况相适应的合同有效，不必经法定代理人追认。

效力待定合同中的相对人可以催告法定代理人自收到催告通知之日起在 30 日内予以追认。法定代理人未做表示的，视为拒绝追认。合同被追认之前，善意相对人有撤销的权利。善意是指相对人不知与其订立合同的当事人为限制民事行为能力人。善意相对人要撤销其订立合同的意思表示，应当通知限制民事行为能力人的法定代理人。

（二）因无权代理订立的合同

行为人没有代理权、超越代理权或者代理权终止后以被代理人名义订立的合同，为效力待定合同。未经被代理人追认，该合同对被代理人不发生效力，由行为人承担责任。相对人可以催告被代理人自收到催告通知之日起在 30 日内予以追认。被代理人未做表示的，视为拒绝追认。被代理人已经开始履行合同义务或者接受相对人履行的，视为对合同的追认。合同被追认之前，善意相对人有撤销的权利。撤销应当以通知的方式做出。

4-3-1 想一想

小明今年 10 岁，放学回家的路上经过一家文具店，看到文具店门口很多学生在抢购新到的果冻胶水，价格为 5 元一支，小明因为身上没有带钱，又怕果冻胶水被抢购一空，便和文具店老板约定，把学生证押给店老板，先拿走果冻胶水，第二天上学时再来付钱。

请思考：小明与文具店老板订立的合同效力如何？需要监护人追认吗？

4-3-1 想一想答案

三、无效合同

（一）无效合同的概念

无效合同是指虽然已经成立，但是不具备法定生效要件，自始不具有法律约束力的合同。

（二）无效合同的种类

有下列情形之一的，合同无效。

（1）无民事行为能力人订立的合同。

（2）行为人与相对人以虚假的意思表示订立的合同。

(3) 违反法律、行政法规的强制性规定的合同。

(4) 违背公序良俗的合同。

(5) 行为人与相对人恶意串通,损害他人合法权益的合同。

(三) 无效免责条款

有时候,合同中会规定免责条款,但下列免责条款即便规定也无效。

(1) 造成对方人身损害的。

(2) 因故意或者重大过失造成对方财产损失的。

4-3-2 练一练

【单选题】合同无效的无效始于(　　)。

A. 合同成立之日　　B. 当事人主张之日

C. 人民法院判决之日　　D. 仲裁机构裁决之日

4-3-2 练一练答案

四、可撤销合同

(一) 可撤销合同的概念

可撤销合同是指虽然已经成立,但是其中的某些法定生效要件仍然欠缺,撤销权人可以请求人民法院或者仲裁机构予以撤销的合同。

(二) 可撤销合同的种类

具有下列情形的合同,当事人一方有权请求人民法院或者仲裁机构变更或者撤销。

(1) 基于重大误解订立。

(2) 一方以欺诈手段,使对方在违背真实意思的情况下订立的合同。

(3) 第三人实施欺诈行为,使一方在违背真实意思的情况下订立的合同,对方知道或者应当知道该欺诈行为的。

(4) 一方或第三人以胁迫手段,使对方在违背真实意思的情况下订立的合同。

(5) 一方利用对方处于危困状态、缺乏判断能力等情形,致使合同成立时显失公平的。

(三) 撤销权的消灭

我国《民法典》第一百五十二条规定,有下列情形之一的,撤销权消灭。

(1) 当事人自知道或者应当知道撤销事由之日起一年内、重大误解的当事人自知道或者应当知道撤销事由之日起 90 日内没有行使撤销权。

(2) 当事人受胁迫,自胁迫行为终止之日起,一年内没有行使撤销权。

(3) 当事人知道撤销事由后明确表示或者以自己的行为表明放弃撤销权。

当事人自民事法律行为发生之日起 5 年内没有行使撤销权的,撤销权消灭。

4-3-3 想一想

丁某到某商场的A品牌橱柜销售门店选购橱柜，门店承诺其所出售的橱柜皆系A厂商生产的产品，品质有保障，可放心购买。丁某便与门店签订了一份定制橱柜的合同。之后橱柜定制完成，上门安装，在安装的过程中，丁某发现橱柜上的标签并非A品牌，遂提出退货，要求撤销之前签订的合同。门店却以所签合同中并未写明橱柜品牌，要求丁某履行合同。

请分析：该合同是否可撤销？门店提出的理由是否成立？

4-3-3 想一想答案

五、无效合同或被撤销合同的法律后果

无效合同或者被撤销合同自始没有法律约束力。合同部分无效，不影响其他部分效力的，其他部分仍然有效。合同不生效、无效、被撤销或者终止的，不影响合同中有关解决争议方法的条款的效力。

无效合同或者被撤销合同的法律后果包括以下两项。

（一）返还财产

合同无效或者被撤销后，因该合同取得的财产，应当予以返还；不能返还或者没有必要返还的，应当折价补偿。

（二）赔偿损失

合同无效或者被撤销后，有过错的一方应当赔偿对方因此所受到的损失，双方都有过错的，应当各自承担相应的责任。

4-3-4 练一练

【单选题】可撤销合同被撤销后，其合同效力是（　　）。

A. 自始无法律约束力　　B. 自撤销后无法律约束力

C. 自申请撤销时无法律约束力　　D. 被撤销后仍然有效

4-3-4 练一练答案

项目实施

本项目“案例导入”中，① 法院不支持王某的诉讼请求。理由是：甲醇属于危险化学品，根据《危险化学品安全管理条例》的规定，国家对危险化学品经营实行许可制度，未经许可，任何单位和个人不得经营危险化学品。王某经营甲醇而未取得《危险化学品经营许可证》，其销售行为明显违反国家法律、行政法规的强制性规定，因此其与武某之间签订的《销售协议》属无效合同。因合同无效，故王某要求武某给付剩余货款60 000元的诉讼请求于法无据，法院不予支持。② 不正确。武某要求解除与王某之间签订《销售协议》的诉讼请求，因原签订的合同系无效合同，故不存在解除合同的情形。

项目三 练习

一、单选题

1. 甲、乙在租房合同中约定,如果甲的儿子从外地调回,则租赁合同终止。该租赁合同属于( )。

A. 不附条件的合同　　B. 附生效条件的合同
C. 附解除条件的合同　　D. 以上都不对

2. 10岁的小明将父亲买给他的价值2万元的相机以100元的价格卖给同班同学,小明与同学之间关于相机买卖的合同效力为( )。

A. 有效　　B. 无效　　C. 效力待定　　D. 不确定

3. 根据《中华人民共和国合同法》的规定,对可撤销合同,具有撤销权的当事人自知道或应当知道撤销事由之日起一定时间内没有行使撤销权,则该撤销权消灭。该期间是( )。

A. 1个月　　B. 3个月　　C. 1年　　D. 10年

二、多选题

1. 下列各项中,属于无效合同的有( )。

A. 甲以欺诈的方式与乙订立合同
B. 甲、乙双方签订伪造服装标签的合同
C. 乙未经甲授权,代表甲与丙签订合同
D. 甲、乙串通,将甲所在公司的国有资产无偿转让给丙

2. 下列各项中,属于无效免责条款的有( )。

A. 造成对方人身损害　　B. 故意造成对方财产损失
C. 重大过失造成对方财产损失　　D. 因不可抗力造成的损坏

3. 合同被撤销后,一般会有的法律后果包括( )。

A. 返还财产　　B. 赔偿损失　　C. 继续执行　　D. 延缓执行

三、判断题

1. 依法成立的合同,合同成立时即生效。( )

2. 附生效条件的合同,自条件成就时失效。( )

3. 在效力待定合同中,法定代理人在规定的追认期间内未做表示的,视为同意。( )

项目四　合同的履行

案例导入

2023 年 10 月 4 日，贾某到昆明某投资发展有限公司开发的楼盘看房，并于 10 月 5 日与该公司签订了该楼盘某座房屋的《认购协议书》，交纳了 2 万元认购定金，双方约定同年 10 月 25 日前签订正式的《商品房买卖合同》。10 月 23 日，贾某去被告售楼处签订《商品房买卖合同》时，看到很多购房者纷纷要求退房，称被告欺诈购房者，很多宣传的配套设施都没有，房屋质量和装修都不达标。鉴于以上情况，双方未能签订正式的购房合同。贾某认为开发公司丧失商业信誉，遂诉至法院，要求解除认购协议。

请思考：法院会支持贾某的诉讼请求吗？

知识储备

一、合同履行的规则

合同履行是指合同当事人按照合同约定或者法律规定，全面适当地完成各自承担的合同义务，使债权人的权利得以实现的过程。

（一）合同履行的一般原则

1. 全面履行原则

全面履行原则是指合同当事人按照合同和法律的规定全面地履行其合同项下的义务。《民法典》合同编第五百零九条第一款规定："当事人应当按照约定全面履行自己的义务。"

2. 诚实信用履行原则

诚实信用履行原则是指在合同的履行中，当事人应当依据诚实信用原则，按照合同的性质、目的、交易习惯履行合同的义务。《民法典》合同编第五百零九条第二款规定："当事人应当遵循诚信原则，根据合同的性质、目的和交易习惯履行通知、协助、保密等义务。"

（二）合同内容约定不明确时的履行规则

合同生效后，当事人就质量、价款或者报酬、履行地点等内容没有约定或者约定不明确的，可以协议补充；不能达成补充协议的，按照合同有关条款或者交易习惯确定。仍不能确定的，适用下列规定。

(1) 质量要求不明确的，按照国家标准、行业标准履行；没有国家标准、行业标准的，按照通常标准或者符合合同目的的特定标准履行。

(2) 价款或者报酬不明确的,按照订立合同时履行地的市场价格履行;依法应当执行政府定价或者政府指导价的,依照规定履行。

(3) 履行地点不明确,给付货币的,在接受货币一方所在地履行;交付不动产的,在不动产所在地履行;其他标的,在履行义务一方所在地履行。

(4) 履行期限不明确的,债务人可以随时履行,债权人也可以随时请求履行,但是应当给对方必要的准备时间。

(5) 履行方式不明确的,按照有利于实现合同目的的方式履行。

(6) 履行费用的负担不明确的,由履行义务一方负担;因债权人原因增加的履行费用,由债权人负担。

(三) 涉及第三人的合同履行

合同当事人可以在合同中约定由债务人向第三人履行债务,或者由第三人向债权人履行债务。

1. 向第三人履行的合同

向第三人履行的合同又称利他合同,指双方当事人约定,由债务人向第三人履行债务的合同。债务人未向第三人履行债务或者履行债务不符合约定的,第三人可以请求债务人承担违约责任。债务人对于合同债权人可行使的一切抗辩权,对该第三人均可行使。

2. 由第三人履行的合同

由第三人履行的合同又称第三人负担的合同,指双方当事人约定债务由第三人履行的合同,该债务履行的约定必须征得第三人同意。该合同以债权人、债务人为合同双方当事人,第三人不是合同的当事人。第三人不履行债务或者履行债务不符合约定的,债务人应当向债权人承担违约责任。

4-4-1 练一练

【单选题】甲、乙签订了一份合同,约定由丙向甲履行债务,但丙履行债务的行为不符合合同的约定,下列有关甲请求承担违约责任的表述中,正确的是(　　)。

A. 请求丙承担　　B. 请求乙承担

C. 请求丙和乙共同承担　　D. 请求丙或乙承担

4-4-1 练一练答案

二、合同履行中的抗辩权

抗辩权是指在双务合同中,一方当事人在对方不履行债务或者履行债务不符合约定时,依法对抗对方请求或者否认对方权利主张的权利。《民法典》合同编规定了同时履行抗辩权、后履行抗辩权和不安抗辩权。

(一) 同时履行抗辩权

同时履行抗辩权是指无给付先后顺序的双务合同当事人,一方在他方当事人未为对待给付以前,有拒绝自己给付的抗辩权。《民法典》第五百二十五条规定:“当事人互负债务,没有先后履行顺序的，应当同时履行。一方在对方履行之前有权拒绝其履行请求。一方在对方履行债务不符合约定时，有权拒绝其相应的履行请求。”

（二）后履行抗辩权

后履行抗辩权是指合同当事人互负债务，有先后履行顺序，先履行一方未履行的，后履行一方有权拒绝其履行要求。先履行一方履行债务不符合约定的，后履行一方有权拒绝其相应的履行要求。

（三）不安抗辩权

不安抗辩权是指当事人互负债务，有先后履行顺序的，先履行的一方有确切证据证明另一方丧失履行债务能力时，在对方没有履行或者没有提供担保之前，有拒绝自己履行的权利。规定不安抗辩权是为了切实保护先履行一方当事人的合法权益，防止对方借合同进行欺诈，促使对方履行义务。

1. 不安抗辩权适用的情形

应当先履行债务的当事人，有确切证据证明对方有下列情形之一的，可以中止履行：① 经营状况严重恶化；② 转移财产、抽逃资金以逃避债务；③ 丧失商业信誉；④ 有丧失或者可能丧失履行债务能力的其他情形。

2. 不安抗辩权的效力

（1）中止履行。

应当先履行债务的当事人行使中止权时，应及时通知对方，以免给对方造成损失，也便于对方在接到通知后，提供相应的担保，使合同得以履行。如果对方当事人恢复了履行能力或者提供了相应的担保后，先履行一方当事人“不安”的原因消除，应当恢复合同的履行。

（2）解除合同。

中止履行合同后，如果对方在合理期限内未恢复履行能力并且未提供适当担保的，视为以自己的行为表明不履行主要债务，中止履行合同的一方可以解除合同，并可以请求对方承担违约责任。

4-4-2 想一想

甲向乙购买一辆汽车，在两人签订的买卖合同中约定，甲以30万元向乙购买一辆汽车，2015年3月1日一手交钱一手交货。但是，一直到了2015年3月15日，甲、乙两人都没有履行合同中的义务，即甲没有向乙支付汽车价款30万元，乙也没有向甲交付汽车。

请思考：上述案例中，如果甲请求乙交付汽车，乙可以以甲没有支付30万元的价款为由行使同时履行抗辩权吗？

4-4-2 想一想答案

三、合同的保全

合同的保全又称责任财产的保全，是指为了避免债务人责任财产的不当减少，危及债权人债权的实现，法律赋予债权人可以以自己的名义对于债务人处分其责任财产的行为予以干涉，以保障债权实现的制度。

（一）代位权

代位权是指因债务人怠于行使其到期债权，对债权人造成损害的，债权人可以向人民法院请求以自己的名义代位行使债务人的债权的权利。

债权人提起代位权诉讼，应当符合下列条件。

（1）债权人对债务人的债权合法。

（2）债务人怠于行使其债权。

怠于行使债权是指债务人应该行使且能够行使其对第三人的债权，却不行使该权利。如果债务人已经行使了权利，即使不尽如人意，债权人也不能行使代位权。

（3）影响债权人到期债权的实现。

债务人不履行其对债权人的到期债务，又不以诉讼方式或者仲裁方式向其债务人主张其享有的到期债权，致使债权人的到期债权未能实现，债权人为确保其债权的实现，可行使代位权。

（4）债务人的债务已到期。

债务人对债权人负担的债务已陷于迟延履行。如果债务人的债务未到履行期或者履行期间未届满的，债权人不能行使代位权。

（5）债务人的债权不是专属于债务人自身的债权。

代位权不适用于专属于债务人自身的债权。专属于债务人自身的债权是指基于扶养关系、抚养关系、赡养关系、继承关系产生的给付请求权和劳动报酬、退休金、养老金、抚恤金、安置费、人寿保险、人身伤害赔偿请求权等权利。

此外，在代位诉讼中，债权人胜诉的，诉讼费由次债务人负担，从实现的债权中优先支付。

（二）撤销权

撤销权是指当债务人实施了减少财产或者增加财产负担的行为并危及债权人债权实现时，债权人为了保障自己的债权，请求人民法院撤销债务人行为的权利。撤销权的目的在于防止债务人责任财产的不当减少，保障债权人的债权得以实现，维护社会交易秩序。

债权人提起撤销权诉讼，应当符合下列条件。

（1）债权人对债务人享有有效的债权。

（2）债务人实施了处分其财产的行为。

债务人处分其财产的行为包括：放弃到期债权、无偿转让财产、以明显不合理的低价转让财产或者以明显不合理的高价受让他人财产等。

（3）债务人处分其财产的行为有害于债权人债权的实现。

（4）第三人恶意。

对于债务人有偿转让、受让财产，或者为他人债务提供担保的行为，债权人行使撤销权必须以第三人的恶意为要件；若第三人无恶意，则不能撤销其取得财产的行为。但是，对于债务人放弃到期债权、无偿转让财产等无偿行为，不论第三人善意或者恶意，债权人均可以请求撤销。

撤销权应自债权人知道或者应当知道撤销事由之日起1年内行使。自债务人的行为发生之日起5年内没有行使撤销权的,该撤销权消灭。

债权人行使撤销权所支付的律师代理费、差旅费等必要费用,由债务人负担;第三人有过错的,应当适当分担。

4-4-3 想一想

甲、乙签订原材料采购合同,约定乙在收到货物后,立即向甲支付货款10万元。甲按时发货,货物到达乙处后,乙确认无误并签收,但未履行支付货款的义务。后甲多次向乙催款均未收到货款,其间,甲发现乙存在放弃其对关联企业的到期债权、向关联企业无偿转让财产的行为,可能使自己的货款无法得到清偿,遂向人民法院提起诉讼,请求行使撤销权。

请思考:法院会支持甲的诉讼请求吗?

4-4-3 想一想答案

项目实施

本项目"案例导入"中,贾某有理由认为开发公司丧失商业信誉,可以行使不安抗辩权,中止履行《认购协议书》约定的相关义务。如果在此情况下,开发公司没有及时采取措施消除贾某的担忧,则中止履行的一方,也就是贾某,可以解除《认购协议书》。

项目四　练习

一、单选题

1. 甲、乙约定，甲先交钱乙后交货，到期后甲一直未交钱并要求乙发货，乙拒绝。乙行使的是(　　)。

A. 同时履行抗辩权　　B. 后履行抗辩权
C. 不安抗辩权　　D. 代位权

2. 关于债权人的代位权，下列说法正确的是(　　)。

A. 债权人可以向人民法院请求行使代位权
B. 债权人必须以债务人的名义行使代位权
C. 债权人行使代位权必须取得债务人同意
D. 行使代位权的诉讼费必须由债权人自己承担

3. 自债务人的行为发生之日起(　　)年内没有行使撤销权的，该撤销权消灭。

A. 1　　B. 5　　C. 10　　D. 20

二、多选题

1. 以下情形可以适用不安抗辩权的有(　　)。

A. 有确切证据证明对方经营状况严重恶化
B. 有确切证据证明对方转移财产、抽逃资金
C. 有确切证据证明对方丧失商业信誉
D. 听说对方可能面临资不抵债的状况

2. 债权人提起代位权诉讼应符合的条件有(　　)。

A. 债权人对债务人的债权合法　　B. 债务人怠于行使其债权
C. 债务人债务已到期　　D. 债务人的债权属于债务人自身的债权

3. 当债务人发生下列(　　)行为时，债权人可以提起撤销权诉讼。

A. 以明显不合理低价转让财产　　B. 以明显不合理高价受让他人财产
C. 放弃到期债权　　D. 以合理价格买入奢侈品

三、判断题

1. 合同当事人应遵循诚实信用的原则履行合同。　　(　　)

2. 合同生效后，发现合同中没有约定合同的履行地点，可以协议补充，不能达成补充协议的，按照交易习惯确定。　　(　　)

3. 对养老金、退休金的债权，可以行使代位权。　　(　　)

项目五 合同的担保

案例导入

石某因承建某供销社新楼，多次向孙某购买木材。2023 年 2 月 14 日，经孙某与石某结账，石某共欠孙某货款 40 000 元，石某出具欠条一份，约定于 2023 年 3 月 15 日前付清。届期石某未按约还款，孙某于 2023 年 9 月 20 日向石某催要，在场的丁某（系石某连襟）亲笔书写了一份承诺书，载明：石某所欠货款于 2023 年 9 月 30 日前还清，若石某未能还清，则由丁某负责，并署名。2023 年 9 月 30 日，石某仍未还款，孙某便向丁某要求还款，遭丁某拒绝，双方为此发生纠纷。

请思考：① 孙某应该直接向丁某请求偿还吗？② 丁某是否要承担保证责任？

知识储备

一、合同担保的分类

（一）人的担保

人的担保指债务人以外的第三人以自己的信用担保债务的履行，于债务人不履行或者不能履行时代替债务人履行债务。人的担保一般指的是保证。

（二）物的担保

物的担保是以债务人或债务人以外的第三人的特定物作为债权的担保，在债务人不履行债务时，债权人有权就该担保物优先受偿。物的担保方式主要有抵押权、质权、留置权。

（三）金钱的担保

金钱的担保是指在债务以外支付一定数额的金钱，该金钱的得失与债务是否履行联系在一起，从而促使其积极履行债务。金钱的担保主要有定金。

4-5-1 练一练

【单选题】担保人以其名下的房产向债权人提供的担保是（　　）。

A. 抵押担保　　B. 保证担保

C. 质押担保　　D. 混合担保

4-5-1 **练一练答案**

二、担保合同

担保合同是担保人和债权人因设定担保而订立的合同，包括保证合同、抵押合同、质押合同、定金合同等。担保合同是从合同，从属于主债权债务合同。主债权债务合同无效的，担保合同无效，但法律另有规定的除外。

三、保证

保证是指保证人和债权人约定，当债务人不履行债务时，保证人按照约定履行债务或者承担责任的行为。

（一）保证人

具有代为清偿债务能力的法人、其他组织或者公民，可以作为保证人。但下列主体不能成为保证人。

（1）机关法人不得作为保证人，但经国务院批准为使用外国政府或者国际经济组织贷款进行转贷的除外。

（2）以公益为目的的非营利法人、非法人组织不得作为保证人。

同一债务有两个或两个以上保证人的，保证人应当按照保证合同约定的保证份额承担保证责任。没有约定保证份额的，债权人可以请求任何一个保证人在其保证范围内承担保证责任。

（二）保证合同

保证合同是为保障债权的实现，保证人和债权人约定，当债务人不履行到期债务或者发生当事人约定的情形时，保证人履行债务或者承担责任的合同。

保证合同可以是单独订立的书面合同，也可以是主债权债务合同中的保证条款。第三人单方以书面形式向债权人做出保证，债权人接收且未提出异议的，保证合同成立。

保证人与债权人可以就单个主合同分别订立保证合同，也可以协议在最高债权额限度内就一定期间连续发生的借款合同或者某项商品交易合同订立一个保证合同。

保证合同一般包括以下内容：被保证的主债权种类、数额；债务人履行债务的期限；保证的方式；保证担保的范围；保证的期间；双方认为需要约定的其他事项。保证合同不完全具备上述内容的，可以补正。

（三）保证方式

保证方式有两种，分别是一般保证和连带责任保证。

1. 一般保证

当事人在保证合同中约定，债务人不能履行债务时，由保证人承担保证责任的，为一般保证。

一般保证的保证人享有先诉抗辩权，即在主合同纠纷未经审判或者仲裁，并就债务人财产依法强制执行仍不能履行债务前，对债权人可以拒绝承担保证责任。但有下列情形之一的，保证人不得行使先诉抗辩权。

(1) 债务人下落不明，且无财产可供执行。

(2) 人民法院已经受理债务人破产案件。

(3) 债权人有证据证明债务人的财产不足以履行全部债务或者丧失履行债务能力。

(4) 保证人书面表示放弃先诉抗辩权。

2. 连带责任保证

当事人在保证合同中约定保证人与债务人对债务承担连带责任的，为连带责任保证。

连带责任保证的债务人在主合同规定的债务履行期届满没有履行债务的，债权人可以请求债务人履行债务，也可以请求保证人在其保证范围内承担保证责任。

当事人对保证方式没有约定或者约定不明确的，按照一般保证承担保证责任。

（四）保证责任

1. 保证的范围

保证的范围包括主债权及其利息、违约金、损害赔偿金和实现债权的费用。保证合同另有约定的，按照约定。

2. 主合同的变更、转让与保证人的保证责任

(1) 主合同的变更。债权人与债务人未经保证人书面同意，协商变更主债权债务合同内容，减轻债务的，保证人仍对变更后的债务承担保证责任；加重债务的，保证人对加重的部分不承担保证责任。债权人与债务人变更主债权债务合同的履行期限，未经保证人书面同意的，保证期间不受影响。

(2) 主债权转让。债权人转让全部或部分债权，未通知保证人的，该转让对保证人不发生效力。保证人与债权人约定禁止债权转让，债权人未经保证人书面同意转让债权的，保证人对受让人不再承担保证责任。

(3) 主债务转让。保证期间，债权人许可债务人转让部分或全部债务未经保证人书面同意的，保证人对未经其同意转让部分的债务，不再承担保证责任，但是债权人和保证人另有约定的除外。保证人仍应当对未转让部分的债务承担保证责任。第三人加入债务的，保证人的保证责任不受影响。

（五）保证期间

保证期间是保证人承担保证责任的期间。保证期间由当事人在保证合同中约定。保证合同约定的保证期间早于或者等于主债务履行期限的，视为没有约定；没有约定或者约定不明的，保证期间为主债务履行期限届满之日起6个月。

债权人与债务人对主债务履行期限没有约定或者约定不明确的，保证期间自债权人请求债务人履行债务的宽限期届满之日起计算。

一般保证在合同约定的保证期间和前述保证期间，债权人未对债务人提起诉讼或者申请仲裁的，保证人免除保证责任。连带责任保证在合同约定的保证期间和前述保证期间，债权人未请求保证人承担保证责任的，保证人免除保证责任。

（六）保证人的追偿权

保证人承担保证责任后，除当事人另有约定外，有权在其承担保证责任的范围内向债务人追偿，享有债权人对债务人的权利，但是不得损害债权人的利益。

4-5-2 练一练

【多选题】保证范围是保证人承担保证责任的范围，其具体包括（　　）。

A. 主债权　　B. 利息

C. 违约金　　D. 损害赔偿金

E. 实现债权的费用

4-5-2　练一练答案

项目实施

本项目“案例导入”中，① 孙某不应该直接向丁某请求偿还。丁某所写的承诺书是对石某欠款的担保，丁某的行为属于保证，而且丁某在保证合同中约定，债务人石某不能履行债务时，由保证人丁某承担，因此该保证为一般保证。一般保证的保证人享有先诉抗辩权，在主合同纠纷未经审判或者仲裁并就债务人财产依法强制执行仍不能履行债务之前，对债权人可以拒绝承担保证责任。因此，孙某不应直接向丁某请求偿还。② 丁某作为保证人，应当承担保证责任，只不过作为一般保证，丁某是在石某与孙某的合同纠纷经审判、强制执行之后，再承担责任。

项目五　练习

一、单选题

1. 下列主体中，可以担当保证人的是(　　)。
   A. 国家机关　　B. 银行　　C. 公立医院　　D. 公立学校

2. 下列关于担保合同的说法中，正确的是(　　)。
   A. 担保合同是从合同
   B. 主债权债务合同无效，担保合同可以仍然有效
   C. 担保合同无效，会导致主债权债务合同无效
   D. 定金合同不属于担保合同

二、判断题

1. 担保合同包括保证合同、抵押合同、质押合同、定金合同等，其中保证是人的担保，抵押和质押是物的担保，定金是钱的担保。(　　)

2. 当事人对保证方式没有约定或者约定不明的，按照连带责任承担保证责任。(　　)

项目六　合同的变更与转让

案例导入

胡某是著名歌手，2023 年 3 月与某演出公司签订了一份演出合同，约定由胡某于 2023 年 5 月 1 日在演出公司主办的一场演出中出演一个节目。合同签订后，该演出公司预先支付了胡某演出劳务费 10 万元。2023 年 4 月 25 日，在演出活动开始前夕，胡某因欲参加于 2023 年 5 月 1 日举行的另一知名度更高的公开活动，遂将合同义务转移给另一歌手赵某，让赵某代替自己完成演出活动，且将演出劳务费 10 万元转给了赵某。

请问：胡某转移合同义务的做法符合法律规定吗？

知识储备

一、合同的变更

（一）合同变更的概念

合同变更是指合同成立后，尚未履行或尚未完全履行之前，合同当事人对合同内容进行修改或者达成补充协议。合同变更仅指合同内容的变更，是在合同主体不改变的前提下对合同内容的变更，合同的性质并不改变。

（二）合同变更的要件

（1）当事人之间已存在合同关系。

（2）合同内容发生了变化。

（3）合同的变更必须遵守法律的规定或者当事人的约定。

（三）合同变更的效力

合同变更后，变更后的内容就取代了原合同的内容，当事人就应当按照变更后的内容履行合同，已经履行的部分不因合同变更而失去法律依据。为了减少在合同变更时可能发生的纠纷，当事人对合同变更的内容约定不明确的，推定为未变更。

4-6-1 想一想

甲公司与乙公司签订合同，约定乙公司为甲公司提供 3 年的保洁服务，甲公司每年支付乙公司服务费用 10 万元。2 年后，甲公司与乙公司签订补充合同，约定从第三年起每年支付 9 万元的服务费用，且再续约 3 年。

4-6-1　想一想答案

请思考：乙公司为甲公司提供服务的 6 年内，第 1—2 年，每年的服务费是多少元？第 3—6 年，每年的服务费是多少元？

二、合同的转让

合同的转让是指合同当事人一方将其合同的权利和义务全部或者部分转让给第三人的行为。合同的转让仅指合同主体的变更，不改变合同约定的权利义务。

（一）合同权利的转让

1. 合同权利转让的概念

合同权利转让是指债权人将合同的权利全部或者部分转让给第三人的行为。

2. 合同权利转让的有效要件

（1）必须存在有效的合同权利。

（2）合同权利具有可转让性。

合同权利原则上具有可转让性，但下列情形的合同权利，债权人不得转让。

① 根据合同性质不得转让。如基于当事人之间信任关系而发生的委托合同，基于对特定债权人给付扶养金、抚恤金的合同等，其合同权利不得转让。

② 根据当事人约定不得转让。当事人在订立合同时，可以对权利的转让做出特别的约定，禁止债权人将权利转让给第三人。

③ 依照法律规定不得转让。如果相关法律对于债权让与做出了禁止性规定，这些规定应得到遵守。

（3）当事人之间订立合同权利转让的协议，就权利转让达成合意。

3. 合同权利转让的通知

债权人转让权利无须经债务人同意，但应当通知债务人。未经通知，该转让对债务人不发生效力。债务人接到债权转让通知后，债权让与行为对债务人开始生效，债务人应对受让人履行义务。

4. 合同权利转让的效力

（1）合同权利全部转让的，原合同关系消灭，受让人取代原债权人的地位，成为新的债权人，原债权人脱离合同关系。合同权利部分转让的，受让人作为第三人加入合同关系中，与原债权人共同享有债权。

（2）债权人转让主权利时，附属于主权利的从权利也一并转让，受让人在取得债权时，也取得与债权有关的从权利，但该从权利专属于债权人自身的除外。该从权利包括抵押权、定金债权、保证债权等。

（3）债务人接到债权转让通知后，债务人对让与人的抗辩，可以向受让人主张，如同时履行抗辩权、权利无效的抗辩、权利已过诉讼时效期间的抗辩等。

（二）合同义务的转移

1. 合同义务移转的概念

合同义务转移是指债务人将履行合同的义务全部或者部分转移给第三人的行为。

债务人将债务的全部或部分转移给第三人的,应当经债权人同意。债务人或者第三人可以催告债权人在合理期限内予以同意,债权人未做表示的,视为不同意。

2. 合同义务转移的有效要件

(1) 必须存在有效的合同义务。

(2) 合同义务须具有可移转性。

某项合同义务若以特别的信任关系或者债务人的特殊技能为基础,需要债务人亲自履行的,则该项合同义务可能因其性质不具有可移转性。

(3) 当事人之间订立合同义务转移的协议,就义务转移达成合意。

(4) 须经债权人同意。

3. 合同义务转移的效力

(1) 合同义务全部移转的,新债务人成为合同一方当事人,如不履行或者不适当履行合同义务,债权人可以向其请求履行债务或者承担违约责任。合同义务部分移转的,则第三人加入合同关系,与原债务人共同承担合同义务。

(2) 债务人移转义务的,新债务人可以主张原债务人对债权人的抗辩,但原债务人对债权人享有债权的,新债务人不得向债权人主张抵销。

(3) 从属于主债务的从债务,随主债务的移转而移转,但该从债务专属于原债务人自身的除外。

(4) 第三人向债权人提供的担保,若担保人未明确表示继续承担担保责任,则担保责任因债务移转而消灭。

(三) 合同权利和义务的一并转让

当事人一方经对方同意,可以将自己在合同中的权利和义务一并转让给第三人。合同关系的一方当事人将权利和义务一并转让时,除了应当征得另一方当事人的同意外,还应当遵守有关转让权利和义务的规定。

4-6-2 练一练

【单选题】甲公司与乙公司签订合同,由甲公司供应木材,乙公司负责加工成家具,后由于甲公司收购木材出现困难,决定将合同所规定的权利和义务转让给丙公司,则下列转让行为中有效的是(　　)。

A. 未经乙公司同意,将合同所规定的供应木材的义务和收取价款的权利全部转让给丙公司

B. 未经乙公司同意,将合同所规定的供应木材的义务和收取价款的权利部分转让给丙公司

C. 将合同所规定的供应木材的义务和收取价款的权利全部转让给丙公司后,通知乙公司

D. 经乙公司同意后,将合同所规定的供应木材的义务和收取价款的权利全部转让给丙公司

4-6-2　练一练答案

项目实施

本项目“案例导入”中,胡某转移合同义务的做法不符合法律规定。根据《中华人民共和国合同法》规定,合同义务若以特别的信任关系或者债务人的特殊技能为基础,需要债务人亲自履行的,则该项合同义务因其性质不具有可移转性。演出公司与胡某签订的合同,是基于胡某的特殊技能,以胡某特殊的歌唱技巧和行业知名度为基础的,因此,该合同义务因其性质不具有可移转性,必须由胡某亲自履行。

项目六 练习

一、单选题

1. 根据《中华人民共和国合同法》的相关规定,合同的变更是指(　　)。

A. 合同主体的变更　　B. 合同性质的变更

C. 合同内容的变更　　D. 合同形式的变更

2. 债权人甲在未告之债务人乙的情况下,将对乙的10万元债权转让于第三人丙,该转让行为(　　)。

A. 有效　　B. 对乙不发生效力

C. 可撤销　　D. 效力待定

二、多选题

1. 下列关于合同变更的说法中,正确的有(　　)。

A. 合同的变更须遵守法律的规定

B. 狭义的合同变更仅指合同内容的变更

C. 合同变更后原已履行部分失去法律依据

D. 变更内容约定不明确的,推定为未变更

2. 合同的转让包括(　　)。

A. 合同权利的转让　　B. 合同义务的转移

C. 合同权利义务的一并转让　　D. 合同主体的转换

三、判断题

1. 债权人将合同权利转让给第三人的,应当经债务人同意。(　　)

2. 债务人将合同义务转让给第三人的,应当通知债权人。(　　)

项目七　合同的解除与终止

案例导入

甄某因生意需要，向其远房亲戚苏某借款50万元，两人约定于2023年2月1日偿还本息，且约定如果甄某在2023年2月1日之前没能够偿还借款及利息，则从2023年2月2日起，每天要多加违约金100元。后来，至2023年1月30日，甄某已经将借苏某的借款和利息准备好，但一直到2023年2月1日，仍没有办法联系到苏某。甄某认为自己找不到出借人，利息和所谓的“违约金”仍在每天增加，因此希望通过向有关部门提存的方式消灭债务。

请问：① 甄某想到的提存方式是否可行？② 提存的结果如何？

知识储备

一、合同的解除

合同的解除是指合同有效成立后，因主客观情况发生变化，使合同的履行成为不必要或者不可能，根据双方当事人达成的协议或者一方当事人的意思表示提前终止合同效力的行为。

（一）约定解除与协商解除

1. 约定解除

约定解除是当事人在订立合同时，就约定好了解除合同的条件，当解除合同的条件成就时，解除权人可以解除合同。

2. 协商解除

协商解除是在合同生效后，未履行或者未完全履行之前，当事人以解除合同为目的，经协商一致，可以订立一个解除原来合同的协议，使合同效力消灭。这种情形即属协商解除。

约定解除权与协商解除的区别是：约定解除权是双方在解除事由发生前的约定，是给予当事人的解除权；而协商解除则是当事人基于合意直接消灭原合同关系。

（二）法定解除

法定解除是当事人行使依据法律规定取得的解除权以消灭合同关系的行为。有下列情形之一的，当事人可以依法解除合同。

（1）因不可抗力致使不能实现合同目的。

（2）在履行期限届满之前，当事人一方明确表示或者以自己的行为表明不履行主要债务。

（3）当事人一方迟延履行主要债务，经催告后在合理期限内仍未履行。

（4）当事人一方迟延履行债务或者有其他违约行为致使不能实现合同目的。

（5）法律规定的其他情形。

（三）随时解除

以持续履行的债务为内容的不定期合同，当事人可以随时解除合同，但是应当在合理期限之前通知对方。例如，在房屋租赁关系中，原先签订的书面租赁合同到期后，双方口头约定继续履行原合同，但没有签订新的书面合同。这种情况下，我们认为租赁双方形成不定期租赁合同。对于不定期租赁合同，双方当事人均可以随时解除。

（四）合同解除的效力

（1）合同解除后尚未履行的部分，终止履行；已经履行的，根据履行情况和合同性质，当事人可以要求恢复原状或者采取其他补救措施，并有权要求赔偿损失。

（2）合同因违约解除的，解除权人可以请求违约方承担违约责任，但是当事人另有约定的除外。

（3）主合同解除后，担保人对债务人应当承担的民事责任仍应当承担担保责任，但是担保合同另有约定的除外。

4-7-1 想一想

2022 年 12 月，中国的 A 公司与外国的 B 公司签订了一份竹笋买卖合同，约定于 2023 年 3 月由 A 公司向 B 公司提供新鲜竹笋 10 吨。A 公司签订合同后便组织货源，积极准备供货。但来年天气异常，气温迟迟未升高，严重影响竹笋生长，A 公司无法按时供货。

请思考：A 公司应如何处理？

4-7-1　想一想答案

二、合同终止的其他情形

合同的终止是合同权利义务的消灭。除了合同解除外，还包括清偿、抵销、提存、免除、混同等。

（一）清偿

清偿是指债务人按照合同约定的标的、质量、数量、价款或者报酬、履行期限、履行地点和方式全面履行债务，使得债权债务关系消灭的行为。清偿即合同债务已履行。

（二）抵销

抵销是指双方当事人互负债务且债务标的物的种类品质相同时，以一方通知或双方协商的方式，将自己的债务与对方的到期债务进行抵销。

抵销包括法定抵销和约定抵销。

1. 法定抵销

法定抵销是根据法律规定,依当事人一方意思表示即可发生抵销效果的抵销。

法定抵销的要件包括以下几项。

(1) 当事人双方互负债务。

(2) 双方债务种类、品质相同。

只有债务的种类、品质相同时,双方债务才具有可比较性,抵销才可能公平。若双方债务的种类、品质不同,如一方所负债务为金钱之债,另一方所负债务为提供劳务之债,则不应允许当事人一方依单方意思表示抵销互负之债务。

(3) 债务已届清偿期。

(4) 法律规定不得抵销的其他情形。

2. 约定抵销

约定抵销是指在当事人互负债务的标的物种类、品质不相同的情况下,经协商一致,也可以抵销。约定抵销因基于当事人合意而发生,法律重点关注合意的确实存在,未设置其他特别规则。《民法典》第五百六十九条规定:"当事人互负债务,标的物种类、品质不相同的,经协商一致,也可以抵销。"

(三) 提存

提存是指由于债权人的原因,债务人无法向其交付合同标的物而将该标的物交给提存机关,从而消灭债务的行为。

1. 提存的主体

(1) 提存人是债务人或者其代理人。

(2) 提存应当在债务清偿地的提存机关进行。我国目前的提存主要是公证提存,公证机关为提存机关。

2. 提存的原因

(1) 债权人无正当理由拒绝受领。

(2) 债权人下落不明。

(3) 债权人死亡未确定继承人、遗产管理人或者丧失民事行为能力者未确定监护人。

(4) 法律规定的其他情形。

3. 提存标的物

提存的标的物只能是动产。标的物不适于提存或者提存费用过高的,债务人依法可以拍卖或者变卖标的物,提存所得的价款。

4. 提存的效力

(1) 自提存之日起,提存人的债务归于消灭。

(2) 标的物提存后,债务人应当及时通知债权人或者债权人的继承人、遗产管理人、监护人、财产代管人。

(3) 标的物提存后,毁损、灭失的风险由债权人承担。提存期间,标的物的孳息归债权人所有。提存费用由债权人负担。

债权人领取提存物的权利自提存之日起 5 年内不行使而消灭,提存物扣除提存费用后归国家所有。

（四）免除

债务的免除是指权利人放弃自己的全部或者部分权利，从而使合同义务减轻或者使合同终止的一种形式。

（五）混同

混同，即债权债务同归于一人，致使合同关系消灭的事实。《民法典》第五百七十六条规定："债权和债务同归于一人的，债权债务终止，但是损害第三人利益的除外。"例如，由于甲、乙两企业合并，甲企业和乙企业之间原先订立的合同中的权利义务同归于合并后的企业，债权债务关系自然终止。

（六）其他

法律规定或者当事人约定终止的其他情形。

4-7-2 练一练

【多选题】甲与乙签订销售空调100台的合同，但当甲向乙交付时，乙以空调市场疲软为由，拒绝受领，甲遂将这批货物提存。下列关于提存的说法中，表述正确的有（　　）。

A. 甲可以向当地公证机关提存这批空调

B. 空调在提存后，因遇火灾，烧毁5台，其损失应由乙承担

C. 提存费用由乙支付

D. 若自提存之日起5年内乙不领取空调，则空调归甲所有

4-7-2　练一练答案

项目实施

本项目"案例导入"中，① 甄某想到的提存方式可行。甄某的情形完全符合提存的条件：第一，甄某具有合格的提存主体资格，即甄某是债务人；第二，甄某与苏某的合同有效成立，并且2023年2月1日也已届清偿期；第三，甄某的提存原因合法，是因为苏某下落不明；第四，甄某希望提存的客体也适当，即甄某希望提存的是其借苏某的50万元人民币及利息。② 提存的结果是自提存之日起，提存人的债务归于消灭，也就是说，甄某对苏某的欠款已经结清。

项目七　练习

一、单选题

1. 甲、乙签订买卖合同,规定甲先发货,乙收到货后付款。合同签订后,甲迟迟不发货,且在乙多次催促下仍不发货,乙遂解除合同。乙解除合同的情形属于(　　)。

A. 约定解除　　B. 协商解除　　C. 法定解除　　D. 随时解除

2. 甲方因难以向乙方履行债务,将标的物依法提存。提存期间,标的物被盗,其后果由(　　)承担。

A. 债权人　　B. 债务人　　C. 提存人　　D. 提存机关

二、多选题

1. 合同的终止包括(　　)。

A. 清偿　　B. 解除　　C. 抵销　　D. 免除

2. 当事人可以依据法律规定解除合同的情形有(　　)。

A. 双方协商一致,达成解除合意的

B. 因不可抗力致使合同目的不能实现的

C. 一方延迟履行合同义务,且经催告后仍未履行的

D. 不定期租赁合同的随时解除

三、判断题

1. 合同解除后,对已履行的部分,当事人可以要求恢复原状。(　　)

2. 标的物提存后,标的物产生的孳息归债务人所有。(　　)

项目八　违约责任

案例导入

2023 年 7 月，苏青电器大卖场与美菱电器公司签订暖风机的购销合同，约定美菱电器公司于 2023 年 10 月底交付 500 台暖风机给卖场，每台价格 120 元。卖场与公司约定，如果逾期交货，则按合同总价的 5%支付违约金。2023 年 10 月初，气象部门预测当年冬天会比往年更冷，美菱电器公司的暖风机因此被抢购一空，订单价格也上涨到 250 元每台。2023 年 10 月底，美菱电器公司给苏青电器大卖场发函，声称无法履约，要求解除合同。

请问：① 美菱公司的行为是否构成违约？② 如果是，应承担什么样的违约责任？

知识储备

一、违约责任的概念

违约责任即违反合同的民事责任，是指合同当事人一方或者双方不履行合同义务或者履行合同义务不符合约定时，依照法律规定或者合同约定应承担的法律责任。依法订立的有效合同对当事人双方来说，都具有法律约束力。如果不履行或者履行义务不符合约定，就要承担违约责任。

二、违约行为

（一）不履行合同义务

1. 实际不履行

实际不履行是指债务人在合同约定的履行期或者应当履行合同义务的期限届至，没有按照合同约定履行义务的状态。

2. 预期不履行

预期不履行是指当事人一方明确表示或者以自己的行为表明不履行合同义务，对方可以在履行期限届满前请求其承担违约责任。

（二）履行合同义务不符合约定

履行合同义务不符合约定也称不适当履行，其构成要件包括债务虽然已经履行，但是履行没有完全按照债务的内容进行，且不完全履行是由债务人方面引起的。

4-8-1 练一练

某服装店向服装生产厂商购进一批预定的服装，到货后发现服装的款式与之前预定的款式存在细微的差别，做工也不符合要求。服装店便以服装厂违约为由，要求退货。

该服装厂的违约行为属于(　　)。

A. 实际不履行　　B. 预期不履行

C. 不完全履行　　D. 延迟履行

4-8-1　练一练答案

三、违约责任的承担方式

（一）继续履行

继续履行，又称强制履行，是指在一方当事人不履行合同义务或者履行合同义务不符合约定时，另一方可请求法院强制违约方继续履行合同义务。继续履行合同既是为了实现合同目的，又是承担违约责任的一种方式。

1. 金钱债务中的继续履行

当事人一方未支付价款、报酬、租金、利息或者不履行其他金钱债务的，对方可以请求其支付。

2. 非金钱债务中的继续履行

当事人一方不履行非金钱债务或者履行非金钱债务不符合约定的，对方可以要求履行，但有下列情形之一的除外。

（1）法律上或者事实上不能履行。例如，以具有人身性质的劳务为债务的。

（2）债务的标的不适于强制履行或者履行费用过高。例如，履行费用大大超过实际履行合同所能获得的利益。

（3）债权人在合理期限内未请求履行。

（二）补救措施

当事人一方履行合同义务不符合约定的，应当按照当事人的约定承担违约责任。受损害方可以根据受损害的性质以及损失的大小，合理选择要求对方适当履行，如采取修理、重作、更换、退货、减少价款或者报酬等措施，也可以选择解除合同、中止履行合同、通过提存履行债务、行使担保债权等补救措施。

（三）损失赔偿

损失赔偿是指因当事人一方不履行合同义务或者履行合同义务不符合约定而给对方造成损失的，依法或者根据合同约定应承担赔偿对方当事人所受损失的责任。当事人一方不履行合同义务或者履行合同义务不符合约定的，在履行义务或者采取补救措施后，对方还有其他损失的，应当赔偿损失。

当事人一方违约后，另一方应当采取适当措施防止损失的扩大；没有采取适当措施致使损失扩大的，不得就扩大的损失要求赔偿。当事人因防止损失扩大而支出的合理费用，由违约方承担。

（四）支付违约金

违约金是指由合同约定的、在发生违约事实时，违约方支付的一定数额的货币。当事人可以约定一方违约时应当根据违约情况向对方支付一定数额的违约金，也可以约定因违约产生的损失赔偿额的计算方法。约定的违约金低于造成的损失的，当事人可以请求人民法院或者仲裁机构予以增加；约定的违约金过分高于造成的损失的，当事人可以请求人民法院或者仲裁机构予以适当减少。

（五）定金

当事人既约定违约金，又约定定金的，一方违约时，对方可以选择适用违约金或者定金条款。如选择违约金，则不能再主张赔偿损失，其违约金与实际损失之间的差额只能通过违约金的调整来实现；如选择定金，则可以另行主张赔偿损失。

定金的数额由当事人约定，但不得超过主合同标的额的 20%，超过部分不产生定金的效力。实际支付的定金数额多于或者少于约定数额的，视为变更约定的定金数额。给付定金的一方不履行债务或者履行债务不符合约定，致使合同目的不能实现的，无权请求返还定金；收受定金的一方不履行债务或者履行债务不符合约定，致使合同目的不能实现的，应当双倍返还定金。

4-8-2 想一想

某服装店向服装生产厂商购进一批预定的服装，到货后发现服装的款式与之前预定的款式存在细微的差别，做工也不符合要求。服装店便以服装厂违约为由，要求退货。服装厂同意了服装店的退货要求。

请思考：服装厂承担违约责任的方式是什么？

4-8-2 **想一想答案**

四、违约责任的免除

违约责任的免除是指没有履行或者没有完全履行合同义务的当事人，依法可以免除违约方应承担的违约责任。

（一）法定免责事由

1. 不可抗力

不可抗力是指不能预见、不能避免且不能克服的客观情况。常见的不可抗力情形主要包括自然灾害、政府行为或者社会异常事件等。因不可抗力不能履行合同的，根据不可抗力的影响，部分或者全部免除责任，但法律另有规定的除外。当事人迟延履行后发生不可抗力的，不能免除责任。

2. 受害人过错

因违约造成对方损失时，对方对损失的发生有过错的，可以减少相应的损失赔偿额。因此，受害人过错是部分减免违约方责任的法定事由。

（二）约定免责事由

约定免责事由即免责条款，是指合同双方当事人在合同中约定，当出现一定的事由或者条件时，可免除或限制违约方的违约责任的条款。免责条款是对当事人合意尊重的体现，但以下免责条款无效。

（1）提供格式条款的一方不合理地免除或者减轻其责任，加重对方责任，限制对方主要权利。

（2）约定造成对方人身损害免责或者故意或重大过失造成对方财产损失免责的条款。

项目实施

本项目“案例导入”中，美菱公司的行为构成违约。美菱公司不履行其与苏青卖场之间的约定的交货义务，构成违约，应当承担违约责任。因合同中规定了违约金，所以违约责任的承担方式可以采用“支付违约金”的形式，由美菱公司支付合同价款5%的违约金给苏青卖场。

项目八 练习

一、单选题

1. 下列各项中,不属于债务人违约行为的是(　　)。

A. 拒绝履行合同义务　　B. 明确表示不履行

C. 债权人延迟接受　　D. 履行的时间、地点不符合合同约定

2. 甲、乙签订合同,甲支付乙 2 000 元定金,后乙因未能履行合同义务而欲解除合同,则乙应向甲返还定金(　　)。

A. 1 000 元　　B. 2 000 元　　C. 3 000 元　　D. 4 000 元

二、判断题

1. 当事人一方违约后,对方没有采取适当措施防止损失进一步扩大的,当事人可不对损失扩大部分给予赔偿。(　　)

2. 当事人既约定定金,又约定违约金的,两者可同时适用。(　　)

单元五

会计法律制度

学习目标

1. 了解会计法律制度的概念和构成。

2. 掌握有关会计管理体制、会计核算、会计监督、会计机构和会计人员的法律制度。

3. 能够了解有关违反会计法律制度的情形并能正确分析现实生活中相关的案例。

4. 培养实事求是的职业精神和尽职尽责的工作态度。

学习框架

会计法律制度

思政元素：宪法精神　法制思维　法治文化

- 项目一　会计法律制度概述
  - 一、会计法律制度的概念
  - 二、《会计法》的适用范围
  - 三、会计工作的管理体制

思政元素：职业精神　爱岗敬业　工匠精神

- 项目二　会计机构和会计人员
  - 一、会计机构的设置
  - 二、代理记账
  - 三、会计工作岗位
  - 四、会计人员
  - 五、会计专业职务与会计专业技术资格
  - 六、会计专业技术人员继续教育
  - 七、会计人员工作交接

思政元素：客观公正　实事求是　严谨细致

- 项目三　会计核算
  - 一、会计核算的概念
  - 二、会计核算的内容
  - 三、会计年度
  - 四、记账本位币
  - 五、会计核算的基本要求
  - 六、会计凭证
  - 七、会计账簿
  - 八、财务会计报告
  - 九、会计档案

思政元素：客观公正　实事求是　严谨细致

- 项目四　会计监督
  - 一、会计监督的概念
  - 二、单位内部监督
  - 三、会计工作的政府监督
  - 四、会计工作的社会监督

思政元素：爱岗敬业　法治意识　尊法守法

- 项目五　会计法律责任
  - 一、违反国家统一的会计制度行为的法律责任
  - 二、伪造、变造会计资料以及编制虚假财务会计报告的法律责任
  - 三、隐匿或者故意销毁会计资料的法律责任
  - 四、授意、指使、强令会计机构及人员从事会计违法行为的法律责任
  - 五、单位负责人打击报复会计人员的法律责任

项目一　会计法律制度概述

案例导入

2016 年 8 月至 2022 年 8 月，A 市星光小学的会计和出纳人员马晓丽，利用职务便利，以违规操作学校代发工资账户、收入不入账等方式，贪污学校公款上百万元，2024 年 1 月，马晓丽因贪污被判处有期徒刑 5 年，并处罚金人民币 30 万元。该学校先后两任校长、总务主任肩负监督职责，却监管不力，均被行政撤职。

请思考：① 马晓丽同时担任会计和出纳是否符合法律规定？② 会计贪污公款构成犯罪，与校长和总务主任有什么法律上的关系呢？

知识储备

一、会计法律制度的概念

会计法律制度是指国家权力机关和行政机关制定的调整会计关系的法律规范的总称，具体表现形式包括法律、法规、规章和其他规范性文件。会计关系是指会计机构和会计人员在办理会计事务过程中，以及国家在管理会计工作过程中发生的经济关系。在一个单位，会计关系的主体为会计机构和会计人员，客体为与会计工作相关的具体事务。

读一读

为规范会计行为，保证会计工作的有序进行，国家陆续颁布了一系列会计法律、法规和规章，其中基本法律是 1985 年 1 月 21 日第六届全国人大常委会第九次会议通过、2017 年 11 月 4 日第十二届全国人大常委会第三十次会议修正的《中华人民共和国会计法》（以下简称《会计法》）。主要行政法规包括国务院 1990 年 12 月 31 日发布、2011 年修订的《总会计师条例》，国务院 2000 年 6 月 21 日发布的《企业财务会计报告条例》。主要规章包括财政部 2018 年 12 月 6 日发布的《会计人员管理办法》，财政部 2016 年 2 月 16 日发布、2019 年修订的《代理记账管理办法》，财政部、国家档案局 2015 年 12 月 11 日第二次修订发布的《会计档案管理办法》，财政部、人力资源社会保障部 2018 年 5 月 19 日发布的《会计专业技术人员继续教育规定》，财政部 1996 年 6 月 17 日发布、2019 年 3 月 14 日修订的《会计基础工作规范》。除此以外，还有财政部发布的《企业会计准则》及其解释等，这些规范性文件共同构成了我国会计法律制度的主要内容。

二、《会计法》的适用范围

《会计法》的适用范围是国家机关、社会团体、公司、企业、事业单位和其他组织（以下统称“单位”）的会计事务。

三、会计工作的管理体制

（一）工作的领导体制

《会计法》规定，国务院财政部门主管全国的会计工作，县级以上地方各级人民政府财政部门管理本行政区域内的会计工作。

（二）制度的制定权限

国家实行统一的会计制度。国家统一的会计制度由国务院财政部门根据《会计法》制定并公布。国务院有关部门可以依照《会计法》和国家统一的会计制度制定对会计核算和会计监督有特殊要求的行业实施国家统一的会计制度的具体办法或者补充规定，报国务院财政部门审核批准。

（三）单位内部的会计工作管理

单位内部的会计工作管理主要包括对会计人员的管理规定和对单位负责人的管理规定两方面。

1. 对会计人员的管理规定

对会计人员的管理主要包括对会计人员的业务管理和人事管理。根据《会计法》和有关法规的规定，财政部门负责会计人员的业务管理，包括会计从业资格管理、会计专业技术资格（职务）的管理、岗位会计人员评优表彰以及会计人员继续教育的管理等。

2. 对单位负责人的管理规定

单位负责人负责单位内部的会计工作管理，应当保证会计机构、会计人员依法履行职责，不得授意、指使、强令会计机构、会计人员违法办理会计事务。《会计法》规定，单位负责人对本单位的会计工作和会计资料的真实性、完整性负责。

5-1-1 想一想

云龙有限责任公司是一家中外合资经营企业。2024 年 1 月 20 日时，公司接到市财政局通知，市财政局要来公司检查会计工作情况。公司董事长兼总经理王海认为，公司作为中外合资经营企业，不接受《会计法》的约束，财政部门无权来检查。

请思考：公司董事长兼总经理王海认为合资经营企业不受《会计法》约束的观点是否正确？为什么？

5-1-1　想一想答案

尚德精技

中央纪委国家监委网站9月17日刊发题为《观察年轻干部的贪腐陷阱》的文章，其中披露的90后女出纳入职一年贪污720余万元，随手一个包20万元的事件引起热议。

1990年出生的王某是北京市东城区某离退休干部休养所原出纳员。仅一年多的时间，王某利用职务便利，侵吞、骗取公款多达720余万元，均用于个人奢侈消费。王某通过假的银行对账单，模仿自己上司的签字，使用现金支票，将公款转移到自己的银行账户。她还伪造医疗报销申请，将公款从报销款项中转出。后来，王某更加肆无忌惮，连现金支票都懒得用了，直接通过银联转账将单位账户的钱转到自己名下。而整个单位对王某的违法犯罪行为毫无察觉，致使其更加肆无忌惮。

最终，因涉嫌贪污罪，王某被开除公职。2019年12月，王某被东城区人民法院判处有期徒刑12年，并处罚金人民币100万元。

人生的第一粒扣子怎么扣？面对各种压力和诱惑，我们应当如何正确把握世界观、人生观、价值观，牢牢守住自己的初心？同学们要有遵守会计法律法规的自觉性、良好的职业道德、端正的工作态度、强烈的责任心。

项目实施

本项目“案例导入”中，① 违反了法律规定。根据规定，会计机构内部应当建立稽核制度。出纳人员不得兼任稽核、会计档案保管和收入、支出、费用、债权债务账目的登记工作。马晓丽一人同时担任学校的出纳和会计，违反了《会计法》的规定。② 根据《会计法》规定，单位负责人对本单位的会计工作和会计资料的真实性、完整性负责。

项目一　练习

一、单选题

1. 我国会计工作行政管理的主管部门是(　　)。

A. 财政部门　　　　B. 市场监督管理部门

C. 审计监察部门　　D. 税务部门

2. 根据会计法律制度的规定,对本单位会计工作和会计资料的真实性、完整性负责的是(　　)。

A. 出纳人员　　　　B. 会计人员

C. 会计机构负责人　D. 单位负责人

二、判断题

1.《会计法》的适用范围是国家机关、社会团体、公司、企业、事业单位和其他组织的会计事务。(　　)

2. 单位负责人负责单位内部的会计工作管理,应当保证会计机构、会计人员依法履行职责,不得授意、指使、强令会计机构、会计人员违法办理会计事务。(　　)

项目二　会计机构和会计人员

案例导入

2023年9月，盛星科技公司会计机构负责人周强因故离职，盛星科技公司聘用吴珊珊担任会计机构负责人，与周强交接会计工作。当时双方直接交接工作，没有人监交。吴珊珊任职后，发现公司会计人员郑亮负责出纳和会计档案保管，王宇负责财产物资核算和成本费用核算，赵馨负责财务成果核算和总账报表编制，钱虎负责往来核算和稽核。吴珊珊依照企业内部控制要求对相关人员进行了岗位调整，并向单位负责人李雪进行了汇报。

请思考： ① 吴珊珊与周强直接交接工作，没有人监交，这是否符合法律规定？② 郑亮负责出纳和会计档案保管，王宇负责财产物资核算和成本费用核算，赵馨负责财务成果核算和总账报表编制，钱虎负责往来核算和稽核，这四个岗位设置有些需要调整，为什么？

知识储备

一、会计机构的设置

各单位应当根据会计业务的需要，设置会计机构或者在有关机构中设置会计人员并指定会计主管人员；不具备设置条件的，应当委托经批准从事会计代理记账业务的中介机构代理记账。

担任单位会计机构负责人（会计主管人员）的，应当具备会计师以上专业技术职务资格或者从事会计工作3年以上的经历。

5-2-1　想一想

兴国公司是一家食品企业。2023年7月3日，公司会计核算科科长秦欣退休，公司决定任命一位新的会计核算科科长。目前公司一共有3位候选人，分别是具有硕士学历并且从事2年会计工作的李丹丹、从事5年文秘工作的张燕以及具有会计师资格证的王斌。

请思考：以上哪一位候选人可以任职会计科科长？

5-2-1　想一想答案

二、代理记账

（一）代理记账机构

（1）会计师事务所及其分所可以依法从事代理记账业务。

（2）除会计师事务所以外的机构从事代理记账业务，应当经县级以上人民政府财政部门批准，领取由财政部统一规定样式的代理记账许可证书。

（二）代理记账的业务范围

代理记账机构可以接受委托办理下列业务。

（1）根据委托人提供的原始凭证和其他相关资料，按照国家统一的会计制度的规定进行会计核算，包括审核原始凭证、填制记账凭证、登记会计账簿、编制财务会计报告等。

（2）对外提供财务会计报告。

（3）向税务机关提供税务资料。

（4）委托人委托的其他会计业务。

（三）委托人的义务

（1）对本单位发生的经济业务事项，应当填制或者取得符合国家统一的会计制度规定的原始凭证。

（2）应当配备专人负责日常货币收支和保管。

（3）及时向代理记账机构提供真实、完整的原始凭证和其他相关资料。

（4）对于代理记账机构退回的、要求按照国家统一的会计制度规定进行更正、补充的原始凭证，应当及时予以更正、补充。

（四）代理记账机构及其从业人员的义务

（1）遵守有关法律、法规和国家统一的会计制度的规定，按照委托合同办理代理记账业务。

（2）对在执行业务中知悉的商业秘密予以保密。

（3）对委托人要求其做出不当的会计处理，提供不实的会计资料，以及其他不符合法律、法规和国家统一的会计制度行为的，予以拒绝。

（4）对委托人提出的有关会计处理相关问题予以解释。

（五）财务会计报告的签章

代理记账机构为委托人编制的财务会计报告，经代理记账机构负责人和委托人签名并盖章后，按照有关法律、法规和国家统一的会计制度的规定对外提供。

5-2-2 练一练

【单选题】根据会计法律制度的规定，下列各项中，不属于代理记账机构业务范围的是（　　）。

A. 根据委托人提供的原始凭证和其他资料，依法进行会计核算

B. 对外提供财务会计报告

C. 对外提供审计报告

D. 向税务机构提供税务资料

5-2-2 练一练答案

三、会计工作岗位

（一）会计工作岗位的种类

各单位应当根据会计业务需要设置会计工作岗位。会计工作岗位一般包括：会计机构负责人（会计主管人员）、出纳、财产物资核算、工资核算、成本费用核算、财务成果核算、资金核算、往来结算、总账报表、稽核、档案管理等。

（二）会计工作岗位的设置

会计工作岗位可以一人一岗、一人多岗或一岗多人。但出纳人员不得兼任稽核、会计档案保管和收入、支出、费用、债权债务账目的登记工作。

（三）不相容职务

不相容职务分离控制是企业内部控制的措施之一。不相容职务主要包括：授权批准与业务经办、业务经办与会计记录、会计记录与财产保管、业务经办与稽核检查、授权批准与监督检查等。

（四）会计人员回避制度

（1）国家机关、国有企业、事业单位任用会计人员应当实行回避制度。

（2）单位负责人的直系亲属不得担任本单位的会计机构负责人（会计主管人员）。

（3）会计机构负责人（会计主管人员）的直系亲属不得在本单位会计机构中担任出纳工作。

（4）出纳人员不得兼任稽核、会计档案保管和收入、支出、费用、债权债务账目的登记工作。

☞ 小提示

需要回避的直系亲属包括：夫妻关系、直系血亲关系、三代以内旁系血亲以及配偶亲关系。

5-2-3 练一练

5-2-3 练一练答案

1.【单选题】根据会计法律制度的规定,(　　)任用会计人员应当实行回避制度。

A. 国家机关、国有企业、事业单位

B. 国家机关、国有企业、企事业单位

C. 国有企业、企事业单位、外资企业

D. 国有企业、事业单位、外资企业

2.【单选题】根据会计法律制度的规定,下列事业单位会计人员任用中,没有违背会计人员回避制度规定的是(　　)。

A. 甲单位法定代表人的妻子担任本单位财务部门经理

B. 乙单位会计核算科科长的女儿担任本部门出纳员

C. 丙单位法定代表人的儿子担任本单位财务部门经理

D. 丁单位财务处处长的同学担任本部门出纳员

3.【多选题】根据会计法律制度的规定,下列各项工作中,出纳不得兼任的有(　　)。

A. 会计档案保管　　B. 稽核

C. 收入费用账目的登记工作　　D. 债权债务账目的登记工作

四、会计人员

(一) 会计人员的工作范围

会计人员是指在单位中从事会计核算、实行会计监督等会计工作的人员,其具体工作范围如下。

(1) 出纳。

(2) 稽核。

(3) 资产、负债和所有者权益(净资产)的核算。

(4) 收入、费用(支出)的核算。

(5) 财务成果(政府预算执行结果)的核算。

(6) 财务会计报告(决算报告)编制。

(7) 会计监督。

(8) 会计机构内会计档案管理。

(9) 其他会计工作。

(二) 总会计师

根据《会计法》的规定,国有的和国有资产占控股地位或者主导地位的大、中型企业必须设置总会计师。根据《会计基础工作规范》的规定,大、中型企业、事业单位、业务主管部门应当根据法律和国家有关规定设置总会计师,其他单位可以自行决定是否设置总会计师。

总会计师是单位行政领导成员,协助单位主要行政领导人工作,直接对单位主要行政领导人负责。总会计师组织领导本单位的财务管理、成本管理、预算管理、会计核算和会计监督等方面的工作,参与本单位重要经济问题的分析和决策。

凡设置总会计师的单位,在单位行政领导人员中,不设与总会计师职权重叠的副职。总会计师由具有会计师以上专业技术资格的人员担任。

(三) 对会计人员的一般要求

(1) 遵守《会计法》和国家统一的会计制度等法律法规。
(2) 具备良好的职业道德。
(3) 按照国家有关规定参加继续教育。
(4) 具备从事会计工作所需要的专业能力。

(四) 会计职业道德

会计职业道德是对会计法律制度的重要补充,会计法律制度是对会计职业道德的最低要求。会计职业道德主要包括坚持诚信,守法奉公;坚持准则,守责敬业;坚持学习,守正创新。

5-2-4 练一练

1.【单选题】根据《总会计师条例》规定,总会计师是(　　)。

A. 单位负责人　　B. 会计机构负责人

C. 具有会计专业技术资格的人员　　D. 单位行政领导成员

2.【多选题】根据会计法律制度的规定,下列各项中,属于会计职业道德内容的有(　　)。

A. 坚持准则,守责敬业　　B. 坚持诚信,守法奉公

C. 参与管理　　D. 坚持学习,守正创新

5-2-4　练一练答案

五、会计专业职务与会计专业技术资格

(一) 会计专业职务(会计职称)

(1) 会计人员职称层级分为初级、中级、副高级和正高级。
(2) 初级、中级、副高级和正高级职称名称依次为助理会计师、会计师、高级会计师和正高级会计师。

(二) 会计专业技术资格(会计资格)

会计专业技术资格分为初级资格、中级资格和高级资格三个级别,分别对应初级、中级、副高级会计专业职务(会计职称)的任职资格。

六、会计专业技术人员继续教育

国家机关、企业、事业单位以及社会团体等组织中具有会计专业技术资格的人员,或者不具有会计专业技术资格但从事会计工作的人员(以下简称"会计专业技术人员")享有参

加继续教育的权利和接受继续教育的义务。

具有会计专业技术资格的人员应当自取得会计专业技术资格的次年开始参加继续教育，并在规定时间内取得规定学分。不具有会计专业技术资格但从事会计工作的人员应当自从事会计工作的次年开始参加继续教育，并在规定时间内取得规定学分。

会计专业技术人员参加继续教育实行学分制管理，每年参加继续教育取得的学分不少于 90 学分。其中，专业科目一般不少于总学分的 2/3。会计专业技术人员参加继续教育取得的学分，在全国范围内当年度有效，不得结转以后年度。

5-2-5 练一练

1.【单选题】根据会计法律制度的规定，会计专业技术人员参加继续教育实行学分制管理，每年取得的学分至少为（　　）。

A. 90 学分　　B. 30 学分

C. 60 学分　　D. 120 学分

5-2-5　**练一练答案**

2.【多选题】根据会计法律制度的规定，下列各项中，属于会计专业职务的有（　　）。

A. 初级会计师　　B. 中级会计师　　C. 高级会计师　　D. 注册会计师

七、会计人员工作交接

（一）应当办理会计工作交接的情形

（1）会计人员工作调动或者因故离职，必须将本人所经管的会计工作全部移交给接替人员。没有办清交接手续的，不得调动或者离职。

（2）会计人员临时离职或者因病不能工作且需要接替或者代理的，会计机构负责人（会计主管人员）或者单位负责人必须指定有关人员接替或者代理，并办理交接手续。临时离职或者因病不能工作的会计人员恢复工作的，应当与接替或者代理人员办理交接手续。

（3）移交人员因病或者其他特殊原因不能亲自办理移交的，经单位负责人批准，可由移交人员委托他人代办移交，但委托人应当对所移交的会计凭证、会计账簿、会计报表和其他有关资料的合法性、真实性承担法律责任。

（二）会计工作移交前的准备工作

（1）已经受理的经济业务尚未填制会计凭证的，应当填制完毕。

（2）尚未登记的账目，应当登记完毕，并在最后一笔余额后加盖经办人员印章。

（3）整理应该移交的各项资料，对未了事项写出书面材料。

（4）编制移交清册，列明应当移交的会计凭证、会计账簿、会计报表、印章、现金、有价证券、支票簿、发票、文件、其他会计资料和物品等内容；实行会计电算化的单位，从事该项工作的移交人员还应当在移交清册中列明会计软件及密码、会计软件数据磁盘（磁带等）及有关资料、实物等内容。

（三）监交人员

一般会计人员办理交接手续，由会计机构负责人（会计主管人员）监交；会计机构负责人（会计主管人员）办理交接手续，由单位负责人监交，必要时主管单位可以派人会同监交。

（四）会计工作的交接

（1）移交人员在办理移交时，要按移交清册逐项移交，接替人员要逐项核对点收。

（2）现金、有价证券要根据会计账簿有关记录进行点交。库存现金、有价证券必须与会计账簿记录保持一致。不一致时，移交人员必须限期查清。

（3）会计凭证、会计账簿、会计报表和其他会计资料必须完整无缺。如有短缺，必须查清原因，并在移交清册中注明由移交人员负责。

（4）银行存款账户余额要与银行对账单核对，如不一致，应当编制银行存款余额调节表调节相符，各种财产物资和债权债务的明细账户余额要与总账有关账户余额核对相符；必要时，要抽查个别账户的余额，与实物核对相符，或者与往来单位、个人核对清楚。

（5）移交人员经管的票据、印章和其他实物等，必须交接清楚；移交人员从事会计电算化工作的，要对有关电子数据在实际操作状态下进行交接。

（6）会计机构负责人（会计主管人员）移交时，还必须将全部财务会计工作、重大财务收支和会计人员的情况等，向接替人员详细介绍。对需要移交的遗留问题，应当写出书面材料。

（五）责任承担

（1）交接完毕后，交接双方和监交人要在移交清册上签名或者盖章。

（2）接替人员应当继续使用移交的会计账簿，不得自行另立新账，以保持会计记录的连续性。

（3）移交人员对所移交的会计凭证、会计账簿、会计报表和其他有关资料的合法性、真实性承担法律责任。

5-2-6 想一想

2022 年 7 月，文具厂的出纳钱彤彤调离工作岗位，与接替其工作的李航办理了会计工作交接。

请思考：① 钱彤彤与李航交接，应当由谁来监交？② 若在移交时发现资料存在问题，谁应当对移交资料的合法性、真实性负责？③ 交接完成后，李航能否另立新账？

5-2-6 想一想答案

项目实施

本项目“案例导入”中，① 不符合规定。会计机构负责人（会计主管人员）办理交接手续时，应由单位负责人监交，必要时，主管单位可以派人会同监交。② 郑亮负责出纳和会计档案保管，需要调整。根据规定，出纳人员不得兼任（兼管）稽核、会计档案保管和收入、支出、费用、债权债务账目的登记工作。

项目二　练习

一、单选题

1. 根据会计法律制度的规定，下列人员中，具备单位会计机构负责人任职资格条件的是(　　)。
   A. 具备中专学历并从事会计工作 2 年 6 个月的赵某
   B. 具备硕士学位并从事会计工作 1 年的张某
   C. 取得会计师专业技术职务资格并从事会计工作 1 年的王某
   D. 取得助理会计师专业技术职务资格并从事会计工作 2 年的李某

2. 根据会计法律制度的规定，下列企业中，必须设置总会计师的是(　　)。
   A. 国有大、中型企业　　B. 个人独资企业
   C. 外商独资企业　　D. 普通合伙企业

3. 下列会计工作岗位中，出纳可以兼任的是(　　)。
   A. 稽核　　B. 债权债务账目的登记
   C. 固定资产明细账的登记　　D. 会计档案保管

4. 根据会计法律制度的规定，下列各项中，不属于会计专业职务的是(　　)。
   A. 高级会计师　　B. 助理会计师　　C. 会计师　　D. 总会计师

5. 根据会计法律制度的规定，会计机构负责人办理交接手续必须由监交人负责监交。下列人员中，应负责监交的是(　　)。
   A. 单位负责人　　B. 注册会计师
   C. 总会计师　　D. 审计机构负责人

二、多选题

1. 根据会计法律制度的规定，下列关于会计人员回避制度的表述中，正确的有(　　)。
   A. 单位负责人的直系血亲不得担任本单位的会计机构负责人
   B. 单位负责人的配偶亲不得担任本单位的出纳工作
   C. 会计机构负责人的直系血亲不得担任本单位的出纳工作
   D. 会计机构负责人的配偶亲不得担任本单位的出纳工作

2. 根据会计法律制度的规定，下列关于会计工作交接的表述中，正确的有(　　)。
   A. 会计机构负责人办理移交时，对需要移交的遗留问题，应当写出书面材料
   B. 接替人员应当另立新账，以分清交接双方的责任
   C. 交接双方和监交人应在移交清册上签名或者盖章
   D. 一般会计人员办理交接手续，由会计机构负责人监交

3. 根据会计法律制度的规定，下列关于会计工作交接的表述中，正确的有（　　）。
A. 会计人员办理交接手续的，无须监交
B. 会计人员没有办清交接手续的，不得离职
C. 移交人员因病不能亲自办理移交的，经单位领导人批准，可由移交人员委托他人代办移交
D. 移交人员在办理移交时，要按移交清册逐项移交

4. 根据会计法律制度的规定，下列各项中，属于代理记账业务范围的有（　　）。
A. 对外提供财务会计报告　B. 向税务机关提供税务资料
C. 负责委托人的日常货币收支和保管　D. 审核委托人提供的原始凭证

5. 会计人员工作交接完毕后，在移交清册上签名或盖章的人员包括（　　）。
A. 监交人员　B. 交出方
C. 接受方　D. 单位会计档案管理人员

三、判断题

1. 从事会计工作2年且具有助理会计师专业技术资格的王某，可担任单位会计机构负责人。（　　）

2. 有限责任公司应当设置总会计师。（　　）

3. 会计工作岗位可以根据业务需要一岗多人。（　　）

4. 业务经办人员可以兼任稽核检查。（　　）

5. 会计职业道德是对会计法律制度的最低要求。（　　）

项目三　会计核算

案例导入

2023 年 9 月 17 日，阳光玩具有限责任公司收到一张应由本公司与星海公司共同负担费用支出的原始凭证。阳光玩具有限责任公司会计人员张兴对该原始凭证及应承担的费用进行账务处理，并保存该原始凭证，同时应星海公司要求，将该原始凭证复制件提供给星海公司用于账务处理。年终，阳光玩具有限责任公司拟销毁一批保管期满的会计档案，其中有一张未结清债权债务的原始凭证，会计人员李彤认为只要保管期满的会计档案就可以销毁。

请思考：根据我国会计法律制度的规定，① 会计人员张兴将原始凭证复制件提供给星海公司用于账务处理的做法是否正确？简要说明理由。② 会计人员李彤的观点是否正确？简要说明理由。

知识储备

一、会计核算的概念

广义的会计核算是对国家机关、社会团体、公司、企业、事业单位和其他组织的经济活动全过程的核算，包括对经济活动全过程的记录、计算、预测、决策、控制、分析、考核等全部内容。

狭义的会计核算是指以货币为主要计量单位，通过专门的程序和方法，对国家机关、社会团体、公司、企业、事业单位等组织的经济活动和财务收支情况进行审核和计算。

二、会计核算的内容

《会计法》规定，下列经济业务事项应当办理会计手续，进行会计核算。

（1）款项和有价证券的收付。

（2）财物的收发、增减和使用。

（3）债权债务的发生和结算。

（4）资本、基金的增减。

（5）收入、支出、费用、成本的计算。

（6）财务成果的计算和处理。

（7）需要办理会计手续、进行会计核算的其他事项。

三、会计年度

我国以公历年度为会计年度,即以每年公历的 1 月 1 日起至 12 月 31 日止为一个会计年度。每一个会计年度还可以按照公历日期具体划分为半年度、季度、月度。

四、记账本位币

会计核算原则上以人民币为记账本位币。业务收支以人民币以外的货币为主的单位,可以选定其中一种货币作为记账本位币,但是编报的财务会计报告应当折算为人民币。

五、会计核算的基本要求

(一) 依法建账

(1) 各单位都应当按照《会计法》和国家统一的会计制度规定建立会计账册,进行会计核算。

(2) 各单位发生的各项经济业务事项应当统一进行会计核算,不得违反规定私设会计账簿进行登记、核算。

(二) 根据实际发生的经济业务进行会计核算

各单位必须根据实际发生的经济业务事项进行会计核算,填制会计凭证,登记会计账簿,编制财务会计报告。

(三) 保证会计资料的真实和完整

任何单位不得以虚假的经济业务事项或者资料进行会计核算。任何单位和个人不得伪造、变造会计凭证、会计账簿及其他会计资料,不得提供虚假的财务会计报告。

(四) 正确采用会计处理方法

各单位的会计核算应当按照规定的会计处理方法进行,保证会计指标的口径一致、相互可比和会计处理方法的前后各期一致,不得随意变更;确有必要变更的,应当按照国家统一的会计制度的规定变更,并将变更的原因、情况及影响在财务会计报告中说明。

(五) 正确使用会计记录文字

(1) 会计记录的文字应当使用中文。

(2) 在民族自治地方,会计记录可以同时使用当地通用的一种民族文字。

(3) 在中国境内的外商投资企业、外国企业和其他外国组织的会计记录可以同时使用一种外国文字。

（六）使用计算机进行会计核算必须符合法律规定

使用计算机进行会计核算的（会计电算化），其软件及其生成的会计凭证、会计账簿、财务会计报告和其他会计资料，必须符合国家统一的会计制度的规定。

5-3-1 想一想

赵力等人拟成立星海公司（外商投资企业），主要从事欧盟地区货物贸易，业务收支以欧元为主。公司筹备会在讨论公司章程时议定：选择欧元作为记账本位币，编报的财务会计报告也用欧元；会计记录文字同时使用中文和法文；会计年度确定为公历 1 月 1 日起至 12 月 31 日止。

5-3-1　想一想答案

请分析：

① 会计记录文字同时使用中文和法文是否符合法律规定？为什么？

② 选择欧元作为记账本位币，编报的财务会计报告也用欧元是否符合法律规定？为什么？

六、会计凭证

会计凭证按其来源和用途分为原始凭证和记账凭证两种。

（一）原始凭证

（1）原始凭证必须具备的内容有以下几项。

① 凭证的名称。

② 填制凭证的日期。

③ 填制凭证单位名称或者填制人姓名。

④ 经办人员的签名或者盖章。

⑤ 接受凭证单位名称。

⑥ 经济业务内容。

⑦ 数量、单价和金额。

（2）原始凭证的基本要求有以下几项。

① 从外单位取得的原始凭证必须盖有填制单位的公章；从个人处取得的原始凭证必须有填制人员的签名或者盖章。自制原始凭证必须有经办单位负责人或者其指定人员的签名或者盖章。

② 对外开出的原始凭证必须加盖本单位公章。

③ 凡填有大写和小写金额的原始凭证，大写与小写金额必须相符。

④ 购买实物的原始凭证必须有验收证明。

⑤ 支付款项的原始凭证必须有收款单位和收款人的收款证明。

⑥ 一式几联的原始凭证应当注明各联的用途，只能以一联作为报销凭证。

⑦ 发生销货退回的，除填制退货发票外，还必须有退货验收证明；退款时，必须取得对方的收款收据或者汇款银行的凭证，不得以退货发票代替收据。

（3）会计机构、会计人员必须按照国家统一的会计制度的规定对原始凭证进行审核，对不真实、不合法的原始凭证有权不予接受，并向单位负责人报告；对记载不准确、不完整的原始凭证予以退回，并要求按照国家统一的会计制度的规定更正、补充。

（4）原始凭证记载的各项内容均不得涂改。原始凭证有错误的，应当由出具单位重开或者更正，更正处应当加盖出具单位印章。原始凭证金额有错误的，应当由出具单位重开，不得在原始凭证上更正。

（5）原始凭证不得外借，其他单位如因特殊原因需要使用原始凭证时，经本单位会计机构负责人（会计主管人员）批准，可以复制。向外单位提供的原始凭证复制件，应当在专设的登记簿上登记，并由提供人员和收取人员共同签名或者盖章。

（6）从外单位取得的原始凭证如有遗失，应当取得原开出单位盖有公章的证明，并注明原来凭证的号码、金额和内容等，由经办单位会计机构负责人（会计主管人员）和单位负责人批准后，才能代作原始凭证。如果确实无法取得证明的，如火车票、轮船票、飞机票等凭证，由当事人写出详细情况，经经办单位会计机构负责人（会计主管人员）和单位负责人批准后，代作原始凭证。

（二）记账凭证

1. 记账凭证必须具备的内容

（1）填制凭证的日期。

（2）凭证编号。

（3）经济业务摘要。

（4）会计科目。

（5）金额。

（6）所附原始凭证张数。

（7）填制凭证人员、稽核人员、记账人员、会计机构负责人（会计主管人员）签名或者盖章。

2. 记账凭证的基本要求

（1）记账凭证可以根据每一张原始凭证填制，或者根据若干张同类原始凭证汇总填制，也可以根据原始凭证汇总表填制，但不得将不同内容和类别的原始凭证汇总填制在一张记账凭证上。

（2）除结账和更正错误的记账凭证可以不附原始凭证外，其他记账凭证必须附有原始凭证。如果一张原始凭证涉及几张记账凭证，可以把原始凭证附在一张主要的记账凭证后面，并在其他记账凭证上注明附有该原始凭证的记账凭证的编号或者附原始凭证复印件。

（3）一张原始凭证所列支出需要几个单位共同负担的，应当将其他单位负担的部分开给对方原始凭证分割单，进行结算。原始凭证分割单必须具备原始凭证的基本内容以及费用分摊情况等。

5-3-2 想一想

2023 年 2 月，云龙公司聘请赵亮担任出纳。2023 年 10 月，赵亮审核原始凭证时发现所收星海公司开具的两张发票存在问题：① A 发票金额的大小写不一致；② B 发票商品名称出现错误。请分析，以下的处理方式中，赵亮可以选择哪几种？为什么？①要求星海公司重开A发票；②要求星海公司就B发票商品名称进行更正并由星海公司在更正处加盖单位印章；③在B发票上对记载的商品名称直接更正；④要求星海公司重新开具B发票。

5-3-2　想一想答案

七、会计账簿

（一）基本规定

会计账簿的基本规定见表5-1。

表5-1　会计账簿的基本规定

种类	用途	形式
总账（也称总分类账）	根据会计科目开设的账簿，用于分类登记单位的全部经济业务事项，提供资产、负债、所有者权益、费用、成本、收入等“总括核算”的资料	总账一般有订本账和活页账两种
明细账（也称明细分类账）	根据总账科目所属的明细科目设置，用于分类登记某一类经济业务事项，提供有关明细核算资料	明细账通常使用活页账
日记账	是一种特殊的“序时”明细账，按照经济业务事项发生的时间先后顺序，逐日逐笔地进行登记	（1）包括现金日记账和银行存款日记账； （2）现金日记账和银行存款必须采用订本式账簿，不得用银行对账单或者其他方法代替日记账
其他辅助账簿（也称备查账簿）	为备忘备查而设置	主要包括各种租借设备、物资的辅助登记或有关应收、应付款项的备查簿，担保、抵押备查簿等

（二）登记会计账簿的基本要求

（1）账簿中书写的文字和数字上面要留有适当空格，不要写满格；一般应占格距的1/2。

（2）登记账簿要用蓝黑墨水或者碳素墨水书写，不得使用圆珠笔（银行的复写账簿除外）或者铅笔书写。下列情况可以使用红色墨水记账。

①按照红字冲账的记账凭证，冲销错误记录。

②在不设借贷等栏的多栏式账页中，登记减少数。

③在三栏式账户的余额栏前，如未印明余额方向的，在余额栏内登记负数余额。

④根据国家统一会计制度的规定可以用红字登记的其他会计记录。

（3）各种账簿按页次顺序连续登记，不得跳行、隔页。

（4）实行会计电算化的单位，用计算机打印的会计账簿必须连续编号，经审核无误后装订成册，并由记账人员和会计机构负责人（会计主管人员）签字或者盖章。

八、财务会计报告

财务会计报告应当根据经过审核的会计账簿记录和有关资料编制，并符合《会计法》和国家统一的会计制度关于财务会计报告的编制要求、提供对象和提供期限的规定，其他法律、行政法规另有规定的，从其规定。

财务会计报告由会计报表、会计报表附注和财务情况说明书组成。向不同的会计资料使用者提供的财务会计报告，其编制依据应当一致，有关法律、行政法规规定会计报表、会计报表附注和财务情况说明书须经注册会计师审计的，注册会计师及其所在的会计师事务所出具的审计报告应当随同财务会计报告一并提供。

☞ 小提示

并非所有企业的财务会计报告均须审计。

财务会计报告应当由单位负责人和主管会计工作的负责人、会计机构负责人（会计主管人员）签名并盖章；设置总会计师的单位，还须由总会计师签名并盖章。单位负责人应当保证财务会计报告真实、完整。

5-3-3 想一想

云泉有限责任公司是一家中外合资经营企业。2023 年 5 月 17 日，公司从外地购买了一批原材料，经办人员在收到发票后，与实际支付事项进行核对时，发现发票金额错误，便在原始凭证上进行了更改，并加盖了自己的印章，作为报销凭证。同年 12 月 1 日，公司董事会研究决定，公司以后对外报送的财务会计报告由会计核算科科长签字、盖章后报出。

5-3-3 想一想答案

请分析：① 该公司经办人员更改原始凭证金额的做法是否符合法律规定？为什么？

② 该公司董事会做出的关于对外报送财务会计报告的决定是否符合法律规定？为什么？

九、会计档案

（一）会计档案概述

会计档案是指单位在进行会计核算等过程中接收或形成的，记录和反映单位经济业务事项的，具有保存价值的文字、图表等各种形式的会计资料，包括通过计算机等电子设备形成、传输和存储的电子会计档案。

☞ 小提示

各单位的预算、计划、制度等文件材料属于文书档案，不属于会计档案。

（二）会计档案的归档范围

（1）会计凭证，包括原始凭证、记账凭证。

（2）会计账簿，包括总账、明细账、日记账、固定资产卡片及其他辅助性账簿。

（3）财务会计报告，包括月度、季度、半年度、年度财务会计报告。

（4）其他会计资料，包括银行存款余额调节表、银行对账单、纳税申报表、会计档案移交清册、会计档案保管清册、会计档案销毁清册、会计档案鉴定意见书及其他具有保存价值的会计资料。

（三）会计档案的移交

单位会计管理机构在办理会计档案移交时，应当编制会计档案移交清册，并按照国家档案管理的有关规定办理移交手续。

纸质会计档案移交时应当保持原卷的封装。

电子会计档案移交时应当将电子会计档案及其元数据一并移交，且文件格式应当符合国家档案管理的有关规定。单位档案管理机构接收电子会计档案时，应当对电子会计档案的准确性、完整性、可用性、安全性进行检测，符合要求的才能接收。

（四）会计档案的保管期限

会计档案的保管期限分为永久、定期两类。会计档案的保管期限从会计年度终了后的第一天算起（表 5-2）。

表 5-2　企业和其他组织会计档案的保管期限

	档案名称	保管期限
会计凭证	原始凭证	30 年
	记账凭证	30 年
会计账簿	总账	30 年
	明细账	30 年
	日记账	30 年
	其他辅助性账簿	30 年
	固定资产卡片	固定资产报废清理后保管 5 年
财务会计报告	年度财务会计报告	永久
	月度、季度、半年度财务会计报告	10 年
其他会计资料	银行存款余额调节表	10 年
	银行对账单	10 年
	纳税申报表	10 年
	会计档案移交清册	30 年
	会计档案保管清册	永久
	会计档案销毁清册	永久
	会计档案鉴定意见书	永久

（五）会计档案的销毁

1. 会计档案的鉴定

单位应当定期对已到保管期限的会计档案进行鉴定，并形成会计档案鉴定意见书。经鉴定，仍须继续保存的会计档案，应当重新划定保管期限；对保管期满、确无保存价值的会计档案，可以销毁。

会计档案鉴定工作应当由单位档案管理机构牵头，组织单位会计、审计、纪检监察等机构或者人员共同进行。

2. 不得销毁的会计档案

保管期满但未结清的债权债务会计凭证和涉及其他未了事项的会计凭证不得销毁，纸质会计档案应当单独抽出立卷，电子会计档案单独转存，保管到未了事项完结时为止。

3. 会计档案的销毁程序

单位负责人、档案管理机构负责人、会计管理机构负责人、档案管理机构经办人、会计管理机构经办人在会计档案销毁清册上签署意见。

单位档案管理机构负责组织会计档案销毁工作，并与会计管理机构共同派员监销。监销人在会计档案销毁前，应当按照会计档案销毁清册所列内容进行清点核对；在会计档案销毁后，应当在会计档案销毁清册上签名或者盖章。

5-3-4 想一想

岳海有限责任公司是一家中法合资经营企业。2023 年 11 月 30 日，公司有一批保存期满的会计档案按规定需要进行销毁，公司档案管理部门编制了会计档案销毁清册，档案管理部门的负责人在会计档案销毁清册上签了字，并于当天销毁。

请思考：该公司销毁会计档案的做法是否符合法律规定？为什么？

5-3-4 **想一想答案**

项目实施

本项目“案例导入”中，① 会计人员张兴的做法不正确。理由是：根据规定，一张原始凭证所列的支出需要由两个及以上的单位共同负担时，应当由保存该原始凭证的单位开具原始凭证分割单给其他应负担的单位，而不是给复制件。② 会计人员李彤的观点不正确。理由是：根据规定，保管期满但未结清的债权债务原始凭证不得销毁。

项目三 练习

一、单选题

1. 根据会计法律制度的规定,下列行为中,不符合会计核算要求的是(　　)。
A. 甲外商投资企业只使用中文进行会计记录
B. 乙外商投资企业编报的财务会计报告以人民币折算
C. 丁合伙企业以每年公历1月1日起至12月31日止为一个会计年度
D. 丙公司根据公司计划的经济业务进行会计核算

2. 根据会计法律制度的规定,下列各项中,不属于会计核算内容的是(　　)。
A. 递延税款的余额调整　　B. 货物买卖合同的审核
C. 有价证券溢价的摊销　　D. 资本公积的增减变动

3. 根据会计法律制度的规定,原始凭证的金额有错误时,应当采取的正确做法是(　　)。
A. 由出具单位重开
B. 由出具单位更正并加盖出具单位印章
C. 由接受单位更正并加盖接受单位印章
D. 由经办人员更正并加盖经办人员印章

4. 根据会计法律制度的规定,下列关于登记会计账簿基本要求的表述中,不正确的是(　　)。
A. 现金日记账和银行存款日记账必须逐日结出余额
B. 登记账簿要用蓝黑墨水或者碳素墨水书写
C. 各种账簿按页次顺序连续登记,不得跳行、隔页
D. 账簿中书写的文字和数字一般应占格距的3/4

5. 根据会计法律制度的规定,下列企业会计档案中,最低保管期限为10年的是(　　)。
A. 原始凭证　　B. 日记账　　C. 总账　　D. 银行对账单

二、多选题

1. 根据会计法律制度的规定,下列各项中,属于会计核算内容的有(　　)。
A. 财物的减值　　B. 有价证券的购入
C. 债务的偿还　　D. 资本公积的形成

2. 根据会计法律制度的规定,下列各项中,属于原始凭证必须具备的内容有(　　)。
A. 会计科目　　B. 经济业务内容
C. 填制凭证的日期　　D. 接受凭证单位名称

3. 根据会计法律制度的规定,下列各项中,属于会计报表的有(　　)。

A. 现金流量表　　B. 利润表　　C. 资产负债表　　D. 审计报告

4. 根据会计法律制度的规定,下列各项中,属于会计档案的有(　　)。

A. 原始凭证　　B. 记账凭证　　C. 会计账簿　　D. 年度预算

5. 根据会计法律制度的规定,企业的下列会计档案中,应当永久保管的有(　　)。

A. 年度财务报告　　B. 半年度财务报告

C. 纳税申报表　　D. 会计档案销毁清册

三、判断题

1. 原始凭证记载的各项内容均不得涂改。(　　)

2. 不同内容和类别的原始凭证可以汇总填制在一张记账凭证上。(　　)

3. 单位会计管理机构临时保管会计档案期限最长为5年。(　　)

4. 保管期满但未结清的债权债务会计凭证不得销毁。(　　)

5. 根据会计法律制度的规定,会计档案的鉴定工作应由单位档案管理机构牵头组织进行。(　　)

项目四 会计监督

案例导入

大鹏食品厂为合伙制企业。企业原负责人刘海强为达到不缴或少缴税款的目的，指使企业内的会计人员采取设立两套账簿以及凭证的方法偷逃应纳增值税：一套记录真实的销售情况；另一套采取少列或不列收入的手段，记录虚假的经营销售情况，向税务机关进行虚假申报纳税。自2019年10月至2022年11月，该企业共隐匿销售数额1 380.2万元，其进项税已在税务机关申报抵扣完毕，共偷逃增值税179.4万元，这期间仅缴纳增值税9.03万元。

请思考： ① 单位负责人能否指使会计做假账？② 谁该对单位会计资料的不真实性负责？

知识储备

一、会计监督的概念

会计监督是指会计机构、会计人员在办理财务会计事务过程中，对本单位执行国家财政制度和财务制度的情况以及生产经营活动所实行的监察督促。

会计监督的机构和人员可分为内部和外部两种。内部监督机构和人员是指各单位的会计机构、会计人员。外部监督机构和人员是指本单位以外的负有监督职权的国家机关、部门和人员。

二、单位内部监督

（一）单位内部监督的主体和对象

内部会计监督的主体是各单位的会计机构、会计人员，内部会计监督的对象是单位的经济活动。

（二）单位内部会计监督制度应当符合的要求

（1）记账人员与经济业务事项和会计事项的审批人员、经办人员、财物保管人员的职责权限应当明确，并相互分离、相互制约。

（2）重大对外投资、资产处置、资金调度以及其他重要经济业务事项的决策和执行的相互监督、相互制约程序应当明确。

（3）财产清查的范围、期限和组织程序应当明确。
（4）对会计资料定期进行内部审计的办法和程序应当明确。

（三）企业内部控制措施

企业内部控制措施主要包括以下几项。
（1）不相容职务分离控制。
（2）授权审批控制。
（3）会计系统控制。
（4）财产保护控制。
（5）预算控制。
（6）运营分析控制。
（7）绩效考评控制。

三、会计工作的政府监督

（一）政府监督的主体

会计工作的政府监督主要是指财政部门代表国家对各单位和单位中相关人员的会计行为实施监督检查，以及对发现的会计违法行为实施行政处罚。财政部门是指国务院财政部门、省级以上人民政府财政部门派出机构和县级以上人民政府财政部门。

除财政部门外，审计、税务、人民银行、证券监管、保险监管等部门依照有关法律、行政法规规定的职责和权限，可以对有关单位的会计资料实施监督检查。

（二）财政部门会计监督的主要内容

财政部门会计监督的主要内容包括以下几点。
（1）是否依法设置会计账簿。
（2）会计凭证、会计账簿、财务会计报告和其他会计资料是否真实、完整。
（3）会计核算是否符合《会计法》和国家统一的会计制度的规定。
（4）从事会计工作的人员是否具备专业能力、遵守职业道德。

四、会计工作的社会监督

会计工作的社会监督主要是指由注册会计师及其所在的会计师事务所依法对受托单位的经济活动进行审计、鉴证的一种监督制度。

根据《会计法》的规定，有关法律、行政法规规定须经注册会计师进行审计的单位，应当向受委托的会计师事务所如实提供会计凭证、会计账簿、财务会计报告和其他会计资料以及有关情况。

读一读

审计报告

审计报告分为标准审计报告(无保留意见的审计报告)和非标准审计报告。

非标准审计报告是指标准审计报告以外的其他审计报告,包括带强调事项段的无保留意见的审计报告和非无保留意见的审计报告。非无保留意见的审计报告包括保留意见的审计报告、否定意见的审计报告和无法表示意见的审计报告。(表5-3)

表5-3 审计报告类型的确定

是否获取了充分、适当的审计证据以作为形成审计意见的基础	注册会计师认为未发现的错报(如存在)对财务报表可能产生的影响	应当发表的审计意见类型
已经获取	重大且具有广泛性	否定意见
已经获取	重大但不具有广泛性	保留意见
无法获取	重大且具有广泛性	无法表示意见
无法获取	重大但不具有广泛性	保留意见

项目实施

本项目“案例导入”中,① 根据《会计法》的规定,单位负责人负责单位内部的会计工作管理,应当对本单位的会计工作和会计资料的真实性、完整性负责,不得授意、指使、强令会计人员违法办理会计事务。② 在该案例中,企业原负责人刘海强作为单位负责人,应该对该单位的会计工作负责,其指使手下会计人员采取设立两套账簿以及凭证的方法偷逃应纳增值税,且数额巨大,属于严重违法行为,理应受到法律的严惩。

项目四 练习

一、单选题

1. 根据会计法律制度的规定,下列行为中,属于会计工作政府监督的是( )。
   A. 个人检举会计违法行为
   B. 会计师事务所对单位经济活动进行审计
   C. 单位内部审计机构审核本单位会计账簿
   D. 财政部门对各单位的会计工作进行监督检查

2. 根据会计法律制度的规定,对甲公司实施的下列会计监督中,属于社会监督的是( )。
   A. 财政局对甲公司开展年度会计信息质量检查
   B. 会计师事务所对甲公司进行年度财务会计报告审计
   C. 甲公司的审计部门对本公司会计账簿进行监督检查
   D. 税务局对甲公司开展企业所得税专项税务稽查

3. 根据会计法律制度的规定,对M市甲公司实施的下列会计监督中,属于社会监督的是( )。
   A. 市财政局对甲公司开展会计信息质量检查
   B. 甲公司的审计部门审核本公司会计账簿
   C. 市税务局对甲公司开展增值税专项税务检查
   D. 乙会计师事务所接受委托,审计甲公司的年度财务会计报告

二、多选题

1. 根据会计法律制度的规定,下列各项中,属于甲公司内部会计监督主体的有( )。
   A. 甲公司债权人 B. 甲公司纪检部门 C. 甲公司会计机构 D. 甲公司会计人员

2. 根据会计法律制度的规定,下列各项中,属于企业内部控制措施的有( )。
   A. 运营分析控制 B. 财产保护控制 C. 授权审批控制 D. 绩效考评控制

3. 根据会计法律制度的规定,下列部门中,可以对会计工作实施政府监督的有( )。
   A. 县级人民政府财政部门 B. 省级人民政府财政部门
   C. 省级人民政府财政部门派出机构 D. 国务院财政部门

三、判断题

1. 单位内部会计监督的对象是本单位的经济活动。 ( )
2. 县级以上地方各级人民政府财政部门管理本行政区域内的会计工作。 ( )
3. 会计师事务所对甲公司进行年度财务会计报告审计属于政府监督。 ( )

项目五　会计法律责任

案例导入

新城法院对大鹏股份有限公司(上市公司)涉嫌提供虚假财务会计报告案进行了公开审理。2017 年 6 月至 2022 年 12 月,被告大鹏股份有限公司在项目投资及利润指标均未达到上市公司配股条件的情况下,虚增利润 5 600 余万元,误导投资者,募集资金 39 000 余万元。同时,该公司采取虚列在建工程、长期股权投资等形式套取 17 亿元,并违规投入股市进行炒股。对此,该公司未在相应年度财务报告中如实披露,严重损害了股东和普通股民的利益。

请问:① 该公司违反了什么规定? ② 该公司应受什么样的处罚?

知识储备

一、违反国家统一的会计制度行为的法律责任

违反《会计法》规定,有下列行为之一的,由县级以上人民政府财政部门责令限期改正,可以对单位并处 3 000 元以上 5 万元以下的罚款;对其直接负责的主管人员和其他直接责任人员,可以处 2 000 元以上 2 万元以下的罚款;属于国家工作人员的,还应当由其所在单位或者有关单位依法给予行政处分;构成犯罪的,依法追究刑事责任。

(1) 不依法设置会计账簿的。

(2) 私设会计账簿的。

(3) 未按照规定填制、取得原始凭证或者填制、取得的原始凭证不符合规定的。

(4) 以未经审核的会计凭证为依据登记会计账簿或者登记会计账簿不符合规定的。

(5) 随意变更会计处理方法的。

(6) 向不同的会计资料使用者提供的财务会计报告编制依据不一致的。

(7) 未按照规定使用会计记录文字或者记账本位币的。

(8) 未按照规定保管会计资料,致使会计资料毁损、灭失的。

(9) 未按照规定建立并实施单位内部会计监督制度,或者拒绝依法实施的监督,或者没有如实提供有关会计资料及有关情况的。

(10) 任用会计人员不符合《会计法》规定的。

会计人员有上述行为之一,情节严重的,5 年内不得从事会计工作。

二、伪造、变造会计资料以及编制虚假财务会计报告的法律责任

伪造、变造会计凭证、会计账簿,编制虚假财务会计报告,构成犯罪的,依法追究刑事责任。尚不构成犯罪的,由县级以上人民政府财政部门予以通报,可以对单位并处 5 000 元以上 10 万元以下的罚款;对其直接负责的主管人员和其他直接责任人员,可以处 3 000 元以上 5 万元以下的罚款;属于国家工作人员的,还应当由其所在单位或者有关单位依法给予撤职直至开除的行政处分;其中的会计人员,5 年内不得从事会计工作。

三、隐匿或者故意销毁会计资料的法律责任

(一)构成犯罪的,依法追究刑事责任

隐匿或者故意销毁依法应当保存的会计凭证、会计账簿、财务会计报告,情节严重的,处 5 年以下有期徒刑或者拘役,并处或者单处 2 万元以上 20 万元以下罚金。单位犯该罪的,对单位判处罚金,并对其直接负责的主管人员和其他直接责任人员,依照上述规定处罚。

(二)尚不构成犯罪的处理

(1) 由县级以上人民政府财政部门予以通报,可以对单位并处 5 000 元以上 10 万元以下的罚款。

(2) 对其直接负责的主管人员和其他直接责任人员,可以处 3 000 元以上 5 万元以下的罚款。

(3) 属于国家工作人员的,还应当由其所在单位或者有关单位依法给予撤职直至开除的行政处分。

(4) 其中的会计人员,5 年内不得从事会计工作。

四、授意、指使、强令会计机构及人员从事会计违法行为的法律责任

授意、指使、强令会计机构、会计人员及其他人员伪造、变造会计凭证、会计账簿,编制虚假财务会计报告或者隐匿、故意销毁依法应当保存的会计凭证、会计账簿、财务会计报告,构成犯罪的,依法追究刑事责任。尚不构成犯罪的,可以处 5 000 元以上 5 万元以下的罚款;属于国家工作人员的,还应当由其所在单位或者有关单位依法给予降级、撤职、开除的行政处分。

五、单位负责人打击报复会计人员的法律责任

单位负责人对依法履行职责、抵制违反《会计法》规定行为的会计人员以降级、撤职、调离工作岗位、解聘或者开除等方式实行打击报复,构成犯罪的,依法追究刑事责任。尚不构成犯罪的,由其所在单位或者有关单位依法给予行政处分。对受打击报复的会计人员,应当恢复其名誉和原有职务、级别。

《中华人民共和国刑法》第二百五十五条规定，公司、企业、事业单位、机关、团体的领导人，对依法履行职责、抵制违反《会计法》规定行为的会计人员实行打击报复，情节恶劣的，处 3 年以下有期徒刑或者拘役。

5-5-1 想一想

云光公司是一家食品公司。2022 年 12 月，为完成利润指标，公司的会计机构负责人赵天采取虚增收入等方法，调整了财务会计报告（尚不构成犯罪），并经法定代表人李鸣同意，向星海公司提供了未经审计的财务会计报告。

请思考：会计机构负责人赵天采取虚增营业收入等方法调整财务会计报告的行为性质及法律后果是什么？

5-5-1　想一想答案

项目实施

本项目“案例导入”中，① 根据《会计法》规定，企业必须如实提供财务会计报告，包括不得隐瞒重大事项和不得伪造财务会计报告。在该案例中，该股份有限公司采取虚增利润的手法达到上市募集资金的目的，属于伪造财务会计报告的行为；而对投入巨资炒股没有如实披露属于隐瞒重大财务行为。② 以上均属违法行为，且数额巨大。根据《会计法》及有关规定，该公司及主要责任人员除将要面对罚款、处分等处罚外，还将面对刑事处罚。

项目五　练习

一、单选题

1. 伪造、变造会计凭证、会计账簿,尚不构成犯罪的,会计人员(　　)内不得从事会计工作。

A. 5 年　　B. 10 年　　C. 15 年　　D. 20 年

2. 根据会计法律制度的规定,下列情形中,不属于会计违法行为的是(　　)。

A. 私设会计账簿　　B. 未按照规定使用会计记录文字

C. 随意变更会计处理方法　　D. 拒绝接受金额错误的原始凭证

3. 根据会计法律制度的规定,对于尚不构成犯罪的伪造、变造会计凭证行为,需要承担的行政罚款,下列说法正确的是(　　)。

A. 对单位罚款 3 000 元以上 50 000 元以下

B. 对个人罚款 3 000 元以上 50 000 元以下

C. 对单位罚款 5 000 元以上 50 000 元以下

D. 对个人罚款 5 000 元以上 100 000 元以下

二、判断题

1. 因故意销毁会计凭证被依法追究刑事责任的会计人员,不得再从事会计工作。(　　)

2. 公司、企业、事业单位、机关、团体的领导人,对依法履行职责、抵制违反《会计法》行为的会计人员实行打击报复,情节恶劣的,处 3 年以下有期徒刑或者拘役。(　　)

单元六

票据与支付结算法律制度

学习目标

1. 了解支付结算工具、原则与基本要求。
2. 掌握银行结算账户开立、变更、撤销与使用的规定。
3. 掌握各类票据具体使用规定，掌握票据行为与票据权利。
4. 理解非银行结算方式具体使用规定。
5. 能够依据企业业务，正确办理各类票据的结算。
6. 树立支付结算中的契约精神，培养严谨细致的工作态度。

学习框架

票据与支付结算法律制度

- 项目一　支付结算概述
  - 一、支付结算的概念与支付结算服务组织
  - 二、支付结算的工具
  - 三、支付结算的基本要求
  - 四、银行结算账户概述
  - 五、各类银行结算账户的开立和使用
- 项目二　票据法律制度
  - 一、票据的概念和种类
  - 二、票据当事人
  - 三、票据行为
  - 四、票据权利
  - 五、银行汇票
  - 六、银行本票
  - 七、商业汇票
  - 八、支票
- 项目三　非票据结算方式
  - 一、汇兑
  - 二、委托收款
  - 三、银行卡
  - 四、电子支付
  - 五、预付卡

思政元素

- 项目一：契约精神　法治思维　法治文化
- 项目二：职业精神　爱岗敬业　严谨细致
- 项目三：客观公正　实事求是　尊法守法

项目一　支付结算概述

案例导入

H 市 A 银行的开户单位星美股份的财务印鉴因不慎有所破损，公司仿照原印鉴重新刻制一枚新的财务印鉴。2023 年 8 月 11 日，H 市 A 银行的开户单位星美股份签发支票一张，向同在 A 银行开户的伟业股份支付货款 5 000 元，并加盖新刻的财务印鉴。A 银行受理后，星美公司却收到了 A 银行金额为 1 000 元的罚款回单，并退回原支票。

请思考：① 该案例中 A 银行对星美股份罚款的原因是什么？② 星美股份应如何正确操作？

知识储备

一、支付结算的概念与支付结算服务组织

（一）概念

支付结算是指单位、个人在社会经济活动中使用票据、银行卡和汇兑、委托收款、托收承付以及电子支付等结算方式进行货币给付及其资金清算的行为，其主要功能是完成资金从一方当事人向另一方当事人的转移。

（二）支付结算服务组织

日常生活中常见的支付结算服务组织及分类情况见表 6-1。

表 6-1　支付结算服务组织及分类情况

分类	职能
中央银行（中国人民银行）	建设运行支付清算系统，向银行、特许清算机构、支付机构提供账户、清算等服务
银行业金融机构（银行）	面向广大单位和个人提供账户、支付工具、结算等服务
特许清算机构	向其成员机构提供银行卡、电子商业汇票等特定领域的清算服务
非金融支付机构（支付机构）	为个人和中小微企业提供网络支付、银行卡收单和多用途预付卡发行与受理等支付服务

二、支付结算的工具

（一）“三票一卡”

汇票、本票、支票、银行卡。

（二）结算方式

汇兑（大额常用）、托收承付、委托收款、电子支付（网上银行、条码支付、网络支付等）。

三、支付结算的基本要求

（一）支付结算的原则

（1）恪守信用，履约付款。
（2）谁的钱进谁的账、由谁支配。
（3）银行不垫款。

（二）支付结算的要求

1. 凭证使用

单位、个人和银行办理支付结算，必须使用按中国人民银行统一规定印制的票据凭证和结算凭证。

小提示

不是必须使用“中国人民银行印制”的票据、结算凭证，而是必须“按中国人民银行统一规定印制”。

2. 票据和结算凭证上的填写、更改、签章规范

（1）票据填写具体规定见表 6-2。

表 6-2 票据填写具体规定

填列项目	具体规定
收款人名称	全称或者规范化简称。规范化简称应当具有排他性，与全称在实质上具有同一性，例如："中国银行保险监督管理委员会"的规范化简称为"银保监会"
金额	以中文大写和阿拉伯数码同时记载，二者必须一致；如不一致，票据无效，银行不予受理
出票日期	① 票据的出票日期必须使用中文大写； ② 在填写月、日时，月为"壹""贰"和"壹拾"的，日为"壹"至"玖"和"壹拾""贰拾""叁拾"的，应在其前加"零"；日为"拾壹"至"拾玖"的，应在其前加"壹"，例如：1 月 20 日，应写成"零壹月零贰拾日"

6-1-1 想一想

① 为何票据日期必须大写？

② 只大写票据日期还不够，为了防止变造，出纳人员还应该如何处理？

③ 例如：10 月 20 日，如果没加零，写成“壹拾月贰拾日”会有什么后果？我可以在壹拾后面加个贰、在贰拾后面加个陆，日期是不是就变成 12 月 26 日了？

6-1-1 **想一想答案**

6-1-2 练一练

【单选题】某票据的出票日期为 2019 年 2 月 10 日，其规范写法是（　　）。

A. 贰零壹玖年贰月壹拾日　　B. 贰零壹玖年贰月零壹拾日

C. 贰零壹玖年零贰月壹拾日　　D. 贰零壹玖年零贰月零壹拾日

6-1-2 **练一练答案**

（2）签章规范。

① 票据和结算凭证上的签章，为签名、盖章或者签名加盖章。

② 单位、银行签章，为该单位、银行的盖章加其法定代表人或其授权的代理人的签名或盖章。

③ 个人签章，为本人的签名或盖章。

（3）票据更改具体规定见表 6-3。

表 6-3 票据更改具体规定

是否可更改	填列项目	具体规定
不能改	出票金额、出票日期、收款人名称	更改的票据无效；更改的结算凭证，银行不予受理（与金额未按规定填列时处理方式相同）
能改	其他记载事项	原记载人可以更改，且更改时应当由原记载人在更改处签章证明

3. 不得伪造、变造

（1）伪造：无权限人假冒他人或者虚构他人名义签章的行为。例如：伪造出票签章、背书签章、承兑签章和保证签章等。

（2）变造：无权更改票据内容的人，对票据上签章以外的记载事项加以改变的行为。

（3）伪造、变造票据属于欺诈行为，构成犯罪的，应追究其刑事责任。

6-1-3 练一练

【多选题】根据支付结算法律制度的规定，下列关于办理支付结算基本要求的表述中，正确的有（　　）。

A. 票据上的签章为签名、盖章或者签名加盖章

B. 结算凭证的金额以中文大写和阿拉伯数码同时记载，二者必须一致

C. 票据上的出票金额、收款人名称不得更改

D. 票据的出票日期可以使用阿拉伯数码记载

6-1-3 **练一练答案**

四、银行结算账户概述

（一）概念

银行结算账户是指银行为存款人开立的办理资金收付结算的活期存款账户。

☞ 小提示

银行结算账户一定是活期存款账户，定期存款账户无法“堪此重任”。

（二）种类及具体规定

银行结算账户的种类及具体规定见表 6-4。

表 6-4 银行结算账户的种类及具体规定

<table>
<tr><th>按存款人分类</th><th colspan="2">具体规定</th></tr>
<tr><td rowspan="2">单位银行结算账户</td><td>概念</td><td>以单位名称开立的银行结算账户</td></tr>
<tr><td>子分类</td><td>① 一般单位：基本存款账户、一般存款账户、专用存款账户、临时存款账户；
② 实行财政国库集中支付的预算单位：预算单位零余额账户</td></tr>
<tr><td>个人银行结算账户</td><td colspan="2">以自然人名称开立的银行结算账户，包括Ⅰ类、Ⅱ类、Ⅲ类银行账户</td></tr>
</table>

（三）银行结算账户的管理

1. 实名制管理

存款人应以实名开立银行结算账户，不得出租、出借银行结算账户，不得利用银行结算账户套取银行信用或进行洗钱活动。

2. 银行结算账户资金的管理

（1）单位、个人和银行应当依法开立、使用账户。

（2）在银行开立存款账户的单位和个人办理支付结算，账户内须有足够的资金保证支付。

（3）银行依法为单位、个人在银行开立的存款账户内的存款保密，维护其资金的自主支配权。

（4）除国家法律、行政法规另有规定外，银行不得为任何单位或者个人查询账户情况，不得为任何单位或者个人冻结、扣划款项，不得停止单位、个人存款的正常支付。

（四）银行结算账户的开立

申请人填制开立银行结算账户申请书，提供相关证明文件，并加盖相应签章。

（1）申请开公司户：加盖单位公章和法定代表人（单位负责人）或其授权代理人的签章。

（2）申请开个人户：加盖其个人签章。

☞ 小提示

存款人应在注册地或住所地开立银行结算账户。符合异地（跨省、市、县）开户条件的，也可以在异地开立银行结算账户。

（五）开户核准与备案

1. 核准与备案

开户核准与备案的账户类型见表6-5。

表6-5　开户核准与备案的账户类型

分类	账户类型	机关
核准	① 除企业之外其他单位的基本存款账户； ② 临时存款账户（因注册验资和增资验资开立的除外）； ③ 预算单位专用存款账户； ④ 合格境外机构投资者在境内从事证券投资开立的人民币特殊账户和人民币结算资金账户	开户银行
备案	除上述核准规定外，企业开立基本存款账户、临时存款账户、一般存款账户、其他专用存款账户等；个人开立个人银行结算账户均无须核准	中国人民银行

2. 备案制的操作流程

（1）银行向中国人民银行当地分支机构备案，无须颁发开户许可证。

（2）银行完成基本存款账户信息备案后，账户管理系统生成基本存款账户编号。

（3）备案类结算账户的变更和撤销应通过账户管理系统向中国人民银行当地分支机构报备。

（六）开户行核实意愿

企业申请开立基本存款账户的，银行应当向企业法定代表人或单位负责人核实企业开户意愿，并留存相关工作记录。核实开户意愿，可采取面对面、视频等方式，具体方式由银行根据客户风险程度选择。

☞ 小提示

不一定要当面核实，而是根据风险程度选择相应方式。

（七）签订账户管理协议

（1）开户应签订银行结算账户管理协议。

（2）对“高风险”的特殊规定。

对存在法定代表人或者单位负责人对单位经营规模及业务背景等情况不清楚、注册地和经营地均在异地等情况的单位，银行应当与其法定代表人或者单位负责人面签银行结算账户管理协议，并留存视频、音频资料等；开户初期原则上不开通非柜面业务，待后续了解后再审慎开通。

(3) 开通非柜面转账业务时，双方应签订协议，并约定非柜面渠道向非同名银行账户和支付账户转账的日累计限额、笔数和年累计限额等，超出限额和笔数的，应到银行柜面办理。

(八) 预留签章

不同存款人类型及其预留签章要求见表6-6。

表6-6　不同存款人类型及其预留签章要求

存款人类型	预留签章要求
单位	① 单位的公章或财务专用章； ② 法定代表人(单位负责人)或其授权的代理人的签名或者盖章
个人	该个人的签名或者盖章

1. 一致性要求

存款人在申请开立单位银行结算账户时，其申请开立的银行结算账户的账户名称、出具的开户证明文件上记载的存款人名称以及预留银行签章(公章或财务专用章)中的名称应保持一致。

小提示

没有字号的个体工商户开立的银行结算账户，其预留签章中公章或财务专用章应是“个体户”字样加营业执照上载明的经营者的签字或盖章。

2. 留档要求

银行应建立存款人预留签章卡片，并将签章式样和有关证明文件的原件或复印件留存归档。

(九) 开立之日与业务办理

(1) 开立单位银行结算账户，自正式开立之日起3个工作日后可使用该账户办理付款业务。

(2) 企业开立银行结算账户，自开立之日即可办理收付款业务。

(十) 银行结算账户的变更

(1) 存款人变更账户名称、单位的法定代表人或主要负责人、地址等其他开户证明文件后，应及时向开户银行办理变更手续。

(2) 银行发现企业名称、法定代表人或者单位负责人发生变更的，应当及时通知企业办理变更手续；企业自通知送达之日起在合理期限内仍未办理变更手续，且未提出合理理由的，银行有权采取措施适当控制账户交易。

（3）企业营业执照、法定代表人或者单位负责人有效身份证件列明有效期限的，银行应当于到期日前提示企业及时更新，有效期到期后，在合理期限内企业仍未更新，且未提出合理理由的，银行应当按规定中止其办理业务。

（4）变更时限为5个工作日。

存款人名称变更（不改变开户银行及账号的）、单位的法定代表人或主要负责人变更、住址以及其他开户资料变更的，应于5个工作日内提出变更申请并提供证明。

（5）银行预留签章的变更。

① 单位存款人申请更换预留公章或财务专用章、个人签章，可由法定代表人或单位负责人直接办理，也可授权他人办理。

② 单位遗失预留公章或财务专用章的，应向开户银行出具书面申请、开户许可证、营业执照等相关证明文件；更换预留公章或财务专用章时，应向开户银行出具书面申请、原预留公章或财务专用章等相关证明文件。

（十一）银行结算账户的撤销

1. 应当申请撤销银行账户的情形

（1）被撤并、解散、宣告破产或关闭的。

（2）注销、被吊销营业执照的。

（3）因迁址需要变更开户银行的。

（4）其他原因需要撤销银行结算账户的。

2. 银行办理撤销银行账户的手续

存款人必须与开户银行核对银行结算账户余额，交回各种重要空白票据及结算凭证和开户许可证（不含取消企业银行账户许可之后无开户许可证的企业），银行核对无误后方可销户。

存款人尚未清偿其开户银行债务的，不得申请撤销该银行结算账户。

3. 撤销顺序及程序

（1）撤销银行结算账户时，应先撤销一般存款账户、专用存款账户、临时存款账户，将账户资金转入基本存款账户后，方可办理基本存款账户的撤销。

（2）对于符合销户条件的，应在2个工作日内办理撤销手续。

五、各类银行结算账户的开立和使用

（一）单位银行结算账户

单位银行结算账户分为以下两种类型。

1. 基本户、一般户、临时户

表 6-7 基本户、一般户、临时户的用途、数量及时间规定、开立单位要求及使用规定

账户类型	用途	数量及时间规定	开立单位要求	使用规定
基本户	主办账户，办理日常转账结算和现金收付	一个单位只能立一个	① 团级（含）以上； ② 异地常设； ③ 单位设立的独立核算的附属机构； ④ 境外机构	可办理如下业务： ① 日常经营活动的资金收付； ② 工资、奖金和现金的支取
一般户	因借款或其他结算需要，在基本存款账户开户银行以外的银行营业机构开立的银行结算账户	无	已开立基本户	可办理如下业务： ① 借款转存、借款归还和其他结算的资金收付； ② 可以办理现金缴存，但不得办理现金支取
临时户	因临时需要，在规定期限内使用而开立	最长不得超过2年	① 设立临时机构； ② 有异地临时经营活动； ③ 注册验资、增资； ④ 军队、武警单位承担基本建设或者异地执行作战、演习、抢险救灾、应对突发事件	可办理如下业务： ① 支取现金，应按照国家现金管理的规定办理； ② 注册验资的临时存款账户在验资期间只收不付

6-1-4 练一练

【单选题】下列首次申请开立单位银行结算账户的存款人中，不应开立基本存款账户的是（　　）。

A. 丙学校　　　　B. 甲电影公司临时摄制组

C. 丁居民委员会　　　　D. 乙公司

6-1-4 练一练答案

2. 专用户

（1）专用户，即专用存款账户，其开立目的是对特定用途资金进行专项管理和使用。

（2）开立专用存款账户，必须已开立基本存款账户，并提供相关证明文件。

（3）专用户的用途分类及使用限制见表 6-8。

表 6-8 专用户的用途分类及使用限制

用途分类	使用限制
证券交易结算资金、期货交易保证金、信托基金	不得支取现金
政策性房地产开发资金、基本建设资金、更新改造资金	需要支取现金的，应在开户时报中国人民银行当地分支机构批准

续表

用途分类	使用限制
粮、棉、油收购资金	支取现金应按照国家现金管理的规定办理
住房基金、社会保障基金	
党、团、工会组织机构经费	
收入汇缴资金和业务支出资金	① 收入汇缴账户:除向其基本存款账户或预算外资金财政专用存款户划缴款项外,只收不付,不得支取现金; ② 业务支出账户:除从其基本存款账户拨入款项外,只付不收,现金支取须按规定办理

3. 预算单位零余额账户

(1) 概念:预算单位零余额账户是指预算单位经财政部门批准,在规定的代理银行开立的、用于办理国库集中收付业务的银行结算账户。

(2) 性质:该账户为基本存款账户或专用存款账户。

① 预算单位未开立基本存款账户,或原基本存款账户在国库集中支付改革后已经按财政部门要求撤销的,经同级财政部门批准,预算单位零余额账户作为基本存款账户。

② 除上述情况外,预算单位零余额账户作为专用存款账户。

(3) 数量:一个基层预算单位开设一个零余额账户。

(4) 使用规定。

① 用于财政授权支付。

② 可以办理转账、提取现金等结算业务。

③ 可以向本单位按账户管理规定保留的相应账户划拨工会经费、住房公积金及提租补贴,以及财政部门批准的特殊款项。

④ 不得违反规定向本单位其他账户和上级主管单位及所属下级单位账户划拨资金。

(二) 个人银行结算账户

1. 分类及可办理的业务

个人银行结算账户分为Ⅰ类银行账户、Ⅱ类银行账户和Ⅲ类银行账户。这几类银行结算账户的使用规定见表6-9。

表6-9 个人银行结算账户的分类及使用规定

业务		Ⅰ类	Ⅱ类	Ⅲ类
转账业务	转出	√	限额	限额
	转入	√	限额+面对面身份确认	限额+面对面身份确认
消费、缴费		√	限额	限额
购买投资理财		√	√	×
贷款和偿还贷款		√	√	×
配发实体卡		√	√	×

续表

业务		Ⅰ类	Ⅱ类	Ⅲ类
现金业务	存款	√	限额+面对面身份确认	×
	取现	√		×
交易限额		无限额	日累计≤1 万元 年累计≤20 万元	任一时点账户余额≤2 000 元

2. 开户

（1）个人银行结算账户的开户渠道见表 6-10。

表 6-10　个人银行结算账户的开户渠道

开户渠道		Ⅰ类	Ⅱ类	Ⅲ类
柜面（人工）现场开户		√	√	√
自助机具开户	现场核验	√	√	√
	未经现场核验	×	√	√
电子渠道开户		×	√	√

（2）由他人代理办理开户。

一般应由开户申请人本人亲自办理；符合条件的，可以由他人代理办理。

① 他人代理：由他人代理开户的，应出具代理人、被代理人的有效身份证件以及合法的委托书等，有必要的还应要求出具代理关系公证书。

② 单位代理：开立代发工资、教育、社保、公共管理等特殊用途个人银行账户时，可由所在单位代理办理。

③ 法定代理：无民事行为能力或限制民事行为能力的开户申请人，由法定代理人或者指定的人员代理办理。

（3）个人银行结算账户的开户证明文件见表 6-11。

表 6-11　个人银行结算账户的开户证明文件

分类	有效身份证件	辅助身份证明材料
境内已登记常住户口的中国公民	居民身份证（不满 16 周岁，可以使用身份证或户口簿）	户口簿、护照、机动车驾驶证、居住证、社会保障卡、军人和武装警察身份证件、公安机关出具的户籍证明、工作证
香港、澳门特别行政区居民	港澳居民来往内地通行证、港澳居民居住证	香港、澳门特别行政区居民身份证
台湾地区居民	台湾居民来往大陆通行证、台湾居民居住证	在台湾居住的有效身份证明
国外的中国公民	中国护照	定居国外的证明文件
外国公民	护照、外国人永久居留证	外国居民身份证、使领馆人员身份证件或者机动车驾驶证等其他带有照片的身份证件

提示：军人、武装警察尚未领取居民身份证的，除出具军人和武装警察身份证件外，还应出具军人保障卡或所在单位开具的尚未领取居民身份证的证明材料。

3. 账户使用

（1）一切个人合法所得均可转入。

（2）单位户转至个人户的特殊规定。

① 大额（单笔>5 万元）转账，付款单位若在付款用途栏或备注栏注明事由，可不再另行出具付款依据。

② 款项应纳税的，税收代扣单位付款时应向其开户银行提供完税证明。

（3）个人持出票人为单位的支票向开户银行委托收款，要求银行将款项转入其个人账户的，应提供收款依据。

（4）可疑交易种类与处理方式。

① 可疑交易的种类。

a. 账户资金集中转入，分散转出，跨区域交易；

b. 账户资金快进快出，不留余额或者留下一定比例余额后转出，过渡性质明显；

c. 拆分交易，故意规避交易限额；

d. 账户资金金额较大，对外收付金额与单位经营规模、经营活动明显不符；

e. 其他可疑情形。

② 可疑交易的处理方式。

银行应关闭单位银行结算账户的网上银行转账功能，要求存款人到银行网点柜台办理转账业务，并出具书面付款依据或相关证明文件。如存款人未提供相关依据或相关依据不符合规定的，银行应拒绝办理转账业务。

（三）异地银行结算账户

存款人应在注册地或住所地开立银行结算账户。符合异地（跨省、市、县）开户条件的，也可以在异地开立银行结算账户。

项目实施

本项目“案例导入”中，A 银行对星美股份罚款的原因是：印鉴不符。因为每个独立核算的单位在商业银行开立存款账户时，都必须在银行预留财务印鉴的印章，在每次委托开户银行向外转出款项或支取现金时都必须在付款凭证上加盖预留银行的财务印鉴印章。这种操作是为了证明签发付款凭证的单位为银行存款的所有人，是委托商业银行对外支付的一种授意。预留银行印鉴的作用与个人存款的支付密码的作用是相同的。如果在支票上加盖的财务印鉴与预留银行的财务印鉴不符，银行将会对支票出票人处以票面金额 5%但不低于 1 000 元的罚款。

项目一 练习

一、单选题

1. 2022年9月申请开立银行结算账户的下列情形中，需要中国人民银行核准的是(　　)。

A. 甲公司申请开立基本存款账户　B. 乙学校申请开立一般存款账户

C. 丙预算单位申请开立专用存款账户　D. 丁公司申请开立临时存款账户

2. 根据支付结算法律制度的规定，对于应撤销而未办理销户手续的单位银行结算账户，银行通知该账户的存款人在法定期限内办理销户手续，逾期视同自愿销户。该期限是(　　)。

A. 自银行发出通知之日起10日内　B. 自银行发出通知之日起5日内

C. 自银行发出通知之日起30日内　D. 自银行发出通知之日起2日内

3. 根据支付结算法律制度的规定，下列业务中，一般存款账户不得办理的是(　　)。

A. 现金缴存　B. 借款归还　C. 现金支取　D. 借款转存

4. 根据支付结算法律制度的规定，下列各项中，属于存款人在开立一般存款账户之前必须开立的账户是(　　)。

A. 基本存款账户　B. 异地存款账户

C. 专用存款账户　D. 临时存款账户

二、多选题

1. 根据支付结算法律制度的规定，下列单位银行结算账户中，属于按用途分类的有(　　)。

A. 一般存款账户　B. 预算单位零余额账户

C. 专用存款账户　D. 基本存款账户

2. 根据支付结算法律制度的规定，下列资金中，可以转入个人银行结算账户的有(　　)。

A. 个人合法的劳务报酬　B. 个人合法的投资回报

C. 工资性款项　D. 单位的款项

三、判断题

1. 银行结算账户分为活期存款账户和定期存款账户两类。(　　)

2. 企业银行结算账户自开立之日即可办理收付款业务。(　　)

3. 没有字号的个体工商户开立银行结算账户，其预留银行签章中的公章或财务专用章应是“个体户”字样加营业执照上载明的经营者的签字或盖章。(　　)

4. 存款人未清偿其开户银行债务的，也可以撤销该银行结算账户。(　　)

项目二　票据法律制度

案例导入

2023 年 9 月，甲公司签发一张银行承兑汇票给乙公司，丙公司通过欺诈取得该汇票。此时，丙公司虽取得该汇票，但属于恶意持票人，不享有票据权利。

请思考：① 若丙公司将该汇票背书转让给丁公司，丁公司不知情并支付了相应对价，丁公司是否享受票据权利？② 若丁公司知情，是否享受票据权利？③ 若丙公司将票据赠送给丁公司，丁公司是否享受票据权利？

知识储备

一、票据的概念和种类

（一）概念

票据是指由出票人签发的、约定自己或者委托付款人在见票时或指定的日期向收款人或持票人无条件支付一定金额的有价证券。

（二）种类

《中华人民共和国票据法》（以下简称《票据法》）规定的票据包括汇票、支票、本票（表 6-12）。

表 6-12　《票据法》规定的票据种类

票据类型	具体分类	
汇票	银行汇票	
	商业汇票	商业承兑汇票
		银行承兑汇票
支票	现金支票	
	转账支票	
	普通支票	
本票	银行本票	

读一读

《票据法》是1995年5月10日由第八届全国人民代表大会常务委员会第十三次会议通过的法律，1996年1月1日开始实施，并在2004年8月28日由第十届全国人民代表大会常务委员会第十一次会议进行了修正。

二、票据当事人

票据当事人是指在票据法律关系中享有票据权利、承担票据义务的主体，分为基本当事人和非基本当事人。

（一）基本当事人

票据基本当事人是指在票据作成和交付时就已经存在的当事人，包括出票人、收款人、付款人。

汇票和支票的基本当事人有出票人、收款人与付款人；本票的基本当事人有出票人与收款人。

各类票据的基本当事人见表6-13。

表6-13　各类票据的基本当事人

票据类型		出票人	付款人
银行本票		银行	银行
银行汇票		银行	银行
商业汇票	商业承兑汇票	企业	承兑的企业
	银行承兑汇票	企业	承兑的银行
支票		企业和个人	银行（出票人的开户行）

注：各类票据中，出票时应收取票据款的一方即为收款人，即“收钱的人”。

（二）非基本当事人

非基本当事人是指在票据作成并交付后，通过一定的票据行为加入票据关系而享有一定权利、承担一定义务的当事人，包括承兑人、背书人、被背书人、保证人。

各类票据的非基本当事人见表6-14。

表6-14　各类票据的非基本当事人

类别		具体角色
非基本当事人	承兑人	接受汇票出票人的付款委托，同意承担支付票款义务的人
	背书人	在转让票据时，在票据背面或粘单上签字或盖章，并将该票据交付给受让人的票据收款人或持有人
	被背书人	被记名受让票据或接受票据转让的人
	保证人	为票据债务提供担保的人，由票据债务人以外的第三人担当

6-2-1 练一练

【单选题】根据支付结算法律制度的规定，下列关于票据付款人的表述中正确的是(　　)。

A. 支票的付款人是出票人

B. 商业承兑汇票的付款人是承兑人

C. 银行汇票的付款人是申请人

D. 银行承兑汇票的付款人是出票人

6-2-1　练一练答案

三、票据行为

票据行为包括出票、背书、承兑和保证。

☞ 小提示

票据行为只有上述4类，付款、提示付款以及丢失票据后的三种补救措施，都不属于票据行为。

（一）出票

1. 出票概述

(1) 出票包括两个行为：作成票据（即在原始票据上记载法定事项并签章）与交付。两者缺一不可。

(2) 出票人与付款人之间必须具有真实的委托付款关系，并且具有支付票据金额的可靠资金来源，不得签发无对价的票据用以骗取银行或者其他票据当事人的资金。

2. 出票记载事项

出票记载事项见表6-15。

表6-15　出票记载事项

事项	效力	举例
必须记载事项	不记载则票据行为无效	出票人签章、出票日期
相对记载事项	不记载按法律规定执行，不影响票据效力	出票地点
任意记载事项	记载即产生法律效力，不记载时不影响票据效力	“不得转让”字样
记载不产生《票据法》上的效力的事项	该记载事项不具有《票据法》上的效力，银行不负审查责任	用途

3. 出票人的责任

出票人签发票据后，即承担该票据承兑或付款的责任。出票人在票据得不到承兑或者付款时，应承担向持票人清偿的责任。

（二）背书

1. 概念

背书是指在票据背面（或粘单上）记载有关事项并签章的行为。

2. 种类

背书的种类及注意事项见表 6-16。

表 6-16　背书的种类及注意事项

种类		注意事项
转让背书		贴现属于转让背书
非转让背书	委托收款背书	被背书人不得再背书转让
	质押背书	—

3. 背书记载事项

背书记载事项见表 6-17。

表 6-17　背书记载事项

事项	具体内容	提示
必须记载事项	背书人签章	—
	被背书人名称（可授权补记）	授权补记：背书人未记载被背书人名称即将票据交付他人的，持票人在被背书人栏内记载自己的名称，具有法律效力
相对记载事项	背书日期	背书未记载日期的，视为在票据到期日前背书

4. 背书连续

（1）背书连续是指在票据转让中，转让票据的背书人与受让票据的被背书人在票据上的签章依次前后衔接，具体来说，第一背书人为票据收款人，最后持票人为最后背书的被背书人，中间的背书人为前手背书的被背书人。

（2）背书人以背书转让票据后，即承担保证其后手所持票据承兑和付款的责任。

（3）以背书转让的票据，背书应当连续（持票人应当审查背书的连续性）。

5. 特殊类型的背书

（1）附条件背书：背书不得附条件，背书时附有条件的，所附条件不具有票据上的效力。

（2）部分背书：将票据金额的一部分转让的背书或者将票据金额分别转让给两人以上的背书，背书无效。

（3）禁转背书：禁转背书的类型见表 6-18。

表 6-18　禁转背书的类型

记载“不得转让”的主体	效果
出票人	票据不得背书转让（丧失流通性）
背书人	其后手再背书转让的，原背书人对后手的被背书人不承担保证责任，其只对直接的被背书人承担责任

（4）期后背书：票据被拒绝承兑、被拒绝付款或者超过付款提示期限的，不得背书转让；背书转让的，背书人应当承担票据责任。

（三）承兑

1. 概念

承兑是指汇票付款人承诺在汇票到期日支付汇票金额并签章的行为，仅适用于商业汇票。

2. 承兑的效力

（1）承兑汇票后，承兑人应当承担到期付款的责任。

（2）承兑汇票不得附有条件；承兑附有条件的，视为拒绝承兑。

小提示

与背书附有条件进行区分，背书附有条件的，所附条件“不具票据上的效力”，即条件无效，背书有效。

3. 持票人——提示承兑

（1）持票人向付款人出示汇票，并要求付款人承诺付款的行为。

（2）提示承兑的时间要求见表6-19。

表6-19　提示承兑的时间要求

分类	要求
定日付款或者出票后定期付款的汇票	在汇票到期日前向付款人提示承兑
见票后定期付款的汇票	自出票日起1个月内向付款人提示承兑

（3）未按时提示承兑的后果：汇票未按照规定期限提示承兑的，持票人丧失对其前手的追索权，但不丧失对出票人的权利。

4. 付款人——受理承兑

（1）付款人对向其提示承兑的汇票，应当自收到提示承兑的汇票之日起3日内承兑或者拒绝承兑。

（2）汇票所记载承兑事项的具体要求见表6-20。

表6-20　汇票所记载承兑事项的具体要求

记载事项	具体内容及要求
必须记载事项	表明“承兑”的字样、承兑人签章
相对记载事项	承兑日期。汇票上未记载承兑日期的，应当以收到提示承兑的汇票之日起3日内的最后一日为承兑日期

6-2-2 想一想

承兑人（即付款人）的钱从哪里来？

6-2-2　想一想答案

(四)保证

保证是指票据债务人以外的人为担保特定债务人履行票据债务而在票据上记载有关事项并签章的行为。

1. 保证人

国家机关(有例外)、以公益为目的的事业单位、社会团体不得作为票据保证人。

2. 记载事项

保证记载事项的具体要求见表 6-21。

表 6-21 保证记载事项的具体要求

记载事项	具体内容及要求
必须记载事项	① 表明“保证”的字样; ② 保证人名称和住所、被保证人的名称、保证日期、保证人签章
相对记载事项	① 保证日期:未记载保证日期的,出票日期为保证日期; ② 被保证人名称:未记载被保证人名称的,已承兑的票据,承兑人为被保证人;未承兑的票据,出票人为被保证人

3. “附条件的保证”——不影响保证责任

保证不得附有条件,附有条件的,不影响对汇票的保证责任。

4. 保证的责任和权利

(1) 保证责任为连带责任。票据到期后得不到付款的,持票人有权向保证人请求付款,保证人应当足额付款。

(2) 保证人清偿票据债务后,可以行使持票人对被保证人及其前手的追索权。

6-2-3 练一练

【多选题】根据支付结算法律制度的规定,下列各项中,属于票据行为的有(　　)。

A. 出票　　B. 背书　　C. 承兑　　D. 付款

6-2-3 练一练答案

四、票据权利

(一)付款请求权

付款请求权是指持票人向汇票的承兑人、本票的出票人、支票的付款人出示票据,要求付款的权利。

> **小提示**
>
> 票据权利是指票据持票人向票据债务人请求支付票据金额的权利,包括:
>
> 第一顺位权利:付款请求权;
>
> 第二顺位权利:追索权。

1. 持票人的权利——提示付款

（1）不同票据的提示付款期限见表 6-22。

表 6-22 不同票据的提示付款期限

票据种类		提示付款期限
即期票据	支票	自出票日起 10 日
	银行汇票	自出票日起 1 个月
	银行本票	自出票日起最长不超过 2 个月
远期票据	商业汇票	自票据到期日起 10 日

（2）未按规定提示付款的后果。

未按规定提示付款，做出说明后，承兑人或者付款人以及出票人仍应当继续对持票人承担付款责任。

2. 付款人的责任——审查及付款

（1）付款人及其代理付款人付款时（即做“付款动作”时），应当审查票据背书的连续性，并审查提示付款人的合法身份证明或者有效证件。

（2）付款人依法足额付款后，全体票据债务人的责任解除。

（二）追索权

1. 基本概念

票据追索权是指票据当事人行使付款请求权（即票据的第一道权利）遭到拒绝或其他法定原因存在时，向其前手请求偿还票据金额及其他法定费用的权利。

2. 追索权适用的情形

追索权适用的情形见表 6-23。

表 6-23 追索权适用的情形

期限	适用情形
票据到期后	到期后被拒绝付款的，持票人对背书人、保证人、承兑人、出票人等行使追索权
票据到期前	到期日前，出现下列情形之一的，持票人可以行使追索权。 ① 汇票被拒绝承兑的； ② 承兑人或者付款人死亡、逃匿的、被依法宣告破产的或者因违法被责令终止业务活动的

3. 被追索人的确定（表 6-24）

（1）票据的出票人、背书人、承兑人和保证人对持票人承担连带责任。

（2）行使追索权可以不按照票据债务人的先后顺序，对其中任何一人、数人或者全体行使追索权。

（3）持票人对票据债务人中的一人或者数人已经进行追索的，对其他票据债务人仍可以行使追索权。

（4）代为清偿票据债务的保证人、背书人等也可以行使追索权；被追索人代为清偿债务后,其责任解除,与持票人享有同一权利,即可以继续向前手追索(再追索权)。

(5) 不可向全体前手追索的情形。被追索人的确定见表 6-24。

表 6-24 被追索人的确定

情形		追索对象
承兑附条件、拒绝承兑		除付款人外其他前手
背书人记载不得转让字样		除该背书人和该背书人的保证人外的其他前手
未按规定期限提示承兑		出票人
未按规定期限提示付款	支票、本票、银行汇票	出票人
	商业汇票	承兑人、出票人

4. 追索的内容

(1) 持票人可追索的金额。

① 被拒付的票据金额。

② 票据金额自到期日或者提示付款日起至清偿日止,按照中国人民银行规定的利率计算的利息。

③ 取得有关拒绝证明和发出通知书的费用。

(2) 被追索人代为清偿后,可继续追索的金额。

① 已清偿的全部金额。

② 前项金额自清偿日起至再追索清偿日止,按照中国人民银行规定的利率计算的利息。

③ 发出通知书的费用。

5. 行使追索权程序

行使追索权的程序见表 6-25。

表 6-25 行使追索权的程序

程序	具体规定
提供证明	① 持票人行使追索权,应当提供被拒绝承兑或者拒绝付款的有关证明; ② 如无法出示拒绝证明、退票理由书或者未按照规定期限提供其他合法证明的,则丧失对其前手的追索权;但是承兑人或者付款人仍应当对持票人承担责任
通知前手	① 持票人应当自收到被拒绝承兑或者被拒绝付款的有关证明之日起 3 日内,将被拒绝事由书面通知其前手; ② 其前手应当自收到通知之日起 3 日内书面通知其再前手; ③ 未按照规定期限通知的,持票人仍可以行使追索权;因延期通知给其前手或者出票人造成损失的,承担赔偿责任,赔偿的金额以汇票金额为限

(三) 票据权利的时效

(1) 票据权利在时效期间内不行使即引起票据权利丧失。

(2) 不同票据种类的权利时效期间见表 6-26。

表 6-26　不同票据种类的权利时效期间

<table>
<tr><th>票据种类</th><th>对出票人的权利</th><th>对承兑人的权利</th><th>对前手的追索权</th><th>对前手的再追索权</th></tr>
<tr><td>支票</td><td>自出票日起 6 个月</td><td rowspan="3">不适用</td><td rowspan="3">被拒绝付款日起 6 个月</td><td rowspan="4">自清偿日或被提起诉讼之日起 3 个月</td></tr>
<tr><td>银行汇票</td><td rowspan="2">自出票日起 2 年</td></tr>
<tr><td>银行本票</td></tr>
<tr><td>商业汇票</td><td>自票据到期日起 2 年</td><td>自票据到期日起 2 年</td><td>被拒绝承兑或被拒绝付款日起 6 个月</td></tr>
</table>

（四）取得票据权利的基本要求

（1）必须有真实的交易和债权债务关系。

（2）必须给付对价。

> ☞ **小提示**
>
> 因税收、继承、赠与等方式依法无偿取得票据的，不受给付对价的限制，但是所享有的票据权利不得优于其前手。

（3）不享有票据权利的情形。

① 以欺诈、偷盗或胁迫等手段取得票据的，或者明知有上述情形，出于恶意取得票据的。

② 持票人因重大过失取得不符合规定的票据的。

（五）票据丧失的预防措施

1. 挂失止付

挂失止付是指失票人将丧失票据的情况通知付款人或代理付款人，由接受通知的付款人或代理付款人审查后暂停支付的一种方式。

> ☞ **小提示**
>
> 挂失止付不是丢失后的必经措施，而是暂时的预防措施，最终要通过申请公示催告或普通诉讼来补救票据权利。

（1）可以挂失止付的票据种类。

只有在确定付款人或代理付款人的票据已经丧失时才可以进行挂失止付，具体票据种类如下。

① 已承兑的商业汇票。

② 支票。

③ 填明“现金”字样和代理付款人的银行汇票。

④ 填明“现金”字样的银行本票。

（2）挂失止付的程序。

① 申请：失票人填写挂失止付通知书并签章。

② 受理。

a. 付款人或者代理付款人收到挂失止付通知书后，应立即暂停支付。付款人或者代理付款人在收到挂失止付通知书之前，已经向持票人付款的，不再承担责任（恶意或者重大过失付款的除外）。

b. 付款人或者代理付款人自收到挂失止付通知书之日起 12 日内没有收到人民法院的止付通知书的，自第 13 日起，不再止付，持票人提示付款即依法付款。

③ 办理挂失止付后，在通知挂失止付后的 3 日内，向票据支付地人民法院申请公示催告（或者提起普通诉讼）。

☞ **小提示**

也可以不经过挂失止付直接申请公示催告或普通诉讼。

2. 公示催告

票据丧失后由失票人向人民法院提出申请，请求人民法院以公告方式通知不确定的利害关系人限期申报权利，逾期未申报者，权利失效，由法院通过除权判决宣告所丧失的票据无效的制度或程序。

（1）失票人申请公示催告的具体规定见表 6-27。

表 6-27　失票人申请公示催告的具体规定

事项	具体规定
什么时间申请	失票后直接申请，或者通知挂失止付后的 3 日内
谁申请	可以背书转让的票据的最后持票人
向谁申请	票据支付地人民法院

（2）人民法院受理公示催告。

① 法院决定受理公示催告申请，应当同时通知付款人及代理付款人停止支付，并自立案之日起 3 日内发出公告。

② 公告应当在全国性的报纸或者其他媒体上登载。

③ 公示催告期间。

a. 公示催告期间不得少于 60 日，公示催告期间届满日不得早于票据付款日后 15 日。

b. 在公示催告期间转让票据权利的行为无效，以公示催告的票据质押、贴现而接受该票据的持票人主张票据权利的，人民法院不予支持。

（3）付款人止付、利害关系人申报。

① 付款人或代理付款人收到人民法院发出的止付通知，应当立即停止支付，直至公示催告程序终结。

② 利害关系人应当在公示催告期间向人民法院申报。

（4）失票人有无申请的人民法院判决的具体规定见表 6-28。

表 6-28　失票人有无申请的人民法院判决的具体规定

情形	人民法院裁定/判决	申请人及利害关系人主张权利
有人申报	人民法院收到利害关系人的申报后，应当裁定终结公示催告程序，并通知申请人和支付人	申请人或者申报人可以向人民法院起诉（进入诉讼程序），以主张自己的权利
无人申报	人民法院应当根据申请人的申请，做出除权判决，宣告票据无效；判决应当公告，并通知支付人	申请人：自判决公告之日起，有权向支付人请求支付； 利害关系人：因正当理由不能在判决前向人民法院申报的，自知道或者应当知道判决公告之日起 1 年内，可以向做出判决的人民法院起诉

6-2-4 想一想

“公示催告”程序是票据丢失后的必经程序吗？什么情况下可以不经过“挂失止付”与“公示催告”程序而直接进入普通诉讼程序？

6-2-4　**想一想答案**

五、银行汇票

（一）概述

银行汇票是出票银行签发的、由其在见票时按照实际结算金额无条件支付给收款人或者持票人的票据。

银行汇票的具体用途和使用范围见表 6-29。

表 6-29　银行汇票的具体用途和使用范围

出票人	付款人	用途	申请人	收款人
出票银行	代理付款银行	用于转账	单位、个人	单位、个人
		填明“现金”字样，可以用于支取现金	个人	个人

（二）出票

1. 申请

（1）申请人应填写“银行汇票申请书”。

（2）申请人和收款人均为个人且需要支取现金的，申请人须在“银行汇票申请书”的“出票金额”栏先填写“现金”字样，后填写汇票金额。

2. 受理、签发、交付

（1）出票银行受理银行汇票申请书，收妥款项后签发银行汇票。

（2）签发银行汇票必须记载下列事项，欠缺其一的，银行汇票无效。

① 表明“银行汇票”的字样。

② 无条件支付的承诺。

③ 出票金额、出票日期。

④ 付款人名称、收款人名称、出票人签章。

(3) 将银行汇票和解讫通知一并交给申请人。

(三) 结算和背书转让

1. 结算

(1) 银行汇票的实际结算金额低于出票金额的,多余金额由出票银行退交申请人。

(2) 未填明实际结算金额和多余金额,或实际结算金额超过出票金额的,银行不予受理。

(3) 实际结算金额一经填写不得更改,更改实际结算金额的银行汇票无效。

2. 背书转让

(1) 银行汇票的背书转让以不超过出票金额的实际结算金额为准。未填写实际结算金额或实际结算金额超过出票金额的银行汇票不得背书转让。

(2) "现金"银行汇票不得背书转让。

(四) 提示付款和退款

1. 提交凭证

持票人向银行提示付款时,须同时提交银行汇票和解讫通知,缺少任何一联,银行不予受理。

2. 提示付款期限

(1) 提示付款期限为自出票日起 1 个月。

(2) 持票人超过期限向代理付款银行提示付款却不获付款的,须在票据权利时效内向出票银行做出说明,并提供本人身份证件或单位证明,持银行汇票和解讫通知向出票银行请求付款。

3. 退款及丧失

(1) 申请人缺少解讫通知要求退款的,出票银行应于银行汇票提示付款期满 1 个月后办理。

(2) 对于转账银行汇票的退款,只能转入原申请人账户;只有符合规定填明"现金"字样银行汇票的退款,才能退付现金。

(3) 银行汇票丧失,失票人可以凭人民法院出具的其享有票据权利的证明,向出票银行请求付款或退款。

6-2-5 练一练

【单选题】根据支付结算法律制度的规定,下列关于银行汇票使用的表述中,正确的是(　　)。

A. 银行汇票不能用于个人款项结算

B. 银行汇票不能支取现金

C. 银行汇票的提示付款期限为自出票日起 1 个月

D. 银行汇票必须按出票金额付款

6-2-5　练一练答案

六、银行本票

（一）概述

本票是指出票人签发的、承诺自己在见票时无条件支付确定的金额给收款人或者持票人的票据。在我国，本票仅限于银行本票，即银行出票、银行付款。银行本票见票即付、银行无条件支付。

银行本票的具体用途和使用范围见表6-30。

表6-30　银行本票的具体用途和使用范围

出票人	付款人	用途	申请人	收款人
出票银行	代理付款银行	用于转账	单位、个人	单位、个人
		填明“现金”字样，可以用于支取现金	个人	个人

☞ **小提示**

（1）银行本票仅限在同一票据交换区域使用，不能跨地域使用。

（2）申请人或收款人为单位的，不得为其签发“现金”银行本票。

（二）出票

1. 申请

申请人填写“银行本票申请书”。申请人和收款人均为个人且需要支取现金的，应在“金额”栏先填写“现金”字样，后填写支付金额。

2. 签发

（1）签发银行本票必须记载下列事项，欠缺其一的，银行本票无效。

① 表明“银行本票”的字样。

② 无条件支付的承诺。

③ 确定的金额、出票日期。

④ 收款人名称、出票人签章。

☞ **小提示**

银行本票必须记载的事项有6项，和汇票的7项相比，少一项“付款人名称”。

（2）收款人受理银行本票时，应审查下列事项。

① 收款人是否确为本单位或本人。

② 银行本票是否在提示付款期限内。

③ 必须记载的事项是否齐全。

④ 出票人签章是否符合规定，大小写出票金额是否一致。

⑤ 出票金额、出票日期、收款人名称是否更改,更改的其他记载事项是否由原记载人签章证明。

(三) 提示付款

1. 提示付款

(1) 提示付款期限为自出票日起最长不得超过 2 个月。

(2) 持票人超过提示付款期限不获付款的,在票据权利时效内向出票银行做出说明,并提供本人身份证件或单位证明,可持银行本票向出票银行请求付款。

2. 退款及丧失

(1) 申请人因银行本票超过付款提示期限或其他原因要求退款时,应将银行本票提交到出票银行。退回路径分为以下两种情况。

① 对在本行开立存款账户的申请人,只能原路退回,转入原申请人账户。

② 对现金银行本票和未在本行开立存款账户的申请人,退付现金。

(2) 失票人可以凭人民法院出具的其享有票据权利的证明,向出票银行请求付款或退款。

七、商业汇票

(一) 商业汇票概述

(1) 商业汇票是由出票人签发的、委托付款人在指定日期无条件支付确定的金额给收款人或者持票人的票据。商业汇票的付款人为承兑人。

(2) 电子商业汇票是指出票人依托上海票据交易所电子商业汇票系统(以下简称“电子商业汇票系统”),以数据电文形式制作的商业汇票。

(3) 商业汇票的分类见表 6-31。

表 6-31　商业汇票的分类

分类标准	票据类别
由银行承兑的	(电子)银行承兑汇票
由银行以外的付款人承兑的	(电子)商业承兑汇票

(4) 商业汇票的使用范围限制。

在银行开立存款账户的法人及其他组织之间的结算,才能使用商业汇票。个人不可使用商业汇票结算。

(二) 商业汇票的出票

1. 商业汇票的出票人资格

(1) 一般要求。

① 在(承兑)银行开立存款账户的法人以及其他组织。

② 与付款人(承兑银行)具有真实的委托付款关系。

③ 资信状况良好,具有支付汇票金额的可靠资金来源。

(2) 出票人办理电子商业汇票业务,还应具备开办对公业务的企业网银等电子服务渠道并与银行签订《电子商业汇票业务服务协议》。

2. 商业汇票的签发主体

(1) 商业承兑汇票可以由付款人签发并承兑,也可以由收款人签发交由付款人承兑。

(2) 银行承兑汇票应由在承兑银行开立存款账户的存款人签发。

3. 商业汇票的出票形式

(1) 单张出票金额在100万元以上的商业汇票原则上应全部通过电子商业汇票办理。

(2) 单张出票金额在300万元以上的商业汇票应全部通过电子商业汇票办理。

4. 商业汇票的必须记载事项

签发商业汇票必须记载下列事项,欠缺其一的,商业汇票无效。

(1) 纸质商业汇票必须记载事项。

① 表明"商业承兑汇票"或"银行承兑汇票"的字样。

② 无条件支付的委托。

③ 确定的金额、出票日期。

④ 付款人名称、收款人名称、出票人签章。

(2) 电子商业汇票必须记载事项。

电子商业汇票必须记载事项除了有与纸质商业汇票相同部分外,还有"出票人名称""票据到期日"作为必须记载事项。

5. 商业汇票的付款期限及记载的形式

商业汇票的付款期限及记载的形式见表6-32。

表6-32 商业汇票的付款期限及记载的形式

<table>
<tr><th colspan="2">分类</th><th>付款期限</th><th>付款期限记载的形式</th></tr>
<tr><td rowspan="3">纸质商业汇票</td><td>定日付款的汇票</td><td rowspan="3">付款期限最长不得超过6个月</td><td rowspan="2">付款期限自出票日起计算,并在汇票上记载</td></tr>
<tr><td>出票后定期付款的汇票</td></tr>
<tr><td>见票后定期付款的汇票</td><td>付款期限自承兑或拒绝承兑日起按月计算,并在汇票上记载</td></tr>
<tr><td colspan="2">电子商业汇票</td><td>自出票日至到期日不超过1年</td><td>必须记载票据到期日</td></tr>
</table>

6. 不同类型纸质商业汇票的信息登记与电子化

不同类型纸质商业汇票的信息登记与电子化要求见表6-33。

表6-33 不同类型纸质商业汇票的信息登记与电子化要求

类型	信息登记与电子化要求
纸质银行承兑汇票	纸质票据贴现前,金融机构办理承兑、质押、保证等业务,应当不晚于业务办理的次一工作日在票据市场基础设施(即上海票据交易所)完成相关信息登记工作
纸质商业承兑汇票	完成承兑后,承兑人开户行应当根据承兑人委托代其进行承兑信息登记

☞ 小提示

纸质票据票面信息与登记信息不一致时,以纸质票据票面信息为准。

(三)承兑

1. 承兑期限和责任

(1) 商业汇票可以在出票时向付款人提示承兑后使用,也可以在出票后先使用再向付款人提示承兑。

(2) 付款人承兑汇票后,应当承担到期付款的责任。付款人拒绝承兑的,必须出具拒绝承兑的证明。

(3) 银行承兑汇票的承兑:银行应进行资信审核,并与出票人签订承兑协议。承兑银行应按票面金额的一定比例向出票人收取手续费,银行承兑汇票手续费为市场调节价。

2. 承兑人承兑信息的披露

承兑人承兑信息披露的具体规定见表6-34。

表6-34 承兑人承兑信息披露的具体规定

类型	具体规定
“承兑时”披露	商业承兑汇票的承兑人应当于承兑完成日次一个工作日内,在中国人民银行认可的票据信息披露平台披露每张票据的承兑相关信息,包括出票日期、承兑日期、票据号码、出票人名称、承兑人名称、承兑人社会信用代码、票面金额、票据到期日等
“定期”披露	承兑人应当于每月前10日内披露承兑信用信息,包括累计承兑发生额、承兑余额、累计逾期发生额、逾期余额等。承兑人对披露信息的真实性、准确性、及时性和完整性负责
接受企业信息查询	企业签收商业承兑汇票前,可以通过票据信息披露平台查询票据承兑信息

(四)贴现

1. 概念和当事人

(1) 贴现是指票据持票人在票据未到期前为获得现金,向银行贴付一定利息而发生的票据转让行为。

(2) 申请贴现的持票人是贴出人,银行是贴入人。

2. 贴现条件

(1) 票据未到期。

(2) 票据未记载“不得转让”事项。

(3) 在银行开立存款账户的是企业法人以及其他组织。

(4) 申请贴现的持票人与出票人或者直接前手之间具有真实的商品交易关系。

3. 贴现利息

(1) 贴现利息=票面金额×日贴现率×贴现期。

（2）贴现期的确定。

① 贴现的期限从其贴现之日起至汇票到期日止。

② 计算贴现期时“算头不算尾”。例如，贴现日为2021年12月1日，票据到期日为2021年12月5日，则计算贴现期的天数为4天（12月1日—12月4日）。

③ 承兑人在异地的纸质商业汇票，贴现的期限以及贴现利息的计算应另加3日的划款日期。

（3）实际付款金额为票面金额扣除贴现利息后的余额。

4. 到期收款

（1）贴现到期，贴现银行应向付款人收取票款，不获付款的，贴现银行应向前手追索。

（2）贴现银行追索票款时可从申请人（贴出人）的存款账户直接收取票款。

5. 付款确认

不同票据类型的付款确认方式见表6-35。

表6-35　不同票据类型的付款确认方式

票据类型	付款确认方式
纸质票据	① 纸质票据贴现后，其保管人（即贴入人）可以向承兑人发起付款确认； ② 承兑人收到确认请求后，应当在3个工作日内做出同意或者拒绝付款的应答。拒绝到期付款的，应当说明理由； ③ 承兑人进行付款确认后，除合法抗辩情形外，应当在持票人提示付款后进行付款
电子商业汇票	电子商业汇票一经承兑即视同承兑人已进行付款确认

6. 纸质票据贴现的特殊流程

纸质票据贴现的特殊流程见表6-36。

表6-36　纸质票据贴现的特殊流程

程序	具体规定
贴现信息查询确认	贴入人（银行）通过票据市场基础设施查询票据承兑信息，并在确认纸质票据必须记载事项与已登记承兑信息一致后，为贴现申请人（贴出人）办理贴现
贴现后停止纸质流通	贴入人办理纸质票据贴现后，在票据上记载“已电子登记权属”字样，该票据不再以纸质形式进行流通，应通过票据市场基础设施办理背书转让、质押、保证、提示付款等票据流通转让业务
转贴现可保证增信	贴入人可以按市场化原则选择商业银行对纸质票据进行保证增信，以便进行转贴现（贴入人再将票据贴出）

7. 经贴现的商业汇票到期后偿付顺序

优先偿付：承兑人。

第二位偿付：保证增信人（如有）。

第三位偿付：贴现人。

（五）到期付款

1. 提示付款期限

远期商业汇票的提示付款期限为自汇票到期日起10日。超过提示付款期限提示付款的，持票人开户银行不予受理，但在做出说明后，承兑人或者付款人仍应当继续对持票人承担付款责任。

2. 电子商业汇票的持票人通过票据市场基础设施提示付款的情形

（1）同意付款。

① 承兑人应当在提示付款当日进行应答或者委托其开户行进行应答。

② 商业汇票到期付款的具体程序见表 6-37。

表 6-37　商业汇票到期付款的具体程序

票据	适用情形	具体程序
商业承兑汇票	承兑人账户余额充足	于提示付款日向持票人付款
	承兑人账户余额不足	视同拒绝付款；应做出拒付应答并说明理由，同时通知持票人
银行承兑汇票	承兑人已进行付款确认	于提示付款日划付资金进行付款； 提示：出票人应于汇票到期前将票款足额交存其开户银行，到期日未能足额交付或余额不足的，承兑银行进行付款后，对出票人未付的金额按照每天万分之五计收利息

（2）拒绝付款。

存在合法抗辩事由拒绝付款的，应当在提示付款当日出具拒绝付款证明，并通知持票人。

（3）当日未做出应答。

承兑人或者承兑人开户行在提示付款当日未做出应答的，视为拒绝付款，票据市场基础设施提供拒绝付款证明并通知持票人。

3. 纸质商业汇票的持票人通过开户银行委托收款或直接向付款人提示付款的情形

纸质商业汇票收款的具体情形见表 6-38。

表 6-38　纸质商业汇票收款的具体情形

票据	具体程序
纸质商业承兑汇票	① 付款人收到付款通知，应在当日通知银行付款； ② 付款人在接到通知日的次日起 3 日内未通知银行付款的，视同付款人承诺付款；付款人有合法事由拒绝付款的，应自接到通知的次日起 3 日内，做出拒绝付款证明
纸质银行承兑汇票	① 承兑银行应于汇票到期日或到期日后的见票当日支付票款； ② 存在合法抗辩事由拒绝付款的，应自接到商业汇票的次日起 3 日内做出拒绝付款证明

八、支票

（一）支票的概念和分类

1. 支票的概念

支票是指出票人签发的、委托办理支票存款业务的银行在见票时无条件支付确定的金额给收款人或者持票人的票据。支票的基本当事人包括出票人、付款人和收款人。

2. 支票的种类及用途

支票的种类及用途见表 6-39。

表 6-39　支票的种类及用途

种类		用途
现金支票		只能用于支取现金
转账支票		只能用于转账
普通支票	一般普通支票	既可以用于支取现金，也可以用于转账
	划线支票（左上角两条平行线）	只能用于转账

（二）支票的使用程序

1. 开立支票存款账户和预留印鉴

使用支票前应实名开立支票存款账户，并应当预留其本名的签名式样和印鉴（表 6-40）。

表 6-40　支票预留印鉴的规定

出票人	预留印鉴
单位	① 单位章（财务专用章或者公章）； ② 个人章（法定代表人或者其授权的代理人的签名或者盖章）
个人	该个人签名或者盖章

2. 出票

出票记载事项包括表明“支票”的字样、无条件支付的委托、确定的金额、付款人名称、出票日期、出票人签章。

☞ 小提示

支票的金额、收款人名称可以由出票人授权补记，未补记前不得背书转让和提示付款；出票人可以在支票上记载自己为收款人。审核印鉴：支票的出票人预留银行签章是银行审核支票付款的依据。

6-2-6 练一练

【多选题】根据支付结算法律制度的规定，下列支票记载事项中，可以授权补记的有（　　）。

A. 支票金额　　B. 付款人名称

C. 出票日期　　D. 收款人名称

6-2-6　练一练答案

3. 付款

（1）提示付款。

① 支票的提示付款期限为自出票日起 10 日。

② 持票人可以委托开户银行收款或直接向付款人提示付款。用于支取现金的支票仅

限于收款人向付款人提示付款。

③ 委托收款。

持票人委托开户银行收款时，应做委托收款背书，在支票背面背书人签章栏签章，记载“委托收款”字样、背书日期，在被背书人栏记载开户银行名称，并将支票和填制的进账单送交开户银行。

（2）付款。

出票人在付款银行处的存款足以支付支票金额时，付款人应当在见票当日足额付款。

（3）空头支票。

出票人签发的支票金额超过其付款时在付款人处实有的存款金额的，为空头支票。禁止签发空头支票。

☞ 小提示

对于签发空头支票的行为由中国人民银行处以票面金额5%但不低于1 000元的罚款；持票人有权要求出票人赔偿支票金额2%的赔偿金；构成犯罪的，还应追究刑事责任。

6-2-7 练一练

【判断题】单位或个人签发空头支票的，由其开户银行处以罚款。（　　）

6-2-7　练一练答案

项目实施

本项目“案例导入”中，① 若丙公司将该汇票背书转让给丁公司，丁公司不知情并支付了相应对价，则丁公司属于善意持票人，享有完整的票据权利；② 若丙公司将该汇票背书转让给丁公司，丁公司知情，虽然丁公司支付了相应对价，但丁公司因属于恶意持票人，不享有票据权利；③ 若丙公司将票据赠送给丁公司，此时无论丁公司是否知情，由于其票据权利不得优于其前手丙公司，丁公司均不享有票据权利。

项目二　练习

一、单选题

1. 关于银行汇票出票金额和实际结算金额,下列表述正确的是(　　)。
A. 如果出票金额低于实际结算金额,银行应按出票金额办理结算
B. 如果出票金额高于实际结算金额,银行应按出票金额办理结算
C. 如果出票金额低于实际结算金额,银行应按实际结算金额办理结算
D. 如果出票金额高于实际结算金额,银行应按实际结算金额办理结算

2. 根据支付结算法律制度的规定,下列关于银行汇票使用的表述中,正确的是(　　)。
A. 银行汇票不能用于个人款项结算
B. 银行汇票不能支取现金
C. 银行汇票的提示付款期限为自出票日起1个月
D. 银行汇票必须按出票金额付款

3. 2020年10月12日,申请人甲公司发现一张出票日期为2020年10月9日的银行汇票的解讫通知丢失,立即向签发银行出具单位证明请求退回汇票款项。甲公司提出的下列请求符合法律规定的是(　　)。
A. 请求退款至甲公司银行结算账户　　B. 请求退回现金
C. 请求银行在3日内办结退款事宜　　D. 请求退款至法定代表人个人账户

4. 根据支付结算法律制度的规定,关于银行本票使用的下列表述中,不正确的是(　　)。
A. 银行本票的出票人在持票人提示见票时,必须承担付款的责任
B. 注明“现金”字样的银行本票可以用于支取现金
C. 银行本票只限于单位使用,个人不得使用
D. 收款人可以将转账银行本票背书转让给被背书人

5. 根据支付结算法律制度的规定,下列关于支票的表述中,不正确的是(　　)。
A. 申请人开立支票存款账户必须使用本名
B. 出票人在付款人处的存款足以支付支票金额时,付款人应当在见票当日足额付款
C. 现金支票可以采用委托收款方式提示付款
D. 出票人可以在支票上记载自己为收款人

6. 下列单位中,可以作为电子银行承兑汇票承兑人的是(　　)。
A. 丙财务公司　　B. 乙房地产开发公司
C. 甲路桥公司　　D. 丁航空公司

7. 根据支付结算法律制度的规定，电子商业汇票的付款期限自出票日至到期日不能超过一定期限。该期限为（　　）。

A. 2 年　　B. 3 个月　　C. 6 个月　　D. 1 年

8. 根据支付结算法律制度的规定，下列事项中，属于汇票任意记载事项的是（　　）。

A. 保证人在汇票上表明“保证”字样　　B. 背书人在汇票上记载被背书人名称

C. 出票人在汇票上记载“不得转让”字样　　D. 承兑人在汇票上签章

9. 根据支付结算法律制度的规定，有权受理失票人公示催告申请的人民法院是（　　）。

A. 票据收款地法院　　B. 票据支付地法院

C. 失票人所在地法院　　D. 出票人所在地法院

二、多选题

1. 郑某为支付甲公司货款，向银行申请签发了一张金额为60万元的银行汇票。甲公司受理该汇票应当审查的内容有（　　）。

A. 银行汇票和解讫通知是否齐全　　B. 该银行汇票是否在提示付款期内

C. 收款人是否确为甲公司　　D. 必须记载的事项是否齐全

2. 未在银行开户的宋某，持一张现金银行本票向出票银行提示付款，其须办理的事项有（　　）。

A. 在本票背面记载本人身份证件名称、号码及发证机关

B. 填制进账单

C. 本人在本票背面签章

D. 向银行交验本人身份证件

3. 甲公司持有一张付款行为 P 银行的转账支票，财务人员到 P 银行提示付款时应当办理的手续有（　　）。

A. 向 P 银行出示甲公司营业执照

B. 填制进账单

C. 在支票背面背书人签章栏加盖甲公司印章

D. 将支票交付 P 银行

4. 根据支付结算法律制度的规定，下列各项中，属于签发银行本票必须记载事项的有（　　）。

A. 出票人签章　　B. 出票日期　　C. 付款人名称　　D. 确定的金额

三、判断题

1. 甲公司向开户银行 P 银行申请签发的本票超过提示付款期限后，甲公司申请退款，P 银行只能将款项转入甲公司的账户，不能退付现金。　　（　　）

2. 失票人应当在通知挂失止付后的 3 日内，也可以在票据丧失后，依法向票据支付地人民法院申请公示催告。　　（　　）

项目三 非票据结算方式

案例导入

中国工商银行在甲商户布放了1台POS机,双方签订银行卡受理协议,约定中国工商银行按照交易金额的1%收取结算手续费。消费者王某持中国建设银行的借记卡在甲商户刷卡消费1 000元(刷的是中国工商银行的POS机)。已知,中国工商银行和中国建设银行通过中国银联进行资金清算。

请思考:① 中国工商银行可以按照约定向甲商户收取多少收单业务服务费? ② 根据案例描述,中国工商银行还需要支付哪些费用?

知识储备

一、汇兑

(1) 汇兑是汇款人委托银行将其款项支付给收款人的结算方式。单位和个人均可使用该结算方式。

(2) 汇兑分为信汇、电汇两种。

(3) 受理及汇出。

① 汇出行:受理并审核汇兑凭证,办理汇款并向汇款人签发汇款回单。汇款回单只能作为汇出银行受理汇款的依据,不能作为该笔汇款已转入收款人账户的证明。

② 汇入行:将汇入的款项直接转入收款人账户,并向其发出收账通知。收账通知是银行将款项确已收入收款人账户的凭据。

(4) 汇款人对汇出银行尚未汇出的款项可以申请撤销。

二、委托收款

委托收款是收款人委托银行向付款人收取款项的结算方式,主要适用于单位和个人凭已承兑的商业汇票、债券、存单等付款人债务证明办理款项的结算,同城、异地均可以使用。

6-3-1 练一练

【多选题】根据支付结算法律制度的规定,下列债务证明中,办理款项结算可以使用委托收款结算方式的有(   )。

A. 已承兑的商业汇票　　B. 支票

C. 到期的债券　　D. 到期的存单

6-3-1 练一练答案

1. 签发委托收款凭证

委托收款凭证必须记载下列事项，欠缺记载其一的，银行不予受理。

(1) 表明“委托收款”的字样。

(2) 确定的金额、委托日期。

(3) 付款人名称、收款人名称。

(4) 收款人签章。

(5) 委托收款凭据名称及附寄单证张数。

委托收款以银行以外的单位为付款人/收款人的，必须记载付款人/收款人开户银行名称。未在银行开立存款账户的个人为收款人的，委托收款凭证必须记载被委托银行名称。

2. 委托和交付证明

收款人办理委托收款时应向银行提交委托收款凭证和有关债务证明。

3. 对方付款

委托收款对方付款的情形见表 6-41。

表 6-41　委托收款对方付款的情形

付款人	同意付款的	拒绝付款的
银行	当日付款	应自收到凭证次日起 3 日内出具拒绝证明
单位	① 于当日书面通知银行付款; ② 如果付款人未在接到通知日的次日起 3 日内通知银行付款的，视同同意付款，银行在第 4 日直接划款	应在接到通知的次日起 3 日内出具拒绝证明

三、银行卡

（一）分类

银行卡的具体分类情况见表 6-42。

表 6-42　银行卡的具体分类

分类标准	银行卡种类
是否具有透支功能	信用卡、借记卡
币种	人民币卡、外币卡
发行对象	单位卡、个人卡
信息载体	磁条卡、芯片(IC)卡

（二）信用卡及借记卡的子分类

信用卡及借记卡的子分类见表 6-43。

表 6-43　信用卡及借记卡的子分类

是否具有透支功能	卡的类别	子类
可透支	信用卡	贷记卡(无须交存备用金)
		准贷记卡(需要交存备用金)
不可透支	借记卡	转账卡、专用卡、储值卡

(三) 借记卡及储值卡

1. 限额规定

(1) 发卡银行应当对借记卡持卡人在 ATM 机等自助机具取款设定交易上限,每卡每日累计提款不得超过 2 万元人民币。

(2) 储值卡的面值或卡内币值不得超过 1 000 元人民币。

2. 计息规定

(1) 准贷记卡及借记卡(不含储值卡)账户内的存款计息。

(2) 储值卡账户内存款不计息。

(四) 信用卡

1. 申请的基本条件

(1) 应年满 18 周岁,有固定职业和稳定收入;有工作单位且户口在常住地。

(2) 提供身份证件,填写申请表,并在持卡人处亲笔签名。

2. 预借现金业务

信用卡的预借现金业务有以下几种类型(表 6-44)。

表 6-44　信用卡的预借现金业务

分类	限额规定
现金提取	通过自助机具或柜面机具取现,每卡每日累计不得超过人民币 1 万元
现金转账	每卡每日限额由发卡机构与持卡人通过协议约定 提示: ① 发卡机构不得将持卡人信用卡预借现金额度内资金划转至其他信用卡,以及非持卡人的银行结算账户或支付账户; ② 发卡机构可自主确定是否提供现金充值服务,并与持卡人协议约定每卡每日限额
现金充值	

3. 非现金交易

非现金交易可享受免息还款期和最低还款额待遇,具体由发卡机构自主确定。预借现金业务不适用免息还款期及最低还款额。

4. 透支计息

(1) 透支利率及计结息方式。

① 信用卡透支利率由发卡机构与持卡人自主协商确定,取消上下限管理。

② 信用卡透支款的计结息方式,以及对信用卡溢缴款是否计付利息及其利率标准,由发卡机构自主确定。

③ 发卡机构调整信用卡利率的,应至少提前45个自然日按照约定方式通知持卡人。

④ 对向持卡人收取的违约金、年费、取现手续费、货币兑换费等服务费用不得计收利息。

(2) 违约逾期未还款与超过授信额度用卡。

违约逾期未还款与超过授信额度用卡的规定见表6-45。

表6-45 违约逾期未还款与超过授信额度用卡的规定

用卡行为	具体规定
违约逾期未还款	① 不可收取滞纳金; ② 与持卡人协议约定是否收取违约金以及相关收取方式和标准
超过授信额度用卡	不得收取超限费

5. 发卡银行追偿透支款项和诈骗款项的途径

(1) 扣减持卡人保证金,依法处理抵押物和质物。

(2) 向保证人追索透支款项。

(3) 通过司法机关的诉讼程序进行追偿。

(五) 银行卡的注销及丧失

(1) 持卡人在还清全部交易款项、透支本息和有关费用后,可申请办理销户。

(2) 发卡行受理注销申请之日起45日后,被注销信用卡账户方能清户。

(六) 银行卡收单

银行卡收单业务是指收单机构与特约商户签订银行卡受理协议,在特约商户按约定受理银行卡并与持卡人达成交易后,为特约商户提供交易资金结算服务的行为。

1. 收单机构

(1) 从事银行卡收单业务的银行业金融机构(如各银行)。

(2) 获得银行卡收单业务许可,为实体特约商户提供银行卡受理并完成资金结算服务的支付机构(如快钱、拉卡拉)。

(3) 获得网络支付业务许可,为网络特约商户提供银行卡受理并完成资金结算服务的支付机构(如支付宝、微信支付)。

> ☞ **小提示**
>
> 收单机构应进行本地化经营和管理,不得跨省开展收单业务。

2. 特约商户管理规定

(1) 实名制管理。

(2) 应当与特约商户签订银行卡受理协议。

(3) 不同类型特约商户的收单银行结算账户要求见表6-46。

表 6-46 不同类型特约商户的收单银行结算账户要求

特约商户类型	特约商户的收单银行结算账户要求
单位	同名单位银行结算账户或其指定的与其存在合法资金管理关系的单位银行结算账户
个体户或自然人	同名个人银行结算账户

(4) 按照风险级别进行管理。

① 对于风险等级较高的商户,对开通的受理卡种和交易类型进行限制,并采取强化交易监测、设置交易限额、延迟结算、增加检查频率、建立风险准备金等措施。

② 发现特约商户发生疑似银行卡套现、洗钱、欺诈、移机、留存或泄露持卡人账户信息等风险事件的,应当采取延迟资金结算、暂停银行卡交易或收回受理终端(关闭网络支付接口)等措施。

③ 涉嫌违法犯罪活动的,应当及时向公安机关报案。

3. 资金结算

(1) 收单机构应按约定及时将交易资金结算到特约商户的收单银行结算账户,资金结算时限最迟不得超过持卡人确认支付指令生效日后 30 个自然日,因风险因素交易须延迟结算的除外。

(2) 资金结算的收费规定见表 6-47。

表 6-47 资金结算的收费规定

收取方式	收取的费用名称	收费规定
收单机构 (向商户收取)	收单服务费	市场调节价,协商确定
发卡机构收取 (向商户收取)	发卡行服务费	① 借记卡交易不超过交易金额的 0.35%,单笔收费金额不超过 13 元; ② 贷记卡交易不超过 0.45%,不实行单笔封顶控制
银行卡清算机构 (向发卡机构、 收单机构分别收取)	网络服务费	费率不超过交易金额的 0.065%,由发卡机构、收单机构各承担 50%,分别向收单机构、发卡机构收取

结算收费的优惠政策:与非营利性的医疗机构、教育机构、社会福利机构、养老机构、慈善机构进行的刷卡交易,发卡行服务费、网络服务费全额减免。

四、电子支付

电子支付是指单位或个人通过计算机、手机等电子终端发出支付指令,依托网络系统以电子信息传递形式进行的货币支付与资金转移。

（一）网上银行

1. 网上银行概述

（1）具体包括电子银行和手机银行。

（2）手机银行与电子银行一样，都是通过互联网实现银行柜面业务的延伸，功能基本一致。

2. 网上银行的主要功能

不同类型网上银行的主要功能见表 6-48。

表 6-48　不同类型网上银行的主要功能

类型	功能
企业网上银行	账户信息查询、支付指令、B2B 网上支付、批量支付
个人网上银行	账户信息查询、人民币转账业务、银证转账业务、外汇买卖业务、账户管理业务、B2C 网上支付

6-3-2 练一练

【单选题】根据支付结算法律制度的规定，下列网上银行的功能中，不属于个人网上银行功能的是（　　）。

A. B2B 网上支付

B. 查询银行卡的人民币余额

C. 查询信用卡网上支付记录

D. 网上购物电子支付

6-3-2　练一练答案

（二）条码支付

1. 条码支付概述

（1）条码支付概念及分类。

条码支付业务是指银行、支付机构应用条码技术，实现付款人与收款人之间货币资金转移的业务活动。条码支付业务包括付款扫码和收款扫码，其具体规定见表 6-49。

表 6-49　不同类型条码支付业务的具体规定

分类	具体规定
付款扫码	付款人通过手机识读（“扫”）收款人展示的条码完成支付
收款扫码	收款人通过设备识读（“扫”）付款人手机展示的条码完成支付

（2）先许可后服务。

① 支付机构向客户提供基于条码支付服务的，应当取得“网络支付业务许可”。

② 支付机构提供条码支付收单服务的，应当分别取得“银行卡收单业务许可”和“网络支付业务许可”。

2. 条码支付交易验证及限额

（1）条码支付交易验证的要素见表 6-50。

表 6-50　条码支付交易验证的要素

要素	举例
仅客户本人知悉的要素	静态密码等
仅客户本人持有并特有的,不可复制或者不可重复利用的要素	经过安全认证的数字证书、电子签名以及通过安全渠道生成和传输的一次性密码等
客户本人生物特征要素	指纹等

（2）条码支付不同验证方式的限额要求见表 6-51。

表 6-51　条码支付不同验证方式的限额要求

风险防范级别	解释	限额
A 级	2 类及以上要素验证,且含数字证书或电子签名	自主约定单日累计限额
B 级	2 类及以上要素验证,但不含数字证书、电子签名	同一客户单日累计交易金额应不超过 5 000 元
C 级	不足 2 类要素验证的	同一客户单日累计交易金额应不超过 1 000 元
D 级	采用静态条码	同一客户单日累计交易金额应不超过 500 元

3. 商户管理

（1）一般商户:落实实名制规定,严格审核身份。

（2）实体特约商户(小微商户):审核身份证明和辅助证明材料。辅助证明材料包括但不限于营业场所租赁协议或者产权证明、集中经营场所管理方出具的证明文件等能够反映小微商户真实、合法从事商品或服务交易活动的材料。

（3）收款限额:以同一个身份证件在同一家银行或支付机构办理的全部小微商户基于信用卡的条码支付收款金额日累计不超过 1 000 元,月累计不超过 1 万元。

五、预付卡

（一）预付卡的分类及特征

（1）预付卡按发卡机构和用途分为多用途预付卡和单用途预付卡。发卡机构不得挪用、挤占接受的预付卡资金。发卡机构须将客户备付金交存中国人民银行实行集中存管。多用途预付卡的发卡机构还必须取得支付业务许可证。

（2）预付卡按是否记载持卡人身份信息分为记名预付卡与不记名预付卡(表 6-52)。

表 6-52　记名预付卡与不记名预付卡

维度	记名预付卡	不记名预付卡
单张限额	5 000 元	1 000 元
挂失	可挂失	不可挂失

续表

维度	记名预付卡	不记名预付卡
赎回	购卡后3个月可赎回	不可赎回
有效期	不得设置有效期	不得低于3年,超过有效期尚有资金余额可延期、激活、换卡
实名办理	应当实名	一次性购买1万元以上应当实名

(二) 预付卡的购买与充值

1. 实名办理的登记事项

实名办理预付卡的登记事项包括购卡人姓名或单位、经办人姓名、身份证名称和号码、联系方式、购卡数量、购卡日期、购卡总金额、预付卡卡号及金额等信息。

2. 购买与充值方式

预付卡的购买与充值方式见表6-53。

表6-53　预付卡的购买与充值方式

付款方式	购买	充值
使用信用卡	×	×
不得使用现金的情形	单位一次性购买预付卡5 000元以上的;个人一次性购买预付卡5万元以上的	一次性充值金额5 000元以上的

(三) 使用规定

应在发卡机构签约和拓展的特约商户中使用。不得使用的情形有以下几种。

(1) 不得用于或变相用于提取现金。

(2) 不得用于购买、交换非本发卡机构发行的预付卡、单一行业卡及其他商业预付卡或向其充值。

(3) 卡内资金不得向银行账户或向非本发卡机构开立的网络支付账户转移。

(四) 赎回

(1) 记名预付卡可在购卡3个月后办理赎回。

(2) 单位购买的记名预付卡,只能由单位办理赎回。

(3) 实名制赎回预付卡所需的资料见表6-54。

表6-54　实名制赎回预付卡所需的资料

办理人	提供资料
持卡人办理	预付卡、持卡人和购卡人的有效身份证件
他人代理赎回	持卡人办理时应提供的资料、代理人和被代理人的有效身份证件

六、网络支付

（一）网络支付机构类型

网络支付机构类型见表6-55。

表6-55　网络支付机构类型

分类	是否具有担保功能	职能	面向群体
金融型支付企业	无	为用户提供支付产品和支付系统解决方案	企业
互联网支付企业	有	依托自有的电子商务网站，以在线支付为主	个人消费者

（二）支付账户

支付账户此处特指经许可在互联网支付机构开立的互联网支付账户。

支付账户不得透支，不得出借、出租、出售，不得利用支付账户从事或者协助他人从事非法活动。

1. 开户要求

（1）实名制管理。

（2）应签订协议，约定支付账户与支付账户、支付账户与银行账户之间的日累计转账限额和笔数。

2. 个人可开立支付账户的方式及种类

以非面对面方式开立支付账户应通过至少一个合法安全的外部渠道进行身份基本信息验证。个人开立支付账户的方式及种类见表6-56。

表6-56　个人可开立支付账户的方式及种类

种类	开立前提/条件	交易限额
Ⅰ类	首次在该支付机构开立支付账户的个人客户	自账户开立起累计不超过1 000元（包括支付账户向客户本人同名银行账户转账）
Ⅱ类	① 以面对面方式核实身份； ② 若以非面对面方式，则通过至少3个合法、安全的外部渠道进行身份信息交叉验证	年累计交易限额不超过10万元（不包括支付账户向客户本人同名银行账户转账）
Ⅲ类	① 以面对面方式核实身份； ② 若以非面对面方式，则通过至少5个合法、安全的外部渠道进行身份信息交叉验证	年累计交易限额不超过20万元（不包括支付账户向客户本人同名银行账户转账）

☞ 小提示

客户身份基本信息外部验证渠道包括但不限于政府部门数据库、商业银行信息系统、商业化数据库等。其中，通过商业银行验证个人客户身份基本信息的，应为Ⅰ类银行账户或信用卡。

6-3-3 想一想

个人银行结算账户的Ⅰ/Ⅱ/Ⅲ类账户，与支付机构支付账户中的Ⅰ/Ⅱ/Ⅲ类账户有什么区别？

6-3-3 想一想答案

3. 单位开立支付账户

（1）验证身份：要求单位提供相关证明文件，以面对面的方式核实客户身份，或者以非面对面方式通过至少3个合法、安全的外部渠道对单位基本信息进行多重交叉验证。

（2）核实意愿：支付机构可以采取面对面、视频等方式向单位法定代表人或负责人核实开户意愿，具体方式由支付机构根据客户风险评级情况确定。

（三）网络支付的相关规定

1. 网络支付的交易验证方式与限额要求

网络支付的交易验证方式与限额要求见表6-57。

表6-57 网络支付的交易验证方式与限额要求

交易验证方式	限额要求
2类及以上要素验证，且含数字证书或电子签名	自主约定单日累计限额
2类及以上要素验证，但不含数字证书、电子签名	同一客户单日累计交易金额应不超过5 000元（不包括支付账户向客户本人同名银行账户转账）
不足2类要素验证	同一客户单日累计交易金额应不超过1 000元（不包括支付账户向客户本人同名银行账户转账）

2. 业务与风险管理

（1）应动态调整客户风险评级及相关风险控制措施，对疑似欺诈、套现、洗钱、非法融资、恐怖融资等交易，及时采取调查核实、延迟结算、终止服务等措施。

（2）应充分提示网络支付业务的潜在风险，对高风险业务在操作前、操作中进行风险警示。

（3）履行客户信息保护责任，不得存储客户银行卡的磁道信息或芯片信息、验证码、密码等敏感信息，原则上不得存储银行卡有效期。

项目实施

本项目“案例导入”中，① 中国工商银行是收单机构，中国建设银行是发卡行，中国银联是银行卡清算机构；② 收单机构向商户收取的收单服务费由收单机构与商户自行协商确定具体费率，因此，本“案例导入”中中国工商银行可以按照约定向甲商户收取收单业务服务费1 000×1%＝10（元），甲商户实际到账资金为1 000－10＝990（元）；③ 对于从甲商户收取的10元钱，中国工商银行需要向发卡行中国建设银行支付一笔发卡行服务费（借记卡交易不超过交易金额的0.35%，单笔交易收费金额不超过13元），中国工商银行还需要向中国银联支付一笔网络服务费。

项目三　练习

一、单选题

1. 根据支付结算法律制度的规定，下列各项中，可证明银行确已将汇款收入收款人账户的是(　　)。

A. 汇款回单　　B. 收账通知　　C. 汇款收费单据　　D. 余额对账单

2. 甲公司持一张到期纸质商业承兑汇票到 M 银行办理委托收款，该汇票由 N 公司承兑，甲公司在委托收款凭证上可以不记载的事项是(　　)。

A. 收款人甲公司　　B. 付款人 N 公司

C. 委托日期　　D. 甲公司地址

3. 下列情形中，可以申请办理信用卡销户的是(　　)。

A. 刘某信用卡有透支款项 2 000 元未归还

B. 关某的信用卡欠付年费 100 元

C. 张某的信用卡有提现手续费 50 元未结清

D. 曹某的信用卡透支款项和其他欠费为零

4. 林某持有一张 P 银行的借记卡。2022 年 9 月 1 日，林某在 P 银行 ATM 机上查询该卡的活期存款余额为人民币 5 万元，当日该卡在该 ATM 机上可以提款的上限为人民币(　　)万元。

A. 5　　B. 3　　C. 2　　D. 1

二、多选题

1. 根据支付结算法律制度的规定，有关汇兑结算方式的下列表述中，正确的有(　　)。

A. 汇款人在银行开立存款账户的，在汇兑凭证上必须记载其账号

B. 汇款人对汇出银行尚未汇出的款项不得申请撤销

C. 单位和个人的款项结算均可使用

D. 收款人在银行开立存款账户的，在汇兑凭证上必须记载其账号

2. 张某持有一张 Q 银行发行的借记卡。下列各项中，属于该卡具备的功能有(　　)。

A. 透支　　B. 存取款　　C. 网上支付　　D. 消费

3. 下列有关刘某欲向 P 银行申领信用卡的表述中，正确的有(　　)。

A. 应向 P 银行提供刘某的身份证复印件

B. 可委托他人代理签字申领

C. 须年满 18 周岁

D. 应有稳定收入

4. 下列业务中,李某使用在P银行开通的个人网上银行可以办理的有(　　)。

A. 股票交易　　B. B2C网上支付

C. 外汇买卖业务　　D. 期货交易

5. 下列有关多用途预付卡的表述中,正确的有(　　)。

A. 多用途预付卡由专营发卡机构发行

B. 多用途预付卡可以跨地区使用

C. 多用途预付卡可以跨行业使用

D. 多用途预付卡可以跨法人使用

三、判断题

1. 委托收款以单位为付款人的,银行收到委托收款凭证及债务证明,审查无误后应于当日将款项主动支付给收款人。(　　)

2. 2021年1月1日起,信用卡透支利率由发卡机构与持卡人自主协商确定。(　　)

3. 发卡机构调整信用卡利率可不通知持卡人。(　　)

单元七

市场管理法律制度

学习目标

1. 掌握反不正当竞争法的概念、基本原则，了解不正当竞争行为的表现形式，学会辨别不正当竞争行为，了解不正当竞争行为的责任后果。

2. 掌握消费者权益保护法的基本原则，了解消费者的基本权利，能够分辨消费过程中的侵权行为，通过合法的途径解决纠纷。

3. 掌握产品质量法的法律制度，理解生产者、销售者的责任，了解产品质量的合格标准，识别产品质量缺陷，知晓如何通过法律手段维护自身权益。

4. 能够掌握市场管理法律制度规定并能正确分析现实生活中的相关案例。

5. 培养诚实守信的品质，重视商业道德，理解市场规则，遵循公平竞争原则，进而强化社会责任感。

学习框架

市场管理法律制度

- 项目一　反不正当竞争法
  - 一、不正当竞争的概念和特征
  - 二、反不正当竞争法的概念及基本原则
  - 三、不正当竞争行为
  - 四、不正当竞争行为的监督检查和法律责任
- 项目二　消费者权益保护法
  - 一、消费者权益保护法概述
  - 二、消费者的基本权利与经营者的基本义务
  - 三、消费者权益的保护
  - 四、争议解决
  - 五、侵犯消费者权益应当承担的法律责任
- 项目三　产品质量法
  - 一、产品质量法概述
  - 二、产品质量法的调整范围
  - 三、我国产品质量监督管理体制
  - 四、产品质量监督管理的内容
  - 五、生产者　销售者在产品质量方面的义务和责任
  - 六、违反《产品质量法》的法律责任

思政元素

- 项目一：宪法精神　法治思维　法治文化
- 项目二：职业精神　爱岗敬业　工匠精神
- 项目三：爱岗敬业　法治意识　尊法守法

项目一　反不正当竞争法

案例导入

天津面兜兜网络科技有限公司通过开发上货助手软件，提供商品信息数据“一键搬家”服务，在不同购物平台的服务市场上线运营并收取软件使用费。该软件通过调用第三方接口的方式，在未经数据源购物平台及平台内经营者同意的情况下，爬取数据源购物平台商品信息数据，并一键上传至其他具有竞争关系的购物平台。截至案发，该软件共爬取商品信息数据942万余条。

请思考：① 天津面兜兜网络科技有限公司的“一键搬家”行为是否符合法律规定？② 如果构成犯罪，应承担什么责任？

知识储备

一、不正当竞争的概念和特征

（一）竞争与不正当竞争的概念

竞争是指经济活动的参加者为争取一定的经济利益而进行的生产经营活动。竞争是商品经济的必然产物，也是市场经济的基本特征之一。不正当竞争是指经济活动的参加者违反法律规定，扰乱市场竞争秩序，损害其他参加者的合法权益的行为。

读一读

市场有广义和狭义之分，狭义的市场是指商品交换的场所，广义的市场是指商品交换关系的总和。建立社会主义市场经济体制，提高企业和社会整体的经济效益，是国家面临的艰巨任务。要完成这一任务，必须加强和改善国家对市场运行的调控、指导和管理。市场运行管理法律制度的建立与完善，是市场运行管理的有效保证。为此，我国先后制定了《中华人民共和国反不正当竞争法》（以下简称《反不正当竞争法》）、《中华人民共和国价格法》、《中华人民共和国产品质量法》（以下简称《产品质量法》）、《中华人民共和国消费者权益保护法》（以下简称《消费者权益保护法》）等法律法规。诚实信用、公平合理、保护消费者利益、维护市场秩序是国家市场管理立法的四大原则。为了能适应日益变化的世界经济形势，掌握必备的市场管理知识显得非常重要。

（二）不正当竞争的特征

1. 不正当行为的主体是经营者

根据《反不正当竞争法》第二条的规定，经营者是指从事商品生产、经营或者提供服务的自然人、法人和非法人组织。非经营者不是竞争行为的主体，所以不能成为不正当竞争行为的主体。但是，非经营者的某些行为有时也会妨害经营者的正当经营活动，侵害经营者的合法权益。例如，政府及其所属部门滥用权力，妨害经营者的正当竞争行为即属此种类型，所以，《反不正当竞争法》也将这类行为列入调整范围。另外，值得注意的是，这里的"经营"包括了生产和流通两个领域的经济活动。

2. 不正当竞争行为是违法行为

不正当竞争行为的违法性，主要表现在违反了《反不正当竞争法》的规定，既包括违反了该法关于禁止不正当竞争行为的各种具体规定，也包括违反了该法的原则性规定。经营者的某些行为虽然不是该法明确规定的不正当竞争行为，但是违反了自愿、平等、公平、诚实信用原则，或者违背了公认的商业道德，也应认定为是不正当竞争行为。

二、反不正当竞争法的概念及基本原则

（一）反不正当竞争法的概念

反不正当竞争法是调整市场竞争过程中，因制止不正当竞争行为而发生的社会关系的法律规范的总称。

反不正当竞争法是国际上普遍采用的一种法律制度。《反不正当竞争法》是我国规范经营者的竞争行为，维护市场竞争秩序的基本法律。国家工商行政管理局针对市场竞争中出现的一些特殊的不正当竞争行为，先后发布了一系列相关行政法规，如《关于禁止公用企业限制竞争行为的若干规定》《关于禁止商业贿赂行为的暂行规定》等。此外，在其他一些法规中也有涉及反不正当竞争行为的内容，如《中华人民共和国商标法》（以下简称《商标法》）、《中华人民共和国专利法》（以下简称《专利法》）、《中华人民共和国著作权法》（以下简称《著作权法》）与《中华人民共和国招标投标法》等。

（二）反不正当竞争法的基本原则

根据《反不正当竞争法》的规定，我国反不正当竞争法有下列两项基本原则。

1. 自愿、平等、公平原则

自愿主要指竞争者不得强迫、胁迫或利诱对方同自己进行交易或不与竞争对手进行交易。平等指竞争者应相互尊重对方的独立地位，不得为了自己的利益而损害竞争对手的利益。公平原则一方面要求市场应当是自由开放的，竞争者参加竞争的机会应是均等的；另一方面要求竞争者不得以大欺小、以强凌弱。公平原则还要求竞争者只能以公开合法的手段进行竞争，不得进行幕后交易。

2. 诚实信用，遵守公认商业道德原则

此项原则要求经营者无论进行任何经济活动均应出于正当的商业动机，以正当的、符合商业道德的手段实现其经济目的。

三、不正当竞争行为

要制止不正当竞争行为，则必须明确哪些行为属于不正当竞争行为。广义的不正当竞争行为包括三类：垄断行为、限制竞争行为、不正当竞争方法。狭义的不正当竞争行为只是指不正当竞争方法。我国《反不正当竞争法》调整限制竞争行为与不正当竞争方法。

（一）限制竞争行为

1. 对公用企业或其他依法享有独占地位的经营者的限制

公用企业或其他依法享有独占地位的经营者主要包括供电、供热、供气、邮政、通信、交通运输等行业的经营者。由于这些企业的自然特点及我国旧的经济体制的延续，这类企业所提供的商品或服务具有某种程度的垄断，特定消费者对提供者往往没有选择的余地。正是基于这种垄断地位，公用企业往往限定他人购买其指定经营者的商品或服务。这种行为的表现形式通常是以不与进行交易为要挟，要求其所提供的商品或服务的需求者购买其指定经营者的商品，这些商品一般是与其所提供的商品或服务相联系的。这种滥用其经济优势的行为妨害了市场的公平竞争秩序和用户、消费者自由选择权的行使。

2. 对政府及其所属部门的限制

政府及其所属部门指的是除国务院以外的各级行政机构。限制政府及其所属部门的竞争行为必须具备的一个要件，就是滥用行政权力，即其行政行为违反合法、合理的行政原则，否则，即使是行政行为的结果事实上限制了竞争，也不构成反不正当竞争法中所指的限制竞争行为。限制政府机构的竞争行为主要有两种表现形式。

（1）以权经商行为。在现实生活中人们常见的两种现象，一种是政府机构兴办第三产业或其他经济实体，政府机构运用行政命令的方式，指定他人购买其所办经济实体的商品；另一种是，某些拥有重要社会经济管理职能的政府机构，要求购买者必须到与自己有关系的企业购买有关商品，否则其就不履行应该履行的职责。

（2）地区封锁行为。主要表现为限制外地商品进入本地市场，或者限制本地商品流入外地市场。

3. 搭售或附加其他不合理条件

搭售或附加其他不合理条件行为的主体是经营者。它是经营者利用其经济和技术等方面的优势地位，在提供商品或者服务时，违背交易对方的意愿，搭配其他商品或者在商品或服务的价格、销售对象、使用范围等方面附加不合理限制条件的行为。这种行为违反了公平交易的原则，损害了消费者利益，也损害了同行业竞争对手的合法权益。

4. 招标投标中的串通行为

招标投标中的串通行为是指在招标投标过程中，投标者互相串通或者招标者与投标者互相串通，损害他人利益的行为。如招标者非法串通压低报价；或者是招标者与某投标者串通，损害其他投标者利益，如招标者在投标者投标前，向某个投标者泄露标底。

（二）不正当竞争方法

1. 欺骗性交易方法

欺骗性交易方法是指在市场交易中采用假冒、模仿、虚假表示等手段，损害竞争对手权益，谋取不正当利益的行为。

我国《反不正当竞争法》规定了四种欺骗性交易方法。

(1) 冒充他人注册商标。

(2) 擅自使用知名商品特有的名称、包装、装潢，或者使用与知名商品近似的名称、包装、装潢，造成和他人的知名商品相混淆，使购买者误认为是知名商品。

(3) 擅自使用他人的企业名称或姓名，足以引起误认误购。

(4) 在商品上伪造或者冒用认证标志、名优标志等质量标志，伪造产地，对商品质量做引人误解的虚假表示。

上述欺骗性交易方法基本上均属于经营者盗用他人劳动成果的行为。这种行为扭曲了竞争机制，损害了消费者和竞争对手的合法权益。

2. 商业贿赂

商业贿赂是指经营者为争取交易机会，暗中给予能够影响市场交易的人员财物或其他好处。商业贿赂行为有两个主要构成要件。

(1) 商业贿赂主观上是故意的。行贿者行贿的目的或者是自己能购买到某些紧俏商品，或者是推销自己的产品，或者是承包工程，等等；受贿者是非法收受财物或者谋取其他不正当利益。两者主观上都是出于故意，而非过失。

(2) 商业贿赂客观上采用秘密方式提供或接受财物或者其他好处。商业贿赂的表现形式主要是“回扣”。《反不正当竞争法》规定，在账外暗中给予对方单位或者个人回扣的，以行贿论处；对单位或者个人在账外收受回扣的，以受贿论处。

需要注意的是，在商品销售过程中，一方给予另一方折扣、佣金等行为，必须采用“明示”的方法，接受方应当如实“入账”，即在合同、发票中明确表示，并入单位的正规财务账，且依法纳税，否则以商业贿赂论处。

3. 虚假广告

虚假广告是指经营者利用广告或其他使公众知道的方法，对商品的质量、制作成分、性能、用途、生产者、有效期限、产地等做引人误解的虚假宣传。构成虚假广告必须达到足以引起一般公众误解的程度。广告宣传中，适度的美化和夸张是允许的，而虚假广告则超出了这一允许范围，严重影响了消费者的客观判断。虚假广告的危害性表现为：一方面，违反商业道德，侵害竞争者的合法权益；另一方面，侵害了消费者的利益。

4. 侵犯商业秘密

商业秘密是指不为公众所知悉，能为权利人带来经济利益，具有实用性并经权利人采取保密措施的技术信息和经营信息。所谓“技术信息和经营信息”，包括设计、程序、产品配方、制作工艺、制作方法、管理诀窍、客户名单、货源情报、产销策略、招标投标中的标底及标书内容等信息。构成商业秘密必须同时具备三个条件。

(1) 不为公众所知晓，即该信息不能从公开渠道直接获取。

(2) 经济实用性，即该信息具有确定的可应用性，能为权利人带来现实的或潜在的经济利益或者竞争优势。

(3) 权利人采取了适当的保密措施,包括订立保密协议,建立保密制度及采取其他合理的保密措施。

根据《反不正当竞争法》的规定,侵犯商业秘密包括下列行为。

① 以盗窃、利诱、胁迫或其他不正当手段获取权利人的商业秘密。

② 披露、使用或允许他人使用上述手段获取权利人的商业秘密。

③ 违反约定或者违反权利人有关保守商业秘密的要求,披露、使用或者允许他人使用其所掌握的商业秘密。

④ 第三人明知或者应知前三项违法行为,而获取、使用或者披露他人的商业秘密。

5. 掠夺定价

掠夺定价是指经营者以挤垮竞争对手为目的,以低于成本的价格销售商品的行为。此种行为有两项构成要件。

(1) 以挤垮竞争对手为目的。

(2) 以低于成本的价格销售商品。

如果非以排挤竞争对手为目的,而是为应付经营中的困难情况,而以低于成本的价格销售商品则不构成掠夺定价。《反不正当竞争法》规定了四种不构成掠夺定价的情况。

① 销售鲜活商品。

② 处理有效期即将到期的商品或其他积压商品。

③ 季节性降价。

④ 因清偿债务、转产、歇业降价销售商品。

6. 不正当有奖销售行为

有奖销售是指经营者销售商品或者提供服务,附带性地向购买者提供物品、金钱或者其他经济上利益的行为。它包括奖励所有购买者的附赠式有奖销售和奖励部分购买者的抽奖式有奖销售。其目的是促销。法律不禁止所有的有奖销售行为,而对违反正当竞争规则,可能对市场经济秩序造成不良影响的有奖销售加以禁止。《反不正当竞争法》列举了三种不正当有奖销售行为。

(1) 采用谎称有奖或者故意让内定人员中奖的欺骗方式进行有奖销售。

(2) 利用有奖销售手段推销质次价高的商品。

(3) 抽奖式有奖销售,最高奖的金额超过 5 000 元。

欺骗性有奖销售实质上是一种商业欺诈行为,它损害了消费者利益,同时也破坏了公认的商业道德。巨奖销售和利用有奖销售手段推销质次价高的商品的危害性在于错误引导社会资金流向,促使生产企业不以质量为重,以粗制滥造的低成本商品供应社会,既损害了消费者利益,也破坏了商业企业的公平竞争秩序。

7. 诋毁竞争对手的商业信誉

诋毁竞争对手的商业信誉行为的主体是经营者,诋毁竞争对手的商业信誉的方式为捏造、散布虚假事实。诋毁竞争对手最主要的表现形式有两种。

(1) 利用召开产品或新闻发布会、声明性公告以及发给用户的公开信等形式,制造、散布有关诋毁竞争对手商业信誉和商品信誉的虚假事实。

(2) 指使有关人员造谣竞争对手在经营方面存在的问题,并在公众中散播,以使公众对该竞争者的商品丧失信赖,从而使自己取而代之,达到获得不正当利益的目的。诋毁竞争对手商业信誉的危害性在于损害竞争对手的利益,不恰当地影响消费者的商品选择权。

四、不正当竞争行为的监督检查和法律责任

对不正当竞争行为进行监督管理,要求进行不正当竞争者对国家及受害者承担相应的法律后果,是制止不正当竞争行为、维护社会经济秩序和其他经营者合法权益的有效手段和途径。

(一)不正当竞争行为的监督检查

1. 监督检查的含义

对不正当竞争行为的监督检查,是指获得国家授权的行政机关,依照法律法规所赋予的职责和权利,运用行政的、经济的、法律的和舆论的手段,为防范和制止不正当竞争行为的发生,清除不正当竞争行为带来的不良影响及后果而采取的监督检查的措施和行动。

2. 监督检查的部门

在我国,对不正当竞争行为进行监督检查的部门为县级以上工商行政管理部门以及法律法规规定的其他部门。后者主要包括卫生行政部门、产品质量监督管理部门、税务部门、物价部门、审计部门等。

3. 监督检查部门的职权

监督检查部门在监督检查不正当竞争行为时,有权行使下列职权。

(1) 询问权。监督检查部门有权按照规定程序询问被检查的经营者、利害关系人、证明人,并要求其提供证明材料或者与不正当竞争行为有关的其他资料。

(2) 查询、复制权。监督检查部门有权查询、复制与不正当竞争行为有关的协议、账册、单据、文件、记录、业务资料和其他资料。

(3) 检查权。监督检查部门有权检查与欺骗性交易行为有关的财物,如认为有必要可以责令被检查的经营者说明该商品的来源和数量,暂停销售,听候检查,不得转移、隐匿、销毁该财物。

(4) 处罚权。监督检查部门有权对从事不正当竞争的经营者给予处罚。

(二)不正当竞争行为的法律责任

我国《反不正当竞争法》就不正当竞争行为规定了 3 种法律责任。

1. 民事责任

经营者违反《反不正当竞争法》的规定,给被侵害的经营者造成损害的,应当承担损害赔偿责任。被侵害的经营者的损失难以计算的,赔偿额为侵权人在侵权期间因侵权所获得的利润,并承担被侵害的经营者因调查该经营者侵害其合法权益的不正当竞争行为所支付的合理费用。

2. 行政责任

《反不正当竞争法》规定了 6 种行政责任。

(1) 责令停止违法行为。

(2) 责令改正,消除影响。

(3) 行政处分。

(4) 行政罚款。

(5) 没收非法所得。

(6) 吊销营业执照。

3. 刑事责任

《反不正当竞争法》规定的可追究刑事责任的行为有以下 4 种。

(1) 侵犯商标专用权行为。

(2) 销售伪劣商品行为。

(3) 进行商业贿赂行为。

(4) 监督检查不正当竞争行为的国家机关人员滥用职权、玩忽职守及徇私舞弊行为。

7-1-1 想一想

四川安东机电有限责任公司经理谢某通过某电气集团东方电机有限公司员工黄某、李某非法获取权利人发电机线圈制造的核心技术之一(生产工艺),并给予二人好处费。随后,谢某陆续通过微信将其非法获取的权利人技术信息发送给四川恒博电机有限公司员工卢某。

请思考:① 四川安东机电有限责任公司的行为是否合法?② 如果违法,触犯了什么法律?有什么后果?

7-1-1 想一想答案

项目实施

本项目“案例导入”中,① 该公司的行为违反了《反不正当竞争法》第十二条第(四)项的规定。② 依据该法第二十四条的规定,责令当事人停止违法行为,处罚款 100 万元。

项目一 练习

一、单选题

1. 根据《反不正当竞争法》的规定，下列行为属于不正当竞争行为中的混淆行为的是(　　)。

A. 甲厂在其产品说明书中做夸大其词的不实说明
B. 乙厂的矿泉水使用“清凉”商标，而“清凉”商标为丙厂所有
C. 丙厂在其广告中做引人误解的虚假宣传
D. 丁厂将其在国内获奖的产品包装设计用在其出口产品上

2. 下列行为中，属于不正当竞争行为的是(　　)。

A. 某商场以低于成本的价格销售处理过季的服装
B. 因清偿债务、转产、歇业而以低于成本的价格销售商品
C. 某商场开展有奖销售，设置最高奖为 5 000 元
D. 某超市以低于成本的价格处理即将过期的牛奶

二、判断题

1. 凡是以低于成本价格销售商品的行为均为不正当竞争行为。(　　)

2. 某经营者为清偿债务而降价销售商品的行为不属于不正当竞争行为。(　　)

3. 佣金是付给中间人的，不是付给合同的另一方当事人的，但是，合同当事人的经办人也可以收取佣金。(　　)

项目二　消费者权益保护法

案例导入

2023 年 9 月，李女士在一家商场购买了一款名牌背包，回家后发现背包存在质量问题，有明显的瑕疵。她随即返回商场要求退货或换货，但商场以“商品售出概不退换”为借口拒绝了她的要求。

请思考：① 商场的规定是否合法？② 消费者在遇到类似情况时应该如何维权？

知识储备

一、消费者权益保护法概述

消费者保护运动于 19 世纪 20 年代发生于因科技革新而实现高度大众消费的美国。消费者要求购买更便宜、更安全的商品。1929 年，美国成立消费者同盟，随后各国也相继成立类似的团体。1960 年成立的世界性的消费者组织——国际消费者联盟组织，标志着保护消费者运动已走上国际化协作的道路。1983 年，国际消费者联盟组织确定每年 3 月 15 日为“国际消费者权益日”。各国纷纷以立法的形式来保护消费者的利益。这是保护消费者利益运动的最重要成果之一。

（一）消费者权益保护法的概念

1. 消费者的含义

消费者又称消费主体，是消费者权益保护法中的一个基本概念。《消费者权益保护法》第二条规定：“消费者为生活消费需要购买、使用商品或者接受服务，其权益受本法保护；本法未作规定的，受其他有关法律、法规保护。”因此，消费者应该是为满足生活消费的需要，购买、使用商品和接受服务的人。

2. 消费者权益的含义

消费者权益是指消费者依法享有的权利及该权利受到保护时而给消费者带来的应得的利益。消费者权益的核心是消费者的权利。

因为消费者所购买并使用的商品或者所接受的服务是由经营者提供的，所以，在保护消费者权益方面，经营者首先负有直接的义务。此外，国家和社会也负有相应的义务。

3. 消费者权益保护法

消费者权益保护法是调整在保护消费者权益过程中发生的经济关系的法律规范的总称。消费者权益保护法的调整对象，就是保护消费者权益过程中所发生的经济社会关系。

《消费者权益保护法》是保护消费者合法权益方面的基本法律。

（二）《消费者权益保护法》的适用范围

根据《消费者权益保护法》的规定，消费者为生活消费需要，购买、使用商品或者接受服务，经营者为消费者提供其生产、销售的商品或服务，必须遵守该法。此外，农民购买、使用直接用于农业生产的生产资料，参照本法执行。

二、消费者的基本权利与经营者的基本义务

（一）消费者的基本权利

消费者的权利是《消费者权益保护法》的核心。根据《消费者权益保护法》的规定，消费者享有下列几种权利。

1. 保障安全权

消费者在购买、使用商品和接受服务时，享有人身、财产安全不受侵害的权利，消费者有权要求经营者提供的商品和服务符合保障人身、财产安全的要求。例如，食品必须做到无毒、无害，符合应有的营养要求，食品的包装、存放、运输必须清洁卫生，过期、变质的食品不能出售；药品必须严格按照工艺规程生产，其化学成分及含量应符合有关规定；家用电器不允许有漏电、爆炸、自燃等潜在危险的存在；等等。

2. 知悉真情权

消费者有权根据商品或者服务的不同情况，要求经营者提供商品的价格、产地、生产者、用途、性能、规格、等级、主要成分、生产日期、有效期限、检验合格证明、使用方法说明书、售后服务或者服务的内容、规格、费用等有关情况。

7-2-1 想一想

2023 年 3 月，赵某通过某电子商务平台与许某建立联系，之后相互添加微信。赵某通过微信向许某购买翡翠吊坠，支付许某 6 000 元，许某承诺“24 小时鉴赏期”“鉴赏期内无条件退换”“包邮包证，支持全国复检”等。赵某签收翡翠吊坠后，发现吊坠与许某发送的产品图不符，与许某沟通时，许某以该吊坠系特价产品不退不换为由拒绝退货退款。赵某将许某诉至法院，要求退还货款。

请思考：本案例中，许某的行为是否违反了《消费者权益保护法》的相关规定？

7-2-1 想一想答案

3. 自主选择权

自主选择权是指消费者享有自主选择商品或者服务的权利。该权利包括以下几项。

（1）自主选择提供商品或服务的经营者的权利。

（2）自主选择商品品种或服务方式的权利。

（3）自主决定购买或者不购买任何一种商品、接受或者不接受任何一项服务的权利。

（4）在自己选择商品或服务时所享有的进行比较、鉴别和挑选的权利。

4. 公平交易权

消费者在购买商品或者接受服务时，有权获得质量保障、价格合理、计量正确等公平交

易条件，有权拒绝经营者的强制交易行为。如饭馆强拉客人进餐、书摊在出售一本紧俏书时强迫读者必须另购一本滞销书等行为都属于强制交易行为。

5. 要求赔偿权

消费者因购买、使用商品或者接受服务受到人身、财产损害的，享有依法获得赔偿的权利。

6. 依法结社权

消费者享有依法成立维护自身合法权益的社会团体的权利，如成立消费者协会等。

7-2-2　**人身伤害赔偿的案例**

7. 求教获知权

求教获知权是指消费者所享有的获得有关消费和消费者权益保护方面知识的权利，目的在于使消费者更好地掌握所需商品或服务的知识和使用技能，正确使用商品，提高自我保护能力。

8. 维护尊严权

消费者在购买、使用商品和接受服务时，享有其人格尊严、民族风俗习惯得到尊重的权利。

9. 监督批评权

消费者享有对商品和服务以及保护消费者权益工作进行监督的权利。此外，还有权检举、控告侵害消费者权益的行为和国家机关及工作人员在保护消费者权益工作中的违法失职行为，有权对保护消费者权益工作提出批评、建议。

7-2-3 练一练

【单选题】消费者在购买商品或者接受服务时，有权获得质量保障、价格合理、计量正确等交易条件，有权拒绝经营者的强制交易行为。这体现了消费者的(　　)权利。

A. 自主选择权　　B. 公平交易权

C. 知情权　　D. 获得赔偿权

7-2-3　**练一练答案**

（二）经营者的基本义务

根据《消费者权益保护法》的规定，经营者应该承担下列义务。

1. 严格履行法定和约定的义务

经营者向消费者提供商品或者服务，应当依照《产品质量法》和其他有关法律法规的规定履行义务。经营者与消费者有约定的，应当按照约定履行义务，但双方约定不得违背法律法规的规定。

2. 接受社会监督的义务

经营者应当听取消费者对其提供的商品或者服务的意见，接受消费者监督。

3. 保证消费者安全的义务

经营者应当保证其提供的商品或者服务符合保障人身、财产安全的要求。对可能危及人身、财产安全的商品和服务，应当向消费者做出真实的说明和明确的警示，并说明和标明正确使用商品或者接受服务的方法以及防止危害发生的办法，如罐装杀虫剂包装上必须标明“防火，不能食用，不要被儿童拿着玩耍，若误入眼内，请用大量清水清洗并及时就医”等警示。此外，经营者发现其提供的商品或者服务存在严重缺陷，即使正确使用商品或接受服务仍然可能对人身、财产安全造成损害的，应当立即向有关行政部门报告和告知消费者，并采取防止危害发生的措施。

4. 不做虚假宣传的义务

经营者应当向消费者提供有关商品或者服务的真实信息。不得做引人误解的虚假宣传，如某些经营者故意夸大宣传某些保健品所并不具备的药效等。经营者对消费者就商品或服务的质量、使用方法等问题提出的询问，应当做出真实、明确的答复。商店提供商品应当明码标价。经营者应当标明名称和标记，如中国民航的凤凰标记、中国人民保险公司的“PICC”等。租赁他人柜台或场地的经营者也应标明其真实名称和标记。

5. 提供签发凭证和单据的义务

经营者提供商品或者服务，应当按照国家有关规定或商业惯例向消费者出具购货凭证或者服务单据；消费者索要购货凭证或者服务单据的，经营者必须出具。

6. 提供符合要求的商品或服务的义务

经营者应当保证消费者在正常使用商品或者接受服务的情况下其提供的商品或服务应当具有的质量、性能、用途和有效期限，但消费者在购买该商品或接受该服务之前已知道其存在瑕疵的除外。经营者以广告、产品说明、实物样品或者其他方式表明商品或者服务的质量状况的，应当保证其提供的商品或者服务的实际质量与表明的质量状况相符。

7. 承担“三包”的义务

经营者提供商品或者服务，按照国家规定或者与消费者的约定，承担包修、包换、包退或者其他责任的，应当履行，不得故意拖延或者无理拒绝。

8. 严格遵守公平交易的义务

经营者不得以格式合同、通知、声明、店堂告示等方式做出对消费者不公平、不合理的规定，或者减轻、免除其损害消费者合法权益应当承担的民事责任。格式合同、通知、声明、店堂告示等含有上述内容的，其内容无效。

9. 尊重消费者的义务

经营者不得对消费者进行侮辱、诽谤，不得搜查消费者的身体及其携带的物品，不得侵犯消费者的人身自由。

7-2-4 练一练

【单选题】经营者提供的商品或者服务不符合质量要求的，消费者可以依照国家规定、当事人约定退货，或者要求经营者（　　）。

A. 履行更换、修理等义务

B. 承担运输等必要费用

C. 承担退货、更换、修理等必要费用

D. 赔偿损失

7-2-4 练一练答案

三、消费者权益的保护

（一）国家对消费者合法权益的保护

1. 立法机关的保护

国家在制定有关消费者权益的法律法规时，应当听取消费者的意见和要求。此外，立法机关在把消费政策上升为法律时，也应听取消费者的意见和要求。

2. 行政机关对消费者合法权益的保护

各级人民政府应当加强领导，组织、协调、督促有关行政部门做好保护消费者合法权益的工作。各级人民政府应当加强监督，预防危害消费者人身、财产安全行为的发生，及时制止危害消费者人身、财产安全的行为。各级人民政府工商行政管理部门和其他有关行政部门应当依照法律、法规的规定，在各自的职责范围内，采取措施，保护消费者的合法权益。此外，有关行政部门应当听取消费者及其社会团体对经营者交易行为、商品和服务质量问题的意见，及时调查处理。

3. 有惩处权力的国家机关的保护

对违法犯罪行为有惩处权力的国家机关，应当依照法律、法规的规定，惩处侵害消费者合法权益的违法犯罪行为，以切实保护消费者的合法权益。

4. 人民法院对消费者合法权益的保护

人民法院应当采取措施，方便消费者提起诉讼。对于符合《中华人民共和国民事诉讼法》（以下简称《民事诉讼法》）起诉条件的消费者权益争议，人民法院必须受理，并应及时审理，以使消费者权益争议尽快得到解决。

（二）社会对消费者合法权益的保护

1. 消费者协会

保护消费者的合法权益是全社会的共同责任。国家鼓励、支持一切组织和个人对损害消费者合法权益的行为进行社会监督。依据《消费者权益保护法》规定，消费者协会和其他消费者组织是依法成立的，不得以牟利为目的来向社会推荐商品和服务。

☞ 小提示

消费者协会是一个社会监督机构，对市场中的商品和服务进行监督，促进企业规范经营；同时它还是一个宣传教育机构，通过各种形式向消费者普及消费知识和法律法规，提高消费者的自我保护意识。

2. 消费者协会的职责

（1）向消费者提供消费信息和咨询服务。

（2）参与有关行政部门对商品和服务的监督、检查。

（3）就有关消费者合法权益的问题，向有关行政部门反映、查询、提出建议。

（4）受理消费者的投诉，并对投诉事项进行调查、调解。

(5) 投诉事项涉及商品和服务质量问题的,可以提请鉴定部门鉴定,鉴定部门应当告知鉴定结论。

(6) 就损害消费者合法权益的行为,支持受损害的消费者提起诉讼。

(7) 对损害消费者合法权益的行为,通过大众传播媒介予以揭露、批评。

四、争议解决

(一) 争议解决的途径

消费者和经营者发生消费者权益争议时,可以通过以下途径解决。

(1) 与经营者协商和解。

(2) 请求消费者协会调解。

(3) 向有关行政部门申诉。

(4) 根据与经营者达成的仲裁协议提请仲裁机构仲裁。

(5) 向人民法院提起诉讼。

(二) 最终承担损害赔偿责任主体的确定

1. 由生产者、销售者、服务者承担

(1) 消费者或者其他受害人因商品缺陷造成人身、财产损害的,可以向销售者要求赔偿,也可以向生产者要求赔偿。属于生产者责任的,销售者赔偿后,有权向生产者追偿。属于销售者责任的,生产者赔偿后,有权向销售者追偿。

(2) 消费者在接受服务时,其合法权益受到损害的,可以向服务者要求赔偿。

(3) 消费者在购买、使用商品时,其合法权益受到损害的,可以向销售者要求赔偿。销售者赔偿后,属于生产者的责任或者属于向销售者提供商品的其他销售者的责任的,销售者有权向生产者或其他销售者追偿。

(4) 消费者在展销会、租赁柜台购买商品或接受服务时,其合法权益受到损害的,可以向销售者或者服务者要求赔偿。展销会结束或柜台租赁期满后,也可以向展销会的举办者、柜台的出租者要求赔偿。展销会的举办者、柜台的出租者赔偿后,有权向销售者或服务者追偿。

2. 由变更后的企业承担

消费者在购买、使用商品或者接受服务时,其合法权益受到损害的,因原企业分立、合并的,可以向变更后承受其权利义务的企业要求赔偿。

3. 由营业执照的使用人或持有人承担

使用他人营业执照的违法经营者提供商品或服务,损害消费者合法权益的,消费者可以向其要求赔偿,也可以向营业执照持有人要求赔偿。

4. 由从事虚假广告行为的经营者和广告的经营者承担

消费者因经营者利用虚假广告提供商品或者服务,导致合法权益受到损害的,可以向经营者要求赔偿,广告的经营者发布虚假广告的,消费者可以请求行政主管部门予以惩处。广告的发布者不能提供经营者的真实名称、地址的,应承担赔偿责任。

五、侵犯消费者权益应当承担的法律责任

（一）法律责任的形式

当消费者的合法权益受到侵犯，造成人身、财产损害时，最终承担损害赔偿责任的主体要承担的法律责任主要有民事责任、经济责任、行政责任、刑事责任。

（二）法律责任的确定

1. 民事责任

(1) 关于承担民事责任的概括性规定。经营者提供商品或者服务有以下情形之一的，除《消费者权益保护法》另有规定的以外，应当按照《产品质量法》和其他有关法律法规的规定，承担民事责任。

第一，商品存在缺陷。如生产带有锐角的金属儿童玩具，由于可能导致对儿童的伤害，属于存在不合理的危险的产品。

第二，不具备商品应当具备的使用性能而出售时未做说明的。如燃气热水器缺少自动熄火报警装置，而出售时并未说明。

第三，不符合在商品或者其包装上注明采用的商品标准的。

第四，不符合商品说明、实物样品等方式表明的质量状况的。

第五，生产国家明令淘汰的商品或者销售失效、变质的商品的。

第六，销售的商品数量不足。

第七，服务的内容和费用违反约定。

第八，对消费者提出的修理、重做、更换、退货、补足商品数量、退还货款和服务费用或者赔偿损失的要求，故意拖延或无理拒绝。

第九，法律法规规定的其他损害消费者权益的情形。

(2) 侵犯人身权的专门规定。经营者提供商品或服务，造成消费者或者其他受害人人身伤害的，应当支付医疗费、治疗期间的护理费、因误工减少的收入等费用，造成残疾的，还应当支付残疾者生活自助用具费、生活补助费、残疾赔偿金以及由其抚养的人所必需的生活费等费用。

(3) 侵犯财产权的专门规定。

第一，经营者提供商品或服务，造成消费者财产损害的，应按照消费者的要求，以修理、重做、更换、退货、补足商品数量、退还货款和服务费用或者赔偿损失等方式承担民事责任。消费者与经营者另有约定的，按照约定履行。

第二，对国家规定或经营者与消费者约定包修、包换、包退的商品，经营者负责修理、更换或者退货，在保修期内两次修理仍不能正常使用的，经营者应当负责更换或者退货。对包修、包换、包退的大件商品，消费者要求经营者修理、更换、退货的，经营者应当承担运输等合理费用。

第三，经营者以邮寄方式提供商品的，应当按照约定提供。未按约定提供的，应按照消费者的要求履行约定或者退回货款，并承担消费者必须支付的合理费用。

第四，经营者以预收款方式提供商品或者服务的，应按约定提供，未按约定提供的，应当按照消费者的要求履行约定或者退回货款，并承担预付款的利息及消费者必须支付的合理费用。

第五，依法经有关行政部门认定为不合格的商品，消费者要求退货的，经营者应当负责退货。

第六，经营者提供商品或服务有欺诈行为的，应当按照消费者的要求增加赔偿其受到的损失，增加的赔偿金额为消费者购买商品价款或接受服务费用的1倍。

7-2-5 **案例**

2. 经济责任和行政责任

经营者有下列情形之一，《产品质量法》和其他有关法律法规对处罚机关和处罚方式有规定的，依照法律法规的规定执行；法律法规未做规定的，由工商行政管理部门责令改正，可以根据情节单处或者并处警告、没收违法所得、处以违法所得1倍以上5倍以下罚款，没有违法所得的，处以1万元以下的罚款。情节严重的，责令停业整顿，吊销营业执照。

(1) 生产、销售的商品不符合保障人身、财产安全要求的。

(2) 在商品中掺杂、掺假、以假充真、以次充好，或以不合格商品冒充合格商品。

(3) 生产国家明令淘汰的商品或销售失效、变质的商品。

(4) 伪造商品的产地，伪造或者冒用他人的厂名、厂址，伪造或者冒用认证标志、名优标志等质量标志。

(5) 销售的商品应当检验、检疫而未检验、检疫或者伪造检验、检疫结果的。

(6) 对商品或者服务做引人误解的虚假宣传。

(7) 对消费者提出的修理、重做、更换、退货、补足商品数量、退还货款和服务费用或者赔偿损失的要求，故意拖延或无理拒绝。

(8) 侵害消费者人格尊严或者人身自由。

(9) 法律法规规定的对损害消费者权益应当予以处罚的其他情形。

经营者对上述处罚决定不服，可以自收到处罚决定之日起15日内向上一级机关申请复议；对复议决定不服，可以自收到复议决定书之日起15日内向人民法院提起诉讼，也可以直接向人民法院提起诉讼。

3. 刑事责任

(1) 经营者提供商品或者服务，造成消费者或其他受害人人身伤害或死亡，构成犯罪的，依法追究刑事责任。

(2) 以暴力、威胁等方法阻碍有关行政部门工作人员依法执行职务的，依法追究刑事责任。

(3) 国家机关工作人员玩忽职守或者包庇经营者侵害消费者合法权益的行为，情节严重，构成犯罪的，依法追究刑事责任。

项目实施

本项目“案例导入”中，① 根据《消费者权益保护法》规定，商场的做法不合法。② 作为消费者，我们遇到此类问题时可以采取以下措施维权。

第一，与商家协商。消费者可以首先与商场进行沟通，要求退货或换货。可以出示购买凭证，并说明背包存在的质量问题，争取与商家达成解决方案。

第二，寻求消费者协会的帮助。如果与商家协商无果，消费者可以向当地的消费者协会投诉。消费者协会可以介入调解，协助消费者与商家协商解决纠纷。

第三，投诉到相关部门。消费者还可以向市场监管部门或商务部门等相关机构投诉，举报商场的违规行为。这些部门可能会对商场进行调查，并采取相应的处罚措施。

第四，寻求法律援助。如果问题无法通过协商和投诉解决，消费者可以考虑寻求法律援助，咨询律师的意见，了解是否可以通过法律途径维护自己的权益。

第五，留下证据。在与商家沟通和解决问题的过程中，消费者应当注意保留相关证据，如购买凭证、背包的照片、与商家的沟通记录等，以便在需要时提供证据支持。

项目二 练习

一、单选题

1. 消费者王某在商场看中一款衣服,标价为500元,售货员告诉王某衣服正在打折,只需300元。王某购买该衣服后,发现该衣服实际标价为250元。根据《消费者权益保护法》,该商场的行为属于( )。

A. 虚假宣传　　B. 价格欺诈　　C. 欺骗消费者　　D. 正常促销

2. 某美容院在向消费者推销某面部护理产品时,故意夸大产品效果,夸大产品具有美白、祛斑等功效。该美容院的行为侵犯了消费者的( )。

A. 自主选择权　　B.公平交易权　　C. 知情权　　D. 安全保障权

3. 小李在商场购买了一台彩电,使用3个月后出现故障。经检测,该彩电存在质量问题。此时,小李可以依据( )要求商场退货。

A.《产品质量法》　　B.《消费者权益保护法》

C.《民事诉讼法》　　D.《中华人民共和国刑事诉讼法》

4. 消费者王某在购买商品后,发现商品存在质量问题,但商家拒绝退货。此时,王某可以向( )投诉。

A. 消费者协会　　B. 工商行政管理部门

C. 质量技术监督部门　　D. 以上皆可

5. 根据《消费者权益保护法》,消费者有权要求经营者提供的商品和服务符合( )。

A. 国际标准　　B. 企业标准

C. 行业标准　　D. 保障人身、财产安全的要求

二、多选题

1. 消费者的知悉真情权包括( )。

A. 商品的价格　　B. 商品的产地

C. 商品的生产者　　D. 商品的主要成分

2. 消费者在自主选择商品或者服务时,有权进行( )。

A. 比较　　B. 鉴别　　C. 挑选　　D. 更换

3. 经营者提供的商品或者服务,造成消费者或者其他受害人人身伤害的,应当支付( )。

A. 医疗费　　B. 治疗期间的护理费

C. 因误工减少的收入　　D. 交通费

4. 消费者协会可以就有关消费者合法权益的问题,向有关行政部门( )。

A. 反映　　　　B. 查询　　　　C. 提出建议　　　　D. 投诉

三、判断题

1. 消费者有权自主选择提供商品或者服务的经营者，自主选择商品品种或者服务方式，自主决定购买或者不购买任何一种商品、接受或者不接受任何一项服务。　　（　　）

2. 消费者在购买商品或者接受服务时，无权获得质量保障、价格合理、计量正确等公平交易条件。　　（　　）

3. 经营者向消费者提供有关商品或者服务的质量、性能、用途、有效期限等信息，应当真实、全面，不得做虚假或者引人误解的宣传。　　（　　）

4. 消费者因购买、使用商品或者接受服务受到人身、财产损害的，只能向经营者要求赔偿。　　（　　）

项目三　产品质量法

案例导入

贾某是一位16岁少女，2016年冬天的某日，她跟随家人去山城餐厅吃火锅。突然，隔壁桌子的火锅下面的炉子爆裂，火星将贾某全身点着了。虽然经过大家及时抢救，但贾某还是全身8%面积烧伤，住院40天，花了2万多元。之后，贾某的家人向该餐厅提出索赔要求，但该餐厅经理认为事故是由炉子问题导致的，应该找厂家，餐厅也是受害者，厂家则声称该炉子没有正规发票，不能证明是他们的产品。

请思考：本案中贾某应该找谁索赔？

知识储备

一、产品质量法概述

（一）产品与产品质量

产品是指经过加工制作，用于销售的物品。产品质量是指由国家法律、专门标准规定，以及由合同约定的对产品适用、安全和其他特性的综合要求。

（二）产品质量法

产品质量法是调整产品的用户或消费者、产品的生产者与销售者、产品质量监督管理部门之间因产品质量问题而形成的权利义务关系的法律规范的总称。

产品质量法有广义与狭义之分。狭义的质量法就是指《产品质量法》，广义的产品质量法还包括同该法配套的行政法规、行政规章以及有关的司法解释。

（三）产品质量法的基本原则

1. 保护消费者、用户合法权益原则

产品质量法从吃、穿、住、用等各方面保护用户、消费者的合法权益，制裁侵权行为和违约行为。

2. 严格产品责任原则

严格产品责任原则又称“无过错赔偿责任”原则，即只要存在产品对消费者造成了人身、财产损害的事实，就要求生产者和销售者承担赔偿责任，而不管生产者或销售者主观上是否有过错。

3. 鼓励产品质量超标和奖励优质者原则

国家鼓励推行科学的质量管理方法，鼓励采用先进的科学技术，鼓励企业产品质量达到或超过行业标准、国家标准和国际标准，对产品质量管理先进和产品质量达到国际先进水平、成绩显著的单位和个人给予奖励。

4. 各管理部门分工负责、密切配合原则

国务院产品质量监督管理部门负责全国产品质量监督管理工作。国务院有关部门在各自职责范围内负责产品质量监督管理工作。县级以上地方人民政府管理产品质量监督工作的部门，负责本行政区域内的产品质量监督管理工作。县级以上地方人民政府有关部门，在各自职责范围内负责产品质量监督管理工作。

二、产品质量法的调整范围

《产品质量法》第二条规定："在中华人民共和国境内从事产品生产、销售活动，必须遵守本法。"该条明确了《产品质量法》的空间适用范围。

产品在仓储、运输过程中的质量问题不受产品质量法调整。仓储、运输不属于独立的生产或销售环节，与生产者、销售者发生的是合同关系，应当由我国的合同法调整。

7-3-1 练一练

【多选题】根据《产品质量法》规定，以下不属于产品的是（　　）。

A. 原油、原煤等直接开采出来未经炼制、洗选加工的原矿产品

B. 籽棉、稻、麦、蔬菜、饲养的鱼虾等种植业、养殖业的初级产品

C. 军工产品、核设施、核产品

D. 建筑工程

7-3-1　**练一练答案**

没有经过加工、制作的产品，或不是以销售为目的的产品，不受产品质量法调整。例如，企业为生产工艺的需要，制作有关工具，在生产过程中使用，这样的工具则不受产品质量法调整；家庭自制的一些物品，用于自家消费，同样不适用产品质量法。

此外，属于天然产品的农、林、牧、渔业产品，矿产品，以及废旧物资等，也不受产品质量法调整。按照《产品质量法》第二条规定："建设工程不适用本法规定。"这是十分明确的。但是应当指出，建设工程中使用的水泥、钢筋等产品，在形成不动产之前，应当适用产品质量法。

在中国境内销售的属于产品质量法所称产品范围内的进口产品，适用产品质量法。

三、我国产品质量监督管理体制

（一）产品质量监督管理机构及其职责

产品质量监督管理机构是指根据国家法律对产品质量行使监督管理职能的行政机关的总称。在我国，产品质量监督管理机构有以下几种。

1. 技术质量监督机构

国家技术质量监督局和地方各级人民政府（县级以上）的技术质量监督局构成全国统

一的技术质量监督管理体系。国家技术质量监督局负责全国的技术质量监督工作和产品质量监督管理工作。

2. 行业监督管理部门

在技术性较强的特殊产品生产行业中,国家设置各种行业监督检验机构,对这些特殊产品进行监督管理。例如,各级卫生行政部门负责食品卫生的监督检验工作,进出口商品检验局负责组织管理全国进出口商品的检验,等等。

3. 工商行政管理部门

国家工商行政管理局和各级工商行政管理部门(县级以上)主要负责下述产品质量监督管理工作:① 查处生产、销售假冒商品的行为;② 依法查处倒卖、骗卖劣质商品的行为。

以上各类产品质量监督管理机构的职责有:① 在各自的行政区域内和法律规定的权限内负责产品质量监督管理工作;② 监督产品质量抽查工作;③ 负责处理消费者就产品质量问题提起的申诉;④ 法律法规规定的其他职责。

(二) 产品质量社会性监督

产品质量社会性监督,是指保护消费者权益的社会组织等对产品质量实行的社会性监督。

1. 用户、消费者的监督

用户、消费者有权就产品的质量问题向产品的生产者、销售者查询,向产品质量监督管理部门、工商行政管理部门及有关部门申诉,有关部门应当负责处理。

2. 消费者权益保护组织的监督

保护消费者权益的社会组织可以就消费者反映的产品质量问题,建议有关部门负责处理,支持消费者就因产品质量而造成的损害向人民法院起诉。

四、产品质量监督管理的内容

(一) 产品质量标准制度

为了完善市场准入制度,国家法律明确禁止无标准生产。产品标准是对产品结构、规格、质量和检验方法所做的技术规定。产品标准按照制定的主体和适用范围不同,分为国家标准、地方标准、行业标准和企业标准。

国家标准主要是有关经济、技术发展,特别是国家经济发展的重要产品标准和与广大人民生活有关的重要产品的标准。国家标准在整个标准体系中层次最高,其他标准内容不得与国家标准内容相抵触。凡有国家标准的不再制定行业标准、地方标准。各级生产、建设、科研、设计、管理部门和企业、事业单位都要严格贯彻执行,不得擅自更改或降低。国家标准由国务院标准化行政主管部门组织制定,其代号为 GB。

地方标准由地方(省、自治区、直辖市)标准化行政主管部门制定,并报国务院标准化行政主管部门备案。在地方标准化行政主管部门所辖区域内适用。地方性标准主要限于没有国家标准和行业标准的工业产品的安全、卫生要求,代号为 DB。

行业标准由国务院有关行政主管部门制定,并报国务院标准化行政主管部门备案,在全国某一行业范围内适用。行业标准的效力低于国家标准,高于地方标准,代号为 IB。

企业标准由企业制定并报当地政府标准化行政主管部门和有关行政主管部门备案，在企业内部适用。它可以严于国家标准和行业标准，代号为 QB。

产品标准分为强制性标准和推荐性标准。强制性标准是事关人身健康、财产安全的产品标准和在国民经济中具有重大意义的产品标准。任何企业必须遵守强制性标准，对涉及安全、健康环保的产品，实行严格的市场准入制度。推荐性标准不强制有关各方遵守执行。推荐性标准附加符号 T 表示。

（二）企业质量体系认证制度

企业质量体系认证制度是指法定的质量认证机构对企业质量管理水平进行公正的检验后，确认和证明该企业质量管理达到国际通用标准的一种制度。该制度通过对产品质量构成的各种因素，如产品设计、工艺准备、制造过程、质量检验、组织机构和人员素质等质量保证能力进行严格评定，以使企业形成持续稳定生产符合标准的产品的能力，减少、消除和预防质量缺陷的产生。我国根据国际通用的质量管理标准，推行企业质量体系认证制度。企业根据自愿的原则，可以向国务院产品质量监督管理部门，或其授权的部门认可的认证机构，申请企业质量体系认证。经认证合格的，由认证机构颁发企业质量体系认证证书。

（三）产品质量认证制度

产品质量认证制度，是指经法定认证机构对有关产品的质量进行公正的检验后，借助于合格证书和合格标志，确认、证明该企业能够生产符合产品标准和技术要求的产品的一种制度。产品质量认证的对象是产品，这是与企业质量体系认证的显著区别之一。国家参照国际先进的产品标准和技术要求，推行产品质量认证制度。企业根据自愿原则，可以向国务院产品质量监督管理部门，或其授权的部门认可的认证机构，申请产品质量认证。经认证合格的，由认证机构颁发产品质量认证证书，准许企业在产品或者其包装上使用产品质量认证标志。我国现已批准使用的产品质量认证标志有：长城标志、PRC 标志、方圆标志。CE 是符合欧盟标准的产品安全认证标志，BSI、VDE、CSA、JIS、AS、SIS 等分别是英国、德国、加拿大、日本、澳大利亚、瑞典等国家对符合该国对应技术标准的产品发给的合格认证标志代号。消费者一看到这种公众熟悉的权威性标志，就会建立起对该产品质量的信心。据统计，近年来，深圳市已有 50 多家企业的 300 多种产品取得了 DL、CSA、VDE 等认证标志，有效地促进了产品的出口。

（四）产品出厂检验、质量监督抽查与召回制度

产品出厂必须实行严格的质量检验制度，以确保进入流通环节的产品的质量安全可靠。发现有缺陷或不合格的产品一律召回。产品质量监督检查是指国务院产品质量监督管理部门及地方各级产品质量监督管理部门依照国家有关法律法规和规章的规定，以及同级人民政府赋予的行政职权，对生产、流通领域的产品质量，代表政府实施的一种具有监督性质的检查活动。这项制度由国务院产品质量监督管理部门统一负责，以抽查为主要方式进行，并按期向社会发布监督抽查公报，目的是促进产品生产企业提高产品质量，防止劣质产品危害国家和消费者的利益。抽查范围根据《产品质量法》第十五条规定，对可能危及人体健康和人身、财产安全的产品，影响国计民生的重要工业产品，以及消费者、有关组织反映有质量问题的产品进行抽查，但要防止重复抽查。法律对产品质量的监督抽查另有规定的，依照有关法律

的规定执行。根据监督抽查的需要,可以对产品进行检验,但不得向企业收取检验费用。

五、生产者、销售者在产品质量方面的义务和责任

(一) 生产者在产品质量方面的义务和责任

1. 对产品质量的具体要求

生产者应对其生产的产品质量负责,产品质量应符合下列要求。

(1) 不存在危及人身、财产安全的不合理危险。如果有保障人体健康、人身安全的国家标准、行业标准为依据的,应当符合该标准。所谓不存在危及人身、财产安全的不合理危险,就是要求生产者生产的产品不得存在缺陷,包括设计上的缺陷、原材料的缺陷、制造缺陷、指示上的缺陷等。

(2) 具备产品应当具备的使用性能,但是已对产品存在的使用性能方面的瑕疵做出说明的情况除外。

(3) 符合在产品或其包装上注明所采用的产品标准,符合以产品说明、实物样品等方式表明的质量状况。

2. 对生产中产品标识的具体要求

产品标识或者产品包装上的标识应符合以下要求。

(1) 有产品质量检验合格证明。

(2) 有中文标明的产品名称、生产厂厂名和厂址。

(3) 根据产品的特点和使用要求,需要标明产品规格、等级、所含主要成分的名称和含量的,必须相应地标明。

(4) 限期使用的产品,必须标明生产日期和安全使用期或者失效日期。

(5) 容易因使用不当造成产品本身损害的或可能危及人身、财产安全的产品,应有警示标志或者中文警示说明。

裸装的食品和其他根据产品的特点难以附加标识的裸装产品,可以不附加产品标识。剧毒、危险、易碎、储运中不能倒置以及有其他特殊要求的产品,其包装必须符合相应的要求,必须有警示标志或者通过中文警示说明,标明储运注意事项。

7-3-2 想一想

某商场在销售一种多功能食品加工机时,在产品说明书中表明该产品具有多种功能,并在商场门口的海报上明确标出“今日特价 880 元”的字样。消费者张某购买了一台该多功能食品加工机,回家后发现该产品只有一种功能,遂向商场提出退货。商场认为产品说明书及海报上对产品的功能已做了明确说明,不存在质量问题,并且产品没有降价,因此不同意退货。

请思考:商场的行为是否违反了《产品质量法》?为什么?

7-3-2 想一想答案

3. 生产者在生产中的义务(禁止性规定)

(1) 生产者不得生产国家明令淘汰的产品。国家淘汰的产品,多是产品性能落后,能耗

高，环境污染较大，对人体健康和人身、财产安全危害较大的产品。1982 年以来，国务院宣布淘汰了 6 种农药，禁止生产、销售、使用，如六六六、滴滴涕、敌敌畏等。

(2) 生产者不得伪造产地，不得伪造或者冒用他人的厂名、厂址。一些产品因产地不同，其性能、质量指标会有很大的差异，特别是一些土特产品与产地的气候、环境有密切联系。例如，江苏宜兴的紫砂制品、杭州的龙井茶叶等，必须用当地的原料才能加工而成，而他地紫砂制品就不能称为“宜兴紫砂”，他地茶叶也不能称为“杭州龙井”。否则，这种行为就是伪造产地的违法行为。

(3) 生产者不得伪造或者冒用认证标志、名优标志等质量标准。

(4) 生产者生产产品，不得掺杂、掺假，不得以假充真，以次充好，不得以不合格产品冒充合格产品。大米中掺沙子，陈米加白脱油刨光冒充新米，香油中兑米汤，以废旧钢材制造汽车刹车片等就是典型的掺杂、掺假、以假充真的行为。

（二）销售者在产品质量方面的义务

(1) 销售者应当执行进货检查验收制度，验收产品合格证明和其他标识。进货检查验收制度是销售者保证销售产品质量的有效方法，可以使销售者检验所进产品的质量，保护自身的合法权利。

(2) 保持销售产品的质量。

(3) 不得销售失效、变质的产品。

(4) 销售产品的标识应当符合有关规定。

(5) 不得伪造产地，不得伪造或者冒用他人的厂名、厂址。

(6) 不得伪造或者冒用认证标志，名优标志等质量标志。

(7) 销售的产品不得掺杂、掺假，不得以假充真、以次充好，不得以不合格产品冒充合格产品。

六、违反产品质量法的法律责任

（一）违反产品质量法法律责任的概念和依据

1. 产品质量责任的概念

我国产品质量法中所称的产品质量责任是指产品的生产者、销售者违反《产品质量法》的规定，对其作为或者不作为应当依法承担的行政责任、民事责任和刑事责任。产品质量责任是一种综合责任，具有以下特点。

(1) 强制性。产品质量责任是法律强制责任人承担其违法行为的后果，除法律明文规定的以外，责任者的责任不得被免除、减轻，也不得以事先约定加以限制、排除。

(2) 明确性。产品质量责任是以法律形式明确规定的，行为人违反了哪些义务，要承担什么样的责任，法律已经做出了明确的规定。

(3) 制裁性。责任者承担了民事责任，并不免除其应当承担的行政责任、刑事责任。

2. 判定产品质量责任的依据

因违反产品质量义务所要承担的法律责任，究竟应以什么原则作为承担责任的依据，是产品质量法的核心内涵。我国产品质量法明确规定了判定产品质量的依据，主要包括三个方面。

(1) 默示担保。即国家有关法律法规规定的产品质量要求,产品必须符合安全、卫生要求,具备应有的使用性能。法律法规规定产品质量必须满足的条件,任何人必须严格遵守和执行,不得以任何形式予以排除和限制。

(2) 明示担保。即明示采用的产品标准、合同、产品说明、实物样品或以其他方式表明的质量指标。明示担保是生产者、销售者自身对产品质量做出的保证和承诺,可以用产品说明、标识、广告、样品或其他方式表示。

(3) 产品存在缺陷。即产品存在危及他人人身、财产安全的不合理危险,并且造成了使用者或者消费者的人身伤害或者财产损失。

只要产品质量违反上述三方面规定之一,产品的生产者、销售者就应当依法承担产品质量责任。

需要指出的是,因产品质量违反默示担保或明示担保,无论是否造成损害后果,都应承担相应的法律责任。但对于产品存在缺陷来说,只有因产品缺陷造成了损害后果的才承担责任。

(二) 民事责任

1. 一般产品质量责任(产品质量责任与产品责任)

产品质量责任是指生产者、销售者违反产品质量义务所应承担的法律后果。它是一种综合责任,包括民事责任、行政责任和刑事责任,违反产品质量义务的民事责任包括合同责任和质量侵权责任两种。

产品责任又称产品瑕疵责任,是指产品的生产者或销售者因产品的瑕疵而给消费者、使用者或他人造成人身财产损害所应承担的责任,它是一种特殊的侵权责任。

产品质量责任和产品责任的发生都与产品质量相联系。但两者在性质、责任范围、责任主体、责任产生的时间上有所区别。

2. 产品缺陷致人损害赔偿责任

(1) 产品质量缺陷的概念。

《产品质量法》所称"缺陷"是指产品存在危及人身及财产安全的不合理危险,或者是不符合有关保障人体健康,人身、财产安全的国家标准、行业标准的状况。

(2) 承担责任的条件。

第一,产品存在缺陷主要指产品存在危及人身及财产安全的不合理危险。具体来说,产品缺陷包括:① 设计上的缺陷,指由于设计不当而形成的缺陷,即在设计产品时,由于对产品的性能考虑不周,而没有设计安全装置,发生产品责任事故。② 制造上的缺陷,指产品在制作过程中未达到设计精度要求,或者不符合设计规范、加工工艺存在问题等,致使产品存在不安全的因素。③ 指示上的缺陷,指产品的警示说明、警示标志等产品标识未能清楚地告知使用人应当注意的使用方法,以及应当引起警惕的注意事项,或者产品使用了不真实的、不适当的甚至是虚假的说明,致使使用人遭受损害。④ 原材料上的缺陷,指制造产品使用的原材料不符合质量、卫生、安全等标准。这主要发生在食品、药品生产方面。

第二,因产品缺陷造成了用户、消费者人身伤害或财产损失。产品责任以受害人的人身伤害和财产遭受损失为前提。如果产品存在缺陷,但并未造成他人人身和财产损害的事实,则不构成产品责任,对于受害人来说,只要发生损害即可请求赔偿。至于损害的大小、轻重,则不影响侵害人承担责任。

第三，产品缺陷与损害事实之间有因果关系，指损害事实是因产品缺陷所致。如果损害事实不是由产品缺陷造成的，则不负民事责任。例如，对消费者因使用不当造成的损害事实，生产者、销售者可不负民事责任。

以上是承担产品侵权赔偿责任的必备要件，缺一不可。

(3) 免责条件。

当生产者能够证明有下列情形之一时，生产者不承担赔偿责任：① 未将产品投入流通；② 产品投入流通时，引起损害的缺陷尚不存在；③ 产品投入流通时的科学技术水平尚不能发现缺陷的存在。

(4) 赔偿范围。

生产者、销售者如未尽责任和义务，应受处罚。销售者的事后损害赔偿责任及其追偿权。售出的产品有下列情形之一的，销售者应当负责修理、更换、退货；给购买产品的用户、消费者造成损失的，销售者应当赔偿损失：① 不具备产品应当具备的使用性能而事先未作说明；② 不符合在产品或者其包装上注明采用的产品标准；③ 不符合产品说明、实物样品等方式表明的质量状况。

销售者依照上述规定负责修理、更换、退货或者赔偿损失后，属于生产者的责任或者属于向销售者提供产品的其他销售者的责任的，销售者有权向生产者、供货者追偿。

生产者的事后损害赔偿责任。因产品存在缺陷而造成人身及缺陷产品以外的其他财产损害的，生产者应当承担赔偿责任。

销售者的赔偿责任。由于销售者的过错使产品存在缺陷，造成人身及财产损害，销售者应当承担赔偿责任。销售者不能指明缺陷产品的生产者或供货者的，销售者应当承担赔偿责任。

受害人的索赔权，生产者和销售者的相互追偿权。因产品存在缺陷造成人身及财产损害的，受害人可以向产品的生产者要求赔偿，也可向产品的销售者要求赔偿，属于产品的生产者的责任，产品的销售者赔偿的，该销售者有权向产品的生产者追偿，属于产品的销售者的责任，由产品的生产者赔偿的，该生产者有权向产品的销售者追偿。

(5) 承担损害赔偿方式。

① 因产品存在缺陷造成受害人人身伤害，侵害人应当赔偿医疗费，治疗期间的护理费，因误工减少的收入等费用；② 造成残疾的，还应当支付残疾者生活自助器具费、生活补助费、残疾赔偿金以及其抚养的人所必需的生活费等费用；③ 造成受害人死亡的，并应当支付丧葬费，死亡赔偿金以及由死者生前抚养的人所必需的生活费等费用；④ 因产品存在缺陷造成受害人财产损失，侵害人应当恢复原状或者折价赔偿，受害人因此遭受其他重大损失的，侵害人应当赔偿损失。

(6) 产品质量纠纷解决途径。

因产品质量发生民事纠纷时，当事人可以通过协商或者调解解决，也可向仲裁机构申请仲裁，还可向人民法院起诉。仲裁机构和人民法院可以委托具备合法资格的产品质量检验机构，对有关产品质量进行检验。

因产品存在缺陷造成损害的。要求赔偿的诉讼时效期间为 2 年。自当事人知道或应当知道其权益受到损害时计算。如果当事人因故不知道或无法知道其权益受到损害，诉讼时效期延长到 10 年，即上述索赔请求权在造成损害的缺陷产品交付最初用户、消费者满 10 年时丧失,但是,尚未超过明示的安全使用期的除外。

(三)刑事责任

生产者、销售者违反《产品质量法》,除应承担损害赔偿方面的民事责任以外,还应视情节轻重相应地承担一定的行政责任、经济责任直至刑事责任。从市场经济的公平、公开、公正原则出发,《产品质量法》对有关执法机关及其工作人员的职权范围也做了明确的界定,规定了严格的法律责任。

1. 对销售者、生产者违法行为的处罚

(1) 销售失效、变质的产品的,责令停止销售,没收违法销售的产品,并处违法销售产品货值金额两倍以下的罚款;有违法所得的,并处没收违法所得;情节严重的,吊销营业执照;构成犯罪的,依法追究刑事责任。

(2) 伪造产品产地,或者冒用他人厂名、厂址,或者冒用认证标志等质量标志的新产品,如果有充分证据证明其不知道该产品为禁止销售的产品并如实说明其进货来源的,可以从轻或者减轻处罚。

(3) 生产者、销售者生产、销售不符合保障人体健康和人身、财产安全的国家标准、行业标准的产品的,责令停止生产、销售,没收违法生产、销售的产品,并处违法生产、销售产品(包括已售出和未售出的产品,下同)货值金额等值以上三倍以下的罚款;有违法所得的,并处没收违法所得;情节严重的,吊销营业执照;构成犯罪的,依法追究刑事责任。

(4) 生产者、销售者在产品中掺杂、掺假,以假充真,以次充好,或者以不合格产品冒充合格产品的,责令停止生产、销售,没收违法生产、销售的产品,并处违法生产、销售产品货值金额百分之五十以上三倍以下的罚款;有违法所得的,并处没收违法所得;情节严重的,吊销营业执照;构成犯罪的,依法追究刑事责任。

(5) 生产者、销售者生产、销售国家明令淘汰并停止销售的产品的,责令停止生产、销售,没收违法生产、销售的产品,并处违法生产、销售产品货值金额等值以下的罚款;有违法所得的,并处没收违法所得;情节严重的,吊销营业执照;构成犯罪的,依法追究刑事责任。

(6) 生产者、销售者伪造产品产地的,伪造或者冒用他人厂名、厂址的,伪造或者冒用认证标志等质量标志的,责令改正,没收违法生产、销售的产品,并处违法生产、销售产品货值金额等值以下的罚款;有违法所得的,并处没收违法所得;情节严重的,吊销营业执照。

(7) 生产者生产的产品或者其包装上的标识必须真实,并符合下列要求:有产品质量检验合格证明;有中文标明的产品名称、生产厂厂名和厂址;根据产品的特点和使用要求,需要标明产品规格、等级、所含主要成分的名称和含量的,用中文相应予以标明;需要事先让消费者知晓的,应当在外包装上标明,或者预先向消费者提供有关资料;限期使用的产品,应当在显著位置清晰地标明生产日期和安全使用期或者失效日期;使用不当,容易造成产品本身损坏或者可能危及人身、财产安全的产品,应当有警示标志或者中文警示说明。裸装的食品和其他根据产品的特点难以附加标识的裸装产品,可以不附加产品标识。产品标识不符合本法规定,情节严重的,责令停止生产、销售,并处违法生产、销售产品货值金额百分之三十以下的罚款;有违法所得的,并处没收违法所得。

(8) 对生产者专门用于生产、销售不符合保障人体健康和人身、财产安全的国家标准、行业标准的产品,生产、销售国家明令淘汰并停止销售的产品或者以假充真的产品的原辅材料、包装物、生产工具的，应当予以没收。

（9）生产者、销售者拒绝接受依法进行的产品质量监督检查的，给予警告，责令改正；拒不改正的，责令停业整顿；情节特别严重的，吊销营业执照。

（10）以暴力、威胁方法阻碍产品质量监督部门或者工商行政管理部门的工作人员依法执行职务的，依法追究刑事责任；拒绝、阻碍未使用暴力、威胁方法的，由公安机关依照治安管理处罚法的规定处罚。

（11）违反《产品质量法》规定，应当承担民事赔偿责任和缴纳罚款、罚金，其财产不足以同时支付时，先承担民事赔偿责任。

2. 对其他相关人员违法行为的处罚

（1）知道或者应当知道属于《产品质量法》规定禁止生产、销售的产品而为其提供运输、保管、仓储等便利条件的，或者为以假充真的产品提供制假生产技术的，没收全部运输、保管、仓储或者提供制假生产技术的收入，并处违法收入百分之五十以上三倍以下的罚款；构成犯罪的，依法追究刑事责任。

（2）服务业的经营者将不符合保障人体健康和人身、财产安全的国家标准、行业标准的产品和失效、变质的产品，用于经营性服务的，责令停止使用；对知道或者应当知道所使用的产品属于《产品质量法》禁止销售的产品，按照违法使用的产品（包括已使用和尚未使用的产品）的货值金额，依照《产品质量法》对销售者的处罚规定处罚。

（3）隐匿、转移、变卖、损毁被产品质量监督部门或者工商行政管理部门查封、扣押的物品的，处被隐匿、转移、变卖、损毁物品货值金额等值以上三倍以下的罚款；有违法所得的，并处没收违法所得。

（4）社会团体、社会中介机构对产品质量做出承诺、保证，而该产品又不符合其承诺、保证的质量要求，给消费者造成损失的，与产品的生产者、销售者承担连带责任。

（5）在广告中对产品质量做虚假宣传，欺骗和误导消费者的，依照《中华人民共和国广告法》的规定追究法律责任。

3. 对产品质量检验机构违法行为的处罚

（1）产品质量检验机构、认证机构伪造检验结果或者出具虚假证明的，责令改正，对单位处五万元以上、十万元以下的罚款。

（2）对直接负责的主管人员和其他直接责任人员处一万元以上、五万元以下的罚款；有违法所得的，并处没收违法所得；情节严重的，取消其检验资格、认证资格；构成犯罪的，依法追究刑事责任。

（3）产品质量检验机构、认证机构出具的检验结果或者证明不实，造成损失的，应当承担相应的赔偿责任；造成重大损失的，撤销其检验资格、认证资格。

（4）产品质量认证机构对不符合认证标准而使用认证标志的产品，未依法要求其改正或者取消其使用认证标志资格的，对因产品不符合认证标准给消费者造成的损失，与产品的生产者、销售者承担连带责任；情节严重的，撤销其认证资格。

4. 对产品质量监督管理部门和工作人员违法行为的处罚

（1）产品质量监督管理部门在产品质量监督抽查中超过规定的数量索取样品或者向被检查人收取检验费用的，由上级产品质量监督管理部门或者监察机关责令退还；情节严重的，对直接负责的主管人员和其他直接责任人员依法给予行政处分。

（2）产品质量监督管理部门或者其他国家机关以及产品质量检验机构不得向社会推荐生产者的产品；不得以对产品进行监制、监销等方式参与产品经营活动。产品质量监督管理部门或者其他国家机关违反规定，向社会推荐生产者的产品或者以监制、监销等方式参与产品经营活动的，由其上级机关或者监察机关责令改正，消除影响，有违法收入的予以没收；情节严重的，对直接负责的主管人员和其他直接责任人员依法给予行政处分。产品质量检验机构有上述所列违法行为的，由产品质量监督管理部门责令改正，消除影响，有违法收入的予以没收，可以并处违法收入一倍以下的罚款；情节严重的，撤销其质量检验资格。

（3）产品质量监督管理部门或者工商行政管理部门的工作人员滥用职权、玩忽职守、徇私舞弊，构成犯罪的，依法追究刑事责任；尚不构成犯罪的，依法给予行政处分。

5. 对各级人民政府工作人员和其他国家机关工作人员违法行为的处罚

有下列情形之一的，依法给予行政处分；构成犯罪的，依法追究刑事责任。

（1）包庇、放纵产品生产、销售中违反《产品质量法》规定行为的。

（2）向从事违反《产品质量法》规定的生产、销售活动的当事人通风报信，帮助其逃避查处的。

（3）阻挠、干预产品质量监督管理部门或者工商行政管理部门依法对产品生产、销售中违反《产品质量法》规定的行为进行查处，造成严重后果的。

6. 关于行政处罚的复议程序和诉讼程序

当事人对行政处罚决定不服，可以在接到处罚通知书之日起 15 日内，向做出处罚决定机关的上一级机关申请复议；当事人也可以在接到处罚通知书之日起 15 日内直接向人民法院提起行政诉讼。

复议机关应当在接到复议申请之日起 60 日内做出复议决定。当事人对复议决定不服的，可以在接到复议决定之日起 15 日内向人民法院起诉。当事人逾期不申请复议也不向人民法院起诉，又不履行处罚决定的，做出处罚决定的机关可以申请人民法院强制执行。

项目实施

本项目“案例导入”中涉及的主要问题是产品质量责任的承担主体是谁。根据《产品质量法》，生产者和销售者都有可能承担产品质量责任，具体取决于谁是缺陷产品的提供者。在这个案例中，火锅下面的炉子爆裂导致了贾某的人身伤害，因此需要确定炉子的生产者或销售者是否存在过错。

餐厅作为炉子的使用者，应当对其使用的产品质量负责。如果餐厅能够证明炉子的缺陷是由生产者造成的，那么餐厅可以在赔偿贾某后向生产者追偿。但是，厂家声称该餐厅购买炉子没有开具正规发票，这可能会影响餐厅的追偿权利。

厂家作为炉子的生产者，应当对其生产的产品质量负责。如果厂家不能证明炉子没有缺陷或者缺陷不是由其造成的，那么厂家可能需要承担赔偿责任。但是，厂家声称该餐厅购买炉子没有开具正规发票，这可能会影响厂家的赔偿责任。

在这种情况下，贾某可以向餐厅或厂家提出索赔要求，具体取决于谁能够证明自己没有过错。如果餐厅和厂家都不能证明自己没有过错，那么贾某可以要求他们共同承担赔偿责任。

项目三　练习

一、单选题

1.《产品质量法》所称的产品是指(　　)。

A. 经过加工、制作,用于销售的产品　　B. 建筑工程

C. 服务业　　D. 原煤、原矿等天然物品

2. 下列产品中,适用《产品质量法》调整的是(　　)。

A. 建筑工程　　B. 原矿　　C. 商品房　　D. 电视机

3. 生产者、销售者对抽查检验的结果有异议的,可以自收到检验结果之日起(　　)内向实施监督抽查的产品质量监督部门或者其上级产品质量监督部门申请复检。

A. 7 日　　B. 15 日　　C. 30 日　　D. 60 日

4. 某毛线厂生产的毛线,经质检部门检查属于不合格产品。厂长命令将这些毛线做其他用途,厂长的做法(　　)。

A. 是正确的　　B. 是违法行为

C. 可以由企业自主决定　　D. 只要不造成损失就可以

二、多选题

1. 下列各项中,属于《产品质量法》中所称产品的有(　　)。

A. 商品房　　B. 汽车　　C. 天然气　　D. 赠品

E. 电

2. 生产者的产品质量义务包括(　　)。

A. 保证产品质量

B. 产品标识符合规定要求

C. 生产者不得生产国家明令淘汰的产品

D. 不得伪造产地

E. 产品包装符合规定要求

3. 下列关于产品质量监督检查制度的说法中,正确的有(　　)。

A. 可能危及人体健康和人身、财产安全的产品必须符合相应的强制性标准

B. 国家对产品质量实行以抽查为主要方式的监督检查制度

C. 监督抽查工作由国务院产品质量监督部门规划和组织

D. 生产者、销售者对抽查检验的结果有异议的,可以申请复检

E. 国家监督抽查的产品,地方不得另行重复抽查

4. 某消费者在商场购买了一台彩色电视机，使用 3 个月后发生故障，在“三包”有效期内，经两次修理仍不能正常使用，该消费者可以(　　)。

A. 要求退货

B. 要求更换

C. 要求退货且要求经营者赔偿运输费

D. 要求更换且要求经营者赔偿运输费

E. 向人民法院提起诉讼

单元八

知识产权法律制度

学习目标

1. 掌握知识产权法的基本概念。

2. 熟悉知识产权法律关系，了解知识产权的取得、保护、侵权行为及法律责任。

3. 培养知识产权权利意识，提升法制观念；学会运用知识产权法相关知识规范自身行为及维护自身权益。

学习框架

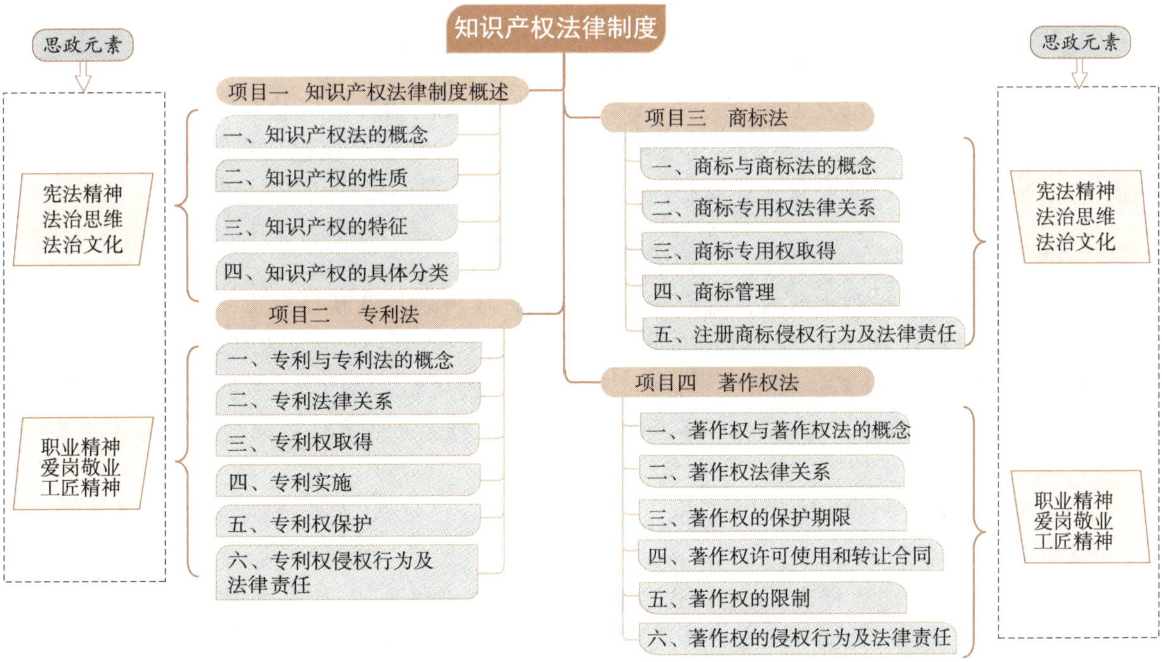

项目一　知识产权法律制度概述

案例导入

单宇是流行音乐歌手、原创音乐人，其歌曲风格独特，深受歌迷喜爱，他与灵动团团旗下的音乐平台酷酷音乐签订了独家版权合作协议，将自己的歌曲授权给酷酷音乐平台使用。2022年5月，他发现他的歌曲出现在道果云音乐平台上，且下载量很大。

请思考：①道果云音乐平台是否侵权？侵犯了单宇的什么权利？②我国是否有相关法律保护我们的知识产权？

知识储备

一、知识产权法的概念

知识产权是人们对于自己的智力活动创造的成果和经营管理活动中的标记、商誉依法享有的权利。

狭义的知识产权，即传统意义上的知识产权，包括著作权（含邻接权）、专利权、商标权三个主要组成部分，可以分为两个类别：一类是文学产权，包括著作权及与著作权有关的邻接权；另一类是工业产权，主要是专利权和商标权。广义的知识产权包括专利权、著作权、邻接权、商标权、商号权、商业秘密权、地理标志权、集成电路布图设计权等权利。

读一读

中国知识产权法指中华人民共和国保护知识产权的制度及执法体系。从1980年加入世界知识产权组织以后，中国相继制定了《商标法》《专利法》《中华人民共和国技术合同法》《著作权法》《计算机软件保护条例》等法律法规，从而形成了完整的知识产权法律保护体系。然而，在实施监督、保障各项知识产权法执行方面还有许多问题。有关法律及法规仅在中国大陆生效。

中国的知识产权保护制度的筹备、酝酿，起始于20世纪70年代末期，是伴随着中国的改革开放而起步的。

1982年出台的《商标法》是中国内地的第一部知识产权法律，标志着中国的知识产权保护制度开始建立。1984年《专利法》、1990年《著作权法》的推出，标志着我国知识产权保护制度的初步形成。

二、知识产权的性质

1. 知识产权的属性

（1）知识产权是一种新型的民事权利。

（2）知识产权是一种法定权利，其类型、内容均由法律设定，不能通过合同约定。

（3）知识产权是一种有别于财产所有权的无形财产权。

（4）知识产权是一项“私权”。

2. 知识产权客体的非物质性

客体非物质性是知识产权的本质属性所在。

（1）知识产权的客体不发生有形控制的占用。它不是一种实在而具体的占据，而是表现为对某种知识、经验的认识与感受。

（2）知识产权的客体不发生有形损耗的使用。

（3）知识产权的客体不发生消灭知识产品的事实处分与有形交付的法律处分。

三、知识产权的特征

1. 独占性

知识产权具有独占性，即只有权利人才能享有，他人不经权利人许可不得行使其权利。

2. 地域性

知识产权具有地域性，即除签有国际公约或双边、多边协定外，依一国法律取得的权利只能在该国境内有效，受该国法律保护。

3. 时间性

知识产权具有时间性，各国法律对知识产权分别规定了一定期限，期满后则权利自动终止。

四、知识产权的具体分类

（一）按权利的内容分类

从权利的内容上看，知识产权包括人身权和财产权。

知识产权中的人身权是与智力活动成果创造人的人身不可分离的专属权，比如署名权、发表权、修改权等。

知识产权中的财产权则是指享有知识产权的人基于这种智力活动成果而享有的获得报酬或其他物质利益的权利。

（二）按照智力活动成果分类

按照智力活动成果的不同，知识产权可以分为著作权、商标权、专利权、发明权、发现权等。对于上述知识产权，《中华人民共和国民法通则》第五章第三节做了明确规定。

8-1-1 想一想

木子是一个有很多奇思妙想的编剧，最近受历史文化的影响，写了一本名为《如果文物会说话》的小说，并将其初稿给朋友长安阅读，长安阅读后在木子不知情的情况下联系了大作家王安对该小说进行润色，然后用自己的名字发表了该小说。

请思考：长安是否侵犯了木子的权益？为什么？

8-1-1 想一想答案

尚德精技

知识产权表面上可被理解为“对知识的财产权”，其前提是知识具备成为法律上的财产的条件。然而，知识的本质是一种信息，具备无体性与自由流动性。作为信息的知识一旦被传播，提供这一信息的人就无法对信息进行排他性的控制。那么，由这一信息所表达的智力成果就不可能成为法律意义上信息创造者的财产。而知识产权法律制度通过赋予智力成果的创造者以排他性使用权和转让权的方式，创造出了一种前所未有的财产权形式。

知识产权是人类智力劳动成果的专有权利，也是社会财富的重要来源，需要全社会共同保护。保护好知识产权，让劳动成果受到尊重，才可以孕育出创新的种子，它会萌生创新之芽，激发创造热情；它会伸展创新枝干，支撑高质量发展；它结成创新果实，回报辛苦的智力劳动；它筑起创新之巢，为新发展格局保驾护航；它凝聚创新雨露，鼓励研发核心技术。创新是引领发展的第一动力。保护知识产权就是保护创新。

每年4月26日，全球都会庆祝知识产权日。知识产权日的由来可以追溯到1980年的4月26日，这一天，世界知识产权组织（WIPO）正式成立。作为一个专门负责知识产权国际保护和合作的组织，（WIPO）致力于推动全球知识产权保护体系的完善，提高知识产权法律的可执行性。

现在还出现了新的知识产权形式：域名是因特网主机的字符地址，由它可以转换成特定主机在因特网中的物理地址。因特网中的地址方案分为两套：IP地址系统和域名地址系统，两套地址系统实际上是一一对应的。域名具有作为知识产权的法律特征：标识性、唯一性、排他性；但作为一种新的知识产权形式，其有效保护手段需要不断研究完善。

项目实施

本项目“案例导入”中，① 道果音乐平台侵权。侵犯了单宇的著作权中的发行权、出租权。② 有，如知识产权法律制度下的《商标法》《专利法》《著作权法》等。

项目一　练习

一、单选题

1. 狭义上的知识产权不包括(　　)。
A. 著作权　B. 专利权　C. 商标权　D. 商号权

2. 知识产权是一种(　　)。
A. 物质财富　B. 无形财产权　C. 有形财产权　D. 有形所有权

3. 知识产权的客体是(　　)。
A. 与人身有关的财产或利益　B. 人身非财产利益
C. 特定的行为　D. 智力成果

4. 知识产权法属于(　　)的范畴。
A. 经济法　B. 行政法　C. 民法　D. 商法

5. 下列说法中,正确的是(　　)。
A. 知识产权是一种财产权
B. 知识产权是一种人身权
C. 知识产权的客体是无形的,无法通过一定的形式表现出来
D. 知识产权具有期限性和地域性

6. 下列各项中,不属于知识产权基本特征的是(　　)。
A. 时间性　B. 地域性　C. 独占性　D. 实用性

二、判断题

1. 在两项相同的智力成果上,可以存在相同的知识产权。　(　　)

2. 客体的非物质性是知识产权的本质属性所在。　(　　)

项目二　专利法

案例导入

金牛公司于2022年5月13日成功研制出一种高压开关,并于5月22日进行了批量生产,投入市场销售。同年8月17日,金牛公司向专利局提出专利申请。优加有限责任公司于2022年7月2日向专利局提出高压开关专利申请。经专利局审查,两种高压开关的结构、性能、外观几近相同,于是批准优加有限责任公司的专利申请并予以公告,同时驳回金牛公司的专利申请。

请思考:①该专利申请应当授予哪一家公司?为什么?②获得专利的公司能否将专利权转让给其他公司使用?为什么?

知识储备

一、专利与专利法的概念

(一)专利与专利权

1. 专利

在中国,专利的含义有两种。

(1)口语中的"专利",指的是"独自占有"。例如:"这仅仅是我的专利。"

(2)在知识产权中,"专利"有三重意思,具体如下。

①指专利权人享有的专利权,即国家依法在一定时期内授予专利权人或者其权利继受者独占使用其发明创造的权利,这里强调的是权利。专利权是一种专有权,这种权利具有独占的排他性。非专利权人要想使用他人的专利技术,必须依法征得专利权人的授权或许可。

②指受到专利法保护的发明创造,即专利技术,是受国家认可并在公开的基础上进行法律保护的专有技术。"专利"在这里具体指的是受国家法律保护的技术或者方案。

③指专利局颁发的确认申请人对其发明创造享有的专利权的专利证书或指记载发明创造内容的专利文献,指的是具体的物质文件。

2. 专利权

专利权是指专利权人在法律规定的范围内独占使用、收益、处分其发明创造,并排除他人干涉的权利。专利权具有时间性、地域性及排他性。

此外,专利权还具有如下法律特征。

(1)专利权是两权一体的权利,既有人身权,又有财产权。

(2)专利权的取得须经专利局授予。

(3) 专利权的发生以公开发明成果为前提。

(4) 专利权具有利用性,专利权人如不实施或不许可他人实施其专利,有关部门将采取强制许可措施,使专利得到充分利用。

(二) 专利法

专利法是调整因确认发明创造的所有权和发明创造的使用权而产生的各种社会关系的法律规范的总称。

专利法一般包括以下主要内容:专利申请权和专利权的归属;授予专利权的条件;专利的申请和审查批准程序;专利权人的权利和义务;专利权的期限、终止和无效;专利权的强制许可;专利权的保护以及专利纠纷的处理等。

二、专利法律关系

专利法律关系是指由专利法所确认和保护的社会关系,它由主体、客体和内容三要素构成。

(一) 专利权主体

专利权主体是指依法申请并取得专利权的单位或个人。专利权主体、享有专利权的单位和个人统称为专利权人。专利权人既可以是公民,也可以是法人;既可以是本国人,也可以是外国人。

1. 发明人、设计人所在单位

企业、事业单位、社会团体、国家机关的工作人员执行本单位的任务或主要是利用本单位的物质条件所完成的发明创造为职务发明创造,职务发明创造申请专利的权利属于该单位。申请被批准后,该单位为专利权人。全民所有制单位申请专利获准后,专利权归国家所有,该单位持有专利使用权;集体所有制单位或个人申请专利获准后,专利权归该单位。

执行本单位任务所完成的发明创造是指与发明人职务有关的发明创造。主要包括:① 在本职工作中做出的发明创造;② 履行本单位交付的本职工作之外的任务所做出的发明创造;③ 退职、退休或者调动工作后 1 年内做出的与其在原单位承担的本职工作或者原单位分配的任务有关的发明创造。

所谓本单位的物质条件,是指本单位的资金、设备、零部件、原材料或不向外公开的技术资料等。对职务发明人完成的职务发明创造,申请专利的权利属于职务发明所在单位。

利用本单位的物质技术条件所完成的发明创造,单位与发明人或者设计人订有合同,对申请专利的权利和专利权的归属做出约定的,从其约定。

2. 发明人或设计人

发明人或设计人所完成的非职务发明创造,是指既不是执行本单位任务,也不是主要利用本单位的物质条件所完成的发明创造。申请专利的权利属于发明人或设计人。申请被批准后,该发明人或者设计人为专利权人。由于现代科学技术的发展,多数发明创造的取得需要依靠许多人的共同协作配合。职务发明创造的发明人或设计人虽然不是专利权人,无权申请或获得专利,但根据《专利法》规定,发明人或设计人可以在该发明创造上标明自己是发明创造人或设计人，获得荣誉和精神奖励，还可以因此取得一定的报酬。

3. 共同发明人与共同设计人

两个以上单位或者个人合作完成的发明创造、一个单位或者个人接受其他单位或者个人委托所完成的发明创造，除另有协议外，申请专利权利属于完成或者共同完成的单位或者个人；申请被批准后，申请的单位或者个人为专利权人。

4. 外国人、外国企业或外国其他组织

对于外国人在中国申请专利的，参照国际惯例按两类不同的情况区别对待。

（1）在中国有经常居所或者营业场所的外国人、外国企业或者外国其他组织在中国申请专利，享有与中国公民和企业组织同等的权利。

（2）在中国没有经常居所或者营业场所的外国人、外国企业和外国其他组织，依照其所属国同中国签订的协议或者共同参加的国际条约或者依照互惠原则办理。外国人在中国申请专利和办理其他专利事务时，应当委托依法设立的专利代理机构办理。

8-2-1 练一练

1.【单选题】单位或个人接受其他单位或个人委托所完成的发明创造，若没关于专利权归属的协议，则申请专利权的权利属于（　　）。

A. 委托人　　B. 受托人

C. 委托人和受托人　　D. 双方均不能申请专利

8-2-1 练一练答案

2.【单选题】根据专利法律制度的规定，下列关于专利申请人的表述中，不正确的是（　　）。

A. 专利申请人可以是发明人个人，也可以是职务发明的单位

B. 共同完成非职务发明创造的个人，除另有协议外，可以作为共同的专利申请人

C. 在中国没有经常居所的外国人，不能成为中国专利申请人

D. 通过合同取得专利申请权的人属于继受取得申请权的专利申请人

3.【多选题】下列（　　）可以作为申请人申请专利。

A. 某公司知识产权部　　B. 某知识产权代理有限责任公司

C. 四川省的10岁小学生张一一　　D. 在我国境内没有营业场所的美国公司

（二）专利权客体

专利权客体是指专利法律关系主体权利义务所共同指向的对象，或者是专利法所保护的对象。我国《专利法》保护的对象是发明创造的专利权，发明创造包括发明、实用新型和外观设计。而非专利技术则包括未申请专利的技术成果、未授予专利权的技术成果和不属于《专利法》保护范围的技术成果。

1. 发明

《专利法》所称发明，是指对产品、方法或者其改进所提出的新的技术方案。发明按其表现形式可分为三类：第一类是产品发明，它是指人们利用自然规律创造出来的各种制成品或产品，如新能源汽车、电灯等；第二类是方法发明，它是人们利用自然规律将一个对象或物质改变成另一个对象或者物质所使用的方法和手段，如胶片制造方法；第三类是改进发明，它是人们对已有的产品、方法提出实质性改革的新的技术方案。

2. 实用新型

《专利法》所称实用新型，是指对产品的形状、构造或者其结合所提出的适于实用的新的技术方案。实用新型也是一种新的技术方案，它与发明的区别在于其必须表现为一种具有一定形状和构造的产品，它不适用于工艺方法，液体、气体以及粉末状的产品。其技术创造水平较低，所以它又被称为“小发明”。

3. 外观设计

外观设计是指对产品的整体或局部的形状、图案或者其结合以及色彩与形状、图案的结合所做出的富有美感并适用于工业应用的新设计。

外观设计和实用新型虽然都涉及产品的外形，但外观设计只涉及产品的外表，是以产品的形状、图案和色彩等为要素、以美感目的为核心的，不涉及制造产品的技术问题，而实用新型则涉及如何解决产品外形的技术问题。

4. 不受专利法保护的智力成果

并非所有的发明创造都能成为专利，我国《专利法》规定：“对违反法律、社会公德或者妨害公共利益的发明创造，不授予专利权。对违反法律、行政法规的规定获取或者利用遗传资源，并依赖该遗传资源完成的发明创造，不授予专利权。”除此之外，对下列各项，不授予专利权。

（1）科学发现。

（2）智力活动的规则和方法。

（3）疾病的诊断和治疗方法。

（4）动物和植物品种。

（5）原子核变换方法以及用原子核变换方法获得的物质。

（6）对平面印刷品的图案、色彩或者二者的结合做出的主要起标识作用的设计。

8-2-2 练一练

1.【单选题】根据专利法律制度的规定，某汽车制造厂完成的下列新技术成果中，可能获得实用新型专利的是（　　）。

A. 汽车新燃料　　B. 汽车防冻液

C. 汽车发动机　　D. 汽车节能方法

8-2-2　练一练答案

2.【单选题】某公司研制出一种饲料发酵的新方法，欲申请专利，按照《专利法》规定，该项技术成果可以申请（　　）。

A. 产品发明专利　　B. 方法发明专利

C. 实用新型专利　　D. 外观设计专利

（三）专利权内容

专利权内容是指专利权人在专利有效期间内享有的法定权利和承担的法定义务。

1. 专利权人的权利

（1）独占权。专利权人享有自己制造、使用、销售、许诺销售和进口其专利产品或者使用其专利方法的行为。

（2）禁止权。专利被授予后，除法律另有规定外，专利权人有权禁止他人未经许可，以生产经营为目的制造、使用、销售、许诺销售和进口其专利产品或使用其专利方法的行为。

(3) 许可权。许可他人实施自己专利的权利,被许可方取得相应的专利实施权并向专利权人支付专利使用费。

(4) 转让权。专利申请权和专利权可以转让。专利权人有权将其专利权通过买卖、赠与等方式转移给其他单位或个人。转让专利申请权或者专利权的当事人必须订立书面合同,经专利局登记和公告后才能生效。

(5) 标记权。专利权人有权在其专利产品或该产品的包装上标明专利标记和专利号。

(6) 请求保护权。对未经专利权人许可,实施其专利的侵权行为,专利权人或者利害关系人可以请求专利管理机关进行处理,也可以直接向人民法院起诉。

2. 专利权人的义务

(1) 实施专利的义务。专利权被授予后,专利权人就负有实施该专利的义务,专利权人有义务以生产经营为目的制造、使用、销售、许诺销售和进口其专利产品或使用专利方法,使其为社会服务。

(2) 缴纳专利年费的义务。专利权人应当自被授予专利权的当年开始缴纳年费。

如果专利权人不履行相关规定的义务,其发明将无法得到法律的保护。尤其逾期缴费者,当事人申请延长国务院专利行政部门指定的期限的,应当在规定期限前,向相关专利部门说明理由并办理必要的手续。

三、专利权取得

(一) 授予专利的条件

授予专利权的发明和实用新型应当具备新颖性、创造性和实用性。

1. 新颖性

新颖性是指该发明或者实用新型不属于现有技术,也没有任何单位或者个人就同样的发明或者实用新型在申请日以前向国务院专利行政部门提出过申请,并记载在申请日以后公布的专利申请文件或者公告的专利文件中。因此,确定一项发明创造是否可以授予专利权,衡量的第一个标准是看它是否具备新颖性。申请专利的发明创造在申请日以前6个月内,有下列情形之一的,不丧失新颖性。

(1) 在国家出现紧急状态或者非常情况时,为公共利益目的首次公开的。

(2) 在中国政府主办或者承认的展览会上首次展出的。

(3) 在规定的学术会议或者技术会议上首次发表的。

(4) 他人未经申请人同意而泄露其内容的。

2. 创造性

创造性是指与现有技术相比,该发明具有突出的实质性特点和显著的进步,该实用新型有实质性特点和进步。

3. 实用性

实用性是指该发明或实用新型能够制造或者使用,并且能够产生积极效果。

（二）专利的申请

专利的申请是专利权人向专利局请求授予专利权的行为。

申请人申请专利首先应提交法律规定的申请文件，否则该申请将不被专利局受理。我国《专利法》规定，申请发明或实用新型专利的，应提交下列文件。

（1）请求书。应当写明发明或者实用新型名称、发明人或设计人的姓名、申请人姓名或者名称、地址以及其他事项。

（2）说明书及其摘要。这是具体阐述发明创造技术内容的书面文件。对发明或者实用新型做出清楚、完整的说明，以所属技术领域的技术人员能够实施该项发明为准；必要的时候，应当有附图。摘要应当简单说明发明或者实用新型的技术要点。申请外观设计专利的，应当提交请求书、该外观设计的图片或者照片以及对该外观设计的简要说明等文件；申请人提交的有关图片或者照片应当清楚地显示要求专利保护的产品的外观设计。

（3）权利要求书。以说明书为依据，说明要求专利保护的范围。

（三）专利申请的原则

我国《专利法》所确认的专利申请原则有以下几点。

（1）申请在先原则（又称“先申请原则”）。我国《专利法》规定，两个以上的申请人分别就同样的发明创造申请专利的，专利权授予最先申请的人。申请日是判断专利申请是否具有新颖性的时间标准。在我国，以专利行政部门收到专利申请文件之日为申请日；如果申请文件是邮寄的，以寄出的邮戳日为申请日。

（2）优先权原则。申请人自发明或者实用新型在外国第一次提出专利申请之日起 12 个月内，或者自外观设计在外国第一次提出专利申请之日起 6 个月内，又在中国就相同主题提出专利申请的，依照该外国同中国签订的协议或者共同参加的国际条约，或者依照相互承认优先权的原则，可以享有优先权。申请人自发明或者实用新型在中国第一次提出专利申请之日起 12 个月内，或者自外观设计在中国第一次提出专利申请之日起 6 个月内，又向专利行政部门就相同主题提出专利申请的，可以享有优先权。由此可见，我国《专利法》不仅规定了在不同国家之间申请专利的优先权，也规定了本国的优先权，有利于申请人在优先权期限内进一步完善其发明创造。

申请人要求发明、实用新型专利优先权的，应当在申请的时候提出书面申明，并且在第一次提出申请之日起 16 个月之内，提交第一次提出的专利申请文件的副本；申请人要求外观设计专利优先权的，应当在申请的时候提出书面申明，并且在 3 个月内提交第一次提出的专利申请文件的副本。

申请人未提出书面申明或者逾期未提交专利申请文件副本的，视为未要求优先权。

（3）一申请一专利原则（又称“申请单一性原则”）。一份专利申请应当限于一项发明或实用新型，但属于一个总的发明构思的两项以上的发明或实用新型，可以作为一件申请提出。同样，一件外观设计专利申请应当限于一项外观设计。同一产品两项以上的相似外观设计，或者用于同一类别并且成套出售或者使用的产品的两项以上的外观设计，可以作为一件申请提出。

（四）专利申请的审查与专利权的授予

我国《专利法》对发明专利申请采取早期公开、迟延审查制度；对实用新型、外观设计专利申请采取登记制度。

1. 发明专利申请的审批

一项发明专利申请经过受理、初步审查、早期公布、实质审查等程序才可能被授予专利权。

(1) 初步审查。又称“形式审查”。国务院专利行政部门在收到发明专利申请后，对该申请是否符合《专利法》的规定进行审查。审查内容主要包括：发明专利申请是否具备《专利法》所规定的请求书、说明书及摘要、权利要求书和其他必要的文件，这些文件是否符合规定的格式；申请内容是否明显违反国家法律、社会公德或者妨害公共利益；申请专利的发明是否明显属于不授予专利权的范围；有无申请人委托代理机构的委托书；发明专利申请是否采取一项发明一个专利申请。

(2) 早期公布。国务院专利行政部门收到发明专利申请后，经初步审查符合法律要求的，自申请日起满 18 个月，即行公布。专利行政部门可根据申请人的请求早日公布其申请。

(3) 实质审查。这是对申请专利的发明的新颖性、创造性、实用性等实质性条件进行的审查。发明专利申请自申请日起 3 年内，国务院专利行政部门可以根据申请人随时提出的请求，对其申请进行实质审查。申请人无正当理由逾期不请求审查或不提交有关资料的，该申请即视为撤回。

国务院专利行政部门认为必要时，可自行对发明专利申请进行实质审查。

国务院专利行政部门对发明专利申请进行实质审查后，认为不符合《专利法》规定的，应当通知申请人，要求其在指定的期限内陈述意见，或者对其申请进行修改；无正当理由逾期不答复的，该申请即被视为撤回。

发明专利申请经申请人陈述意见或者进行修改后，国务院专利行政部门仍然认为不符合《专利法》规定的，应当予以驳回。

(4) 批准专利申请，授予专利权。发明专利申请经实质审查没有发现驳回理由的，国务院专利行政部门做出授予发明专利权的决定，发给发明专利证书，同时予以登记和公告。发明专利自公告之日起生效。

2. 实用新型和外观设计专利申请的审批

实用新型和外观设计专利申请经初步审查没有发现驳回理由的，由国务院专利行政部门做出授予实用新型专利权或者外观设计专利权的决定，发给相应的专利证书，并予以登记和公告。实用新型专利权和外观设计专利权自公告之日起生效。

专利申请人对国务院专利行政部门驳回申请的决定不服的，可以自收到通知之日起三个月内向国务院专利行政部门请求复审。专利申请人对复审决定不服的，可以自收到通知之日起三个月内向人民法院起诉。

8-2-3 练一练

1.【单选题】专利申请人的申请案被公布后，申请人应当自申请日起(　　)内向专利局申请进行实质审查。

A. 3 个月　　B. 6 个月　　C. 12 个月　　D. 3 年

8-2-3　**练一练答案**

2.【单选题】专利申请人对专利复审委员会驳回的复审决定不服的，可以自收到通知之日起（　　）内向人民法院提起诉讼。

A. 3 个月　　B. 6 个月　　C. 12 个月　　D. 3 年

3.【单选题】我国《专利法》规定的专利权期限的起算点是（　　）。

A. 申请日　　B. 授权公告之日

C. 专利权被批准之日　　D. 发明之日

4.【多选题】申请发明、实用新型专利应提交的必不可少的文件有（　　）。

A. 请求书　　B. 说明书　　C. 权利要求书　　D. 说明书摘要

5.【多选题】下列行为中，不属于对专利权合理使用行为的有（　　）。

A. 某学校在进行一项教学实验时未经许可使用他人的一项相关专利

B. 某学校受某公司委托开发一种新产品时未经许可使用他人的一项相关专利技术

C. 某公司在生产其产品时未经允许使用了他人的一项相关专利

D. 某公司在广告宣传活动中未经许可使用了他人的一项专利方法

四、专利实施

专利实施是使用属于专利的发明创造，包括制造、销售、使用、进口专利产品，为销售或使用目的储存有关专利产品或使用专利方法。专利实施有专利权人自己实施、许可实施、计划许可实施和强制许可实施等几种情况。

（一）专利的许可实施

专利权人有权自己实施其专利，也有权许可他人实施其专利。专利权人在许可他人实施专利后，专利所有权仍归专利权人所有，被许可人仅具有专利的使用权。

任何单位或者个人实施他人专利的，应当与专利权人订立实施许可合同，向专利权人支付专利使用费。被许可人无权允许合同规定以外的任何单位或者个人实施该专利。

（二）专利的计划许可实施

国有企业、事业单位的发明专利，对国家利益或者公共利益具有重大意义的，国务院有关主管部门和省、自治区、直辖市人民政府报经国务院批准，可以决定在批准的范围内推广应用，允许指定的单位实施，由实施单位按照国家规定向专利权人支付使用费。对于中国集体所有制单位和个人的发明专利，参照前述规定办理。

（三）专利的强制许可实施

强制许可是指专利行政部门依《专利法》规定的条件和程序，实施专利的一种许可方式。实施专利强制许可的情况有以下几种。

（1）专利权人自专利权被授予之日起满 3 年，且自提出专利申请之日起满 4 年，无正当理由未实施或者未充分实施其专利的。

（2）专利权人行使专利权的行为被依法认定为垄断行为，为消除或者减少该行为对竞争产生的不利影响的。

（3）在国家出现紧急状态或者在非常情况时，或者为了公共利益的目的，国务院专利行政部门可以给予实施发明或者实用新型专利强制许可。

（4）后一项取得专利权的发明或者实用新型比前已经取得专利权的发明或者实用新型具有显著经济意义的重大技术进步，其实施又有赖于前一发明或者实用新型实施的，国务院专利行政部门根据后一专利权人的申请，可以给予实施前一发明或者实用新型强制许可；也可根据前一专利权人的申请，给予实施后一发明或者实用新型强制许可。

（5）国务院专利行政部门做出的给予实施强制许可的决定，应当及时通知专利权人，并予以登记和公告。

（6）取得强制许可的单位或者个人不享有独占的实施权，并且无权允许他人实施。

（7）取得强制许可的单位或者个人应当付给专利权人合理的使用费。

（8）专利权人对国务院专利行政部门关于实施强制许可的决定、使用费的裁决不服的，可以自收到通知之日起 3 个月内向人民法院起诉。

五、专利权保护

（一）专利权保护期限和范围

1. 专利权保护期限

专利权保护期限，是指专利权自生效日期起至失效时期止的期间。我国《专利法》规定，发明专利权的期限为 20 年，实用新型专利权的期限为 10 年，外观设计专利权的期限为 15 年，均自申请日起计算。

2. 专利权保护范围

发明或者实用新型专利权的保护范围以其权利要求书的内容为准，说明书及附图可以用于解释权利要求书；外观设计专利权的保护范围以表示在图片或者照片中的该产品外观设计为准，简要说明可以用于解释图片或者照片所表示的该产品的外观设计。

（二）专利权终止和无效

1. 专利权终止

专利权终止是指专利权有效期届满而自然消灭，以及有效期未满前由于法定原因而消灭。专利权终止的情形有以下几种。

（1）专利权期限届满，依法终止。

（2）没有按照规定缴纳年费的。

（3）专利权人以书面声明放弃其专利权。

专利权在期限届满前终止的，由国务院专利行政部门登记和公告。

2. 专利权无效

自专利行政部门公告授予专利权之日起，任何单位或个人认为该专利权的授予不符合《专利法》规定的，可以请求国务院专利行政部门宣告该专利权无效，国务院专利行政部门对宣告专利权无效的请求应当及时审查做出决定，并通知请求人和专利权人。宣告专利权无效的决定由国务院专利行政部门登记公告。

对国务院专利行政部门宣告专利权无效或者维持专利权的决定不服的，可以自收到通知之日起3个月内向人民法院起诉。人民法院应当通知无效宣告请求程序的对方当事人作为第三人参加诉讼。

宣告无效的专利权视为自始即不存在。

六、专利权侵权行为及法律责任

（一）专利权侵权行为

专利权侵权行为，是指未经专利权人许可，也没有法定的抗辩或免责事由，而以生产经营为目的的实施了专利权保护范围内的有效专利的违法行为。

(1) 发明和实用新型专利权被授予后，除《专利法》另有规定的以外，任何单位或者个人未经专利权人许可，都不得实施其专利，即不得为生产经营目的制造、使用、许诺销售、销售、进口其专利产品，或者使用其方法以及使用、许诺销售、销售、进口依照该专利方法直接获得的产品。

(2) 外观设计专利权被授予后，任何单位或者个人未经专利权人许可，都不得实施其专利，即不得为生产经营目的制造、许诺销售、销售、进口其外观设计专利产品。

(3) 未经专利权人许可，在非专利产品或者包装上标明专利标记和专利号，冒充专利产品的行为。

有下列情形之一的，不视为侵犯专利权。

(1) 专利产品或者依照专利方法直接获得的产品，由专利权人或者经其许可的单位、个人售出后，使用、许诺销售、销售、进口该产品的。

(2) 在专利申请日前已经制造相同产品、使用相同方法或者已经作好制造、使用的必要准备，并且仅在原有范围内继续制造、使用的。

(3) 临时通过中国领陆、领水、领空的外国运输工具，依照其所属国同中国签订的协议或者共同参加的国际条约，或者依照互惠原则，为运输工具自身需要而在其装置和设备中使用有关专利的。

(4) 专为科学研究和实验而使用有关专利的。

(5) 为提供行政审批所需要的信息，制造、使用、进口专利药品或者专利医疗器械的，以及专门为其制造、进口专利药品或者专利医疗器械的。

（二）法律责任

侵犯专利权的诉讼时效为3年，自专利权人或者利害关系人知道或者应当知道侵权行为之日起计算。根据《专利法》规定，专利侵权的法律责任包括以下几项。

1. 民事责任

民事责任主要表现为赔偿损失，赔偿专利权人因专利侵权行为所受到的实际损失。若实际损失难以计算，则按侵权人因专利侵权行为所获非法收益的数额进行赔偿。

2. 行政责任

行政责任主要有责令停止侵权行为、没收非法收入或者侵权产品、罚款及给予有关责任人员行政处分等形式。

3. 刑事责任

刑事责任适用于触犯刑法的严重专利侵权行为,主要是假冒专利的行为。

8-2-4 想一想

甲公司与乙公司签订了一份专利权转让许可合同并报国务院专利主管部门登记和公告,合同约定乙公司在专利有效期限内独占实施甲公司的专利技术。乙公司在使用过程中授权丙公司使用该项专利技术。

请思考:乙公司授权丙公司使用该项专利技术的做法是否正确?为什么?

8-2-4 **想一想答案**

尚德精技

在西方国家,一般认为最早的一件专利是英国国王亨利三世1236年授予波尔多的一个市民以制作各色布的15年的垄断权。实际上这是封建特权的一种形式,并非现代意义上的专利。第一个建立专利制度的国家威尼斯共和国,于1474年颁布了第一部具有近代特征的专利法,1476年2月20日即批准了第一件有记载的专利。一般认为,英国1624年制定的《垄断法规》是现代专利法的开始,对以后各国的专利法影响很大,德国法学家约瑟夫·柯勒曾称之为“发明人权利的大宪章”。从18世纪末到19世纪末,美国(1790)、法国(1791)、西班牙(1820)、德国(1877)、日本(1826)等工业国家陆续制定了专利法。到了20世纪,特别是第二次世界大战结束以后,工业发达国家的专利法陆续进行了修订,许多发展中国家也都制定了专利法。20世纪60年代以来,阿尔及利亚在1966年通过了新专利法,巴西在1969年至1971年,印度、秘鲁、尼日利亚和伊拉克在1970年,委内瑞拉、哥伦比亚在1971年,墨西哥在1976年,南斯拉夫在1981年,都修订或重新颁布了专利法。阿根廷、叙利亚等国也对专利法进行了重大修改。20世纪80年代初期,约有150个国家和地区建立了专利制度。阿尔及利亚和保加利亚、捷克斯洛伐克、民主德国、苏联等国,除建立专利制度外,还采用了发明人证书制度,取得发明人证书后,发明权归国家所有,发明人获得一定奖励,但不能拒绝经国家批准的其他人使用其发明。墨西哥则采用发明证书制度,发明人有权实施发明,但不能拒绝其他人使用,而可以获得国家批准的一定报酬。

项目实施

本项目“案例导入”中,① 专利申请应授予优加公司。根据《专利法》规定,专利权采用申请在先原则,只有申请日在同一天的情况下才会参照使用在先原则。金牛公司2022年8月17日提出申请,优加公司2022年7月2日提出申请,根据申请在先原则授予优加公司专利权。② 根据专利权的内容分析,优加公司可以将专利权转让给其他公司使用。专利权人有权将其专利权通过赠与、转让等方式转移给其他公司或个人使用,但在转让时要签订专利转让合同并经专利局登记和公告之后方可生效。

项目二 练习

一、单选题

1. 下列选项中，不能授予专利权的是（　　）。
A. 科学发现　　B. 产品发明　　C. 方法发明　　D. 实用新型

2. 张某于 2020 年 1 月 1 日向专利局提出一份发明专利申请，经初步审查后，2021 年 7 月 1 日予以公布，2022 年 4 月 1 日申请人请求进行实质审查，2022 年 8 月 1 日被授予发明专利。该发明专利的保护期自（　　）起计算。
A. 2020 年 1 月 1 日　　B. 2021 年 7 月 1 日
C. 2022 年 4 月 1 日　　D. 2022 年 8 月 1 日

3. 根据专利法律制度的规定，下列关于专利申请人的表述中，不正确的是（　　）。
A. 专利申请人可以是发明人个人，也可以是职务发明的单位
B. 共同完成非职务发明创造的个人，除另有协议外，可以作为共同的专利申请人
C. 在中国没有经常居所的外国人，不能成为中国专利申请人
D. 通过合同取得专利申请权的人属于继受取得申请权的专利申请人

4. 某单位技术人员在不影响本职工作的条件下，在其他单位兼职并利用该单位的物质技术条件研制出一项发明创造，则对该发明创造申请专利的权利属于（　　）。
A. 原单位　　B. 兼职单位　　C. 双方共有　　D. 该技术人员

5. 根据《专利法》的有关规定，下列情形中，可以授予专利权的是（　　）。
A. 甲发明了某种智力游戏的规则　　B. 乙发明了抑制癌症的治疗方法
C. 丙发现了某植物新品种　　D. 丁发明了某植物新品种的培育方法

6. 某商场在春节期间组织了家电促销活动，有关部门发现其销售的部分电器中有假冒专利的产品，但该商场能证明其产品的合法来源，下列说法正确的是（　　）。
A. 不构成侵权，但应当停止销售　　B. 善意销售，不构成侵权
C. 构成侵权，应停止销售　　D. 不构成侵权，继续销售

7. 我国《专利法》规定外观设计专利的保护期限是（　　）年。
A. 5　　B. 10　　C. 15　　D. 20

8. 根据专利法律制度的规定，下列各项中，可成为专利权客体的是（　　）。
A. 外科大夫甲发明的手术新方法
B. 数学家乙发明的能够运用新计算方法的教学用具
C. 天文学家丙发现的一颗新的小行星
D. 植物学家丁通过杂交方法培育的新品种

9. 专利申请人对专利复审委员会的复审决定不服的，可以自收到通知之日起(　　)个月内向人民法院起诉。

A. 1　　B. 2　　C. 3　　D. 6

二、多选题

1. 下列选项中，不能获得发明专利的是(　　)。

A. 永动机　　B. 一种新型电脑芯片

C. 一幢造型别致的建筑物　　D. 一种扑克牌的新玩法

2. 我国《专利法》规定在申请日前6个月内(　　)，不丧失新颖性。

A. 在中国政府主办或者承认的国际展览会上首次展出的

B. 在规定的学术会议或者技术会议上首次发表的

C. 他人未经申请人同意而泄露其内容的

D. 未申请专利而先行出售用其独有技术制造的产品的

3. 根据《专利法》规定，以下情形中，属于职务发明创造的有(　　)。

A. 发明人在执行本单位的工作任务时完成的发明

B. 发明人下班后利用空余时间在家中研究所做出的发明

C. 发明人在退职、退休或者调动工作后一年内做出的与其在原单位承担的本职工作相关的发明

D. 发明人主要利用单位物质条件所完成的发明

4. 根据我国《专利法》及相关司法解释的规定，侵犯专利权赔偿损失数额的确定方法是(　　)。

A. 若侵权人并没有因为侵权行为而获益，则他不负有赔偿损失的责任

B. 按照专利权人因被侵权所受到的损失数额确定

C. 按照侵权人因为侵权行为所获得的利益的数额确定

D. 专利权人因被侵权所受到的损失数额及侵权人因为侵权行为所获得的利益的数额难以确定的，参照该专利许可使用费的倍数合理确定

5. 在我国，专利权终止的原因主要有(　　)。

A. 专利权期限届满

B. 专利权人没有按照规定缴纳年费

C. 专利权人以书面声明放弃其专利权

D. 专利权无人继承

6. 下列事项中，体现我国专利申请原则的有(　　)。

A. 我国专利的申请原则为谁先发明就授予谁

B. 张某的一项外观设计在美国提出专利申请，申请以后的第8个月又在我国提出专利申请，张某享有优先权

C. 张某的一项发明在美国提出专利申请，申请以后的第8个月又在我国提出专利申请，张某享有优先权

D. 一份专利申请只限于一项发明或实用新型

三、判断题

1. 属于一个总的发明构思的两项发明，必须作为两项申请提出。 ( )
2. 当事人转让专利权的，专利权的转让自交付专利证书之日起生效。 ( )
3. 发明专利权的期限为20年，自申请日起计算。 ( )
4. 商品专利保护期满后可办理续展申请。 ( )

项目三　商标法

案例导入

2023年8月,A工厂生产“椰对”牌椰子汁,其包装正面和两侧的图形、商标的排列、字体颜色及底色均与2013年7月注册商标“椰树”牌椰子汁的包装相同,唯一不同的是非楷体的经过加工的“椰对”两字,另外,两款椰子汁的配料表、净含量、包装大小、形状几乎一样。2023年9月,“椰树”牌椰子汁生产厂家发现后,向法院起诉A工厂,要求保护其商标专用权。A工厂辩称“椰树”牌椰子汁商标已过有效期。

请思考:①“椰树”牌椰子汁生产厂家是否具有“椰树”牌商标的专用权?为什么?②A工厂的行为是否侵权?为什么?

知识储备

一、商标与商标法的概念

(一)商标的概念

商标是任何能够将自然人、法人或者其他组织的商品与他人的商品区别开来的可视性标志,包括文字、图形、字母、数字、三维标志和颜色组合,以及上述要素的组合。

(二)商标的种类

商标依据不同的标准可以进行不同的分类。

1. 按商标的结构组成或形态划分

按商标的结构组成或形态划分,商标可分为文字商标、图形商标、组合商标。

2. 按商标的使用对象划分

按商标的使用对象划分,商标可分为商品商标和服务商标。商品商标又可分为生产者的生产商标和销售者的商业商标。服务商标即服务性行业所使用的标志。

3. 按商标的作用划分

按商标的作用划分,商标可分为集体商标、证明商标等。集体商标是指工商业团体、协会或者其他集体组织的成员所使用的商品商标或服务商标,用以表明商品的经营者或服务的提供者属于同一组织;证明商标是指由对某种商品或者服务具有检测和监督能力的组织所控制,而由其以外的人使用在商品或服务上,用以证明该商品或服务的原产地、原料、制造方法、质量、精确度或其他特定品质的商品商标或服务商标。

4. 按商标的知名度划分

按商标的知名度划分,商标可分为驰名商标和非驰名商标。驰名商标是指经过较长时间使用、商品销售量大、具有良好信誉、消费者普遍知晓的商标。对驰名商标实行严格保护是一项国际惯例。驰名商标由各国自行认定。

5. 按商标是否受法律保护划分

按商标是否受法律保护划分,商标可分为注册商标和非注册商标。

读一读

商标产生于商品生产之后,是商品经济的产物。没有商品生产之前,在器物上的文字、图形标记,仅仅是作为其制作者或所有人的标记;而当有了商品生产,出现了商品交换后,用在商品上以示区别的标记,便是应运而生的商标。商标产生之后,经历了随商品经济的发展而发展的过程。由于商品生产日益发达,同类商品有了多个生产者,商品市场上的竞争日趋激烈,商标的作用充分发挥,其本质特征充分显露。商标从产生到发展的过程,也是商标定义逐渐形成的过程。在发展过程中,商标的内涵不断丰富,采用的形式不断增加,但其本质特征不是一下子就显露出来,而是在实践中逐步为人们所认识的。回顾商标产生与发展的一些重要事实,就是应当以发展的眼光看待现代经济中的商标,认识其本质,充分发挥其作用。

(三)商标的功能

1. 识别商品来源的功能

商标具有识别性,这是商标的基本功能、首要功能,商标用于识别商品的来源,有此功能者方可称为商标,无此功能者不能称作商标。

2. 促进销售的功能

生产经营者使用商标标明商品的来源,消费者通过商标来区别同类商品,了解商品。

3. 保障商品品质的功能

生产者通过商标表示商品为自己所提供,服务提供者通过商标表示某项服务为自己所提供,消费者通过商标来辨别商品或服务,对其质量做出鉴别。

4. 广告宣传的功能

通过商标发布商品信息,突出醒目、简明易记,能借助商标这种特定标记吸引消费者的注意力,加深对商品的印象。

5. 树立商业声誉的功能

商标用于显示商品来源,保证商品的质量,进行商品的广告宣传,作为其开拓市场的有效手段。

(四)商标法的概念

商标法是指由国家制定,用以确认商标专用权,规定商标注册、使用、转让、保护和管理的法律规范的总称。它的作用主要是加强商标管理、保护商标专用权、促使生产者和经营者保证商品质量和维护商标信誉，以保障消费者的利益，促进社会主义市场经济的发展。《商标法》与《中华人民共和国商标法实施细则》以及《关于惩治假冒注册商标犯罪的补充规定》，是目前我国商标注册、管理与保护的基本法律。

8-3-1 练一练

【单选题】在我国，有权申请商标注册的主体包括(　　)。

① 企业、事业单位　② 个体工商户　③ 国家机关法人　④ 外国人

A. ①②③　　B. ①③④

C. ①②④　　D. ③④

8-3-1　练一练答案

二、商标专用权法律关系

商标专用权法律关系是指商标所有人对法律给予确认并保护的商标所形成的权利义务关系。

（一）商标专用权主体

商标专用权主体是指依法享有商标所有权的单位或个人。在我国，能够成为商标权主体的有企业、事业单位，社会团体，个体工商户，个人合伙以及符合《商标法》规定的外国人或者外国企业。

（二）商标专用权客体

商标专用权客体是指经过国家商标局核准注册的商标，即注册商标。我国允许使用未注册商标，但未注册商标不受法律保护。

根据《商标法》规定，申请注册商标的商标应以文字、图形或者其组合构成，并具有显著特征，便于识别。禁止作为商标使用的标志有以下几种情况。

(1) 同中华人民共和国的国家名称、国旗、国徽、国歌、军旗、军徽、军歌、勋章等相同或者近似的，以及同中央国家机关的名称、标志、所在地特定地点的名称或者标志性建筑物的名称、图形相同的。

(2) 同外国的国家名称、国旗、国徽、军旗等相同或者近似的，但经该国政府同意的除外。

(3) 同政府间国际组织的名称、旗帜、徽记等相同或者近似的，但经该组织同意或者不易误导公众的除外。

(4) 与表明实施控制、予以保证的官方标志、检验印记相同或者近似的，但经授权的除外。

(5) 同“红十字”“红新月”的名称、标志相同或者近似的。

(6) 带有民族歧视性的。

(7) 带有欺骗性，容易使公众对商品的质量等特点或者产地产生误认的。

(8) 有害于社会主义道德风尚或者有其他不良影响的。

(9) 县级以上行政区划的地名或者公众知晓的外国地名，不得作为商标。但是，地名具

有其他含义或者作为集体商标、证明商标组成部分的除外;已经注册的使用地名的商标继续有效。

(三)商标专用权内容

商标专用权内容是指商标权人依法享有的权利和应承担的义务。

1. 商标权人的权利

(1)独占使用权。商标一经国家商标管理机关核准注册,商标权人即享有在注册商标核定使用的范围内完全独占使用其商标的权利。他人未经注册商标所有人许可,不得在同一种商品或类似商品上使用该注册商标或与该注册商标相近似的商标,否则即构成商标侵权。

(2)许可使用权。商标权人有权许可他人使用其注册商标,与被许可人签订注册商标使用许可合同。商标权人可以保留自己对商标的使用权,也可以放弃使用权,由被许可方独占使用或者多人同时使用商标,但必须报商标局备案。

(3)商标转让权。商标权人转让注册商标应当签订转让协议,对其在同一种商品上注册的近似的商标或者在类似商品上注册的相同或相近的商标,应当一并转让。商标权转让须经商标局执行并公告。受让人自公告之日起享有商标专用权。

(4)续展权。我国《商标法》规定注册商标有效期为 10 年,自核准注册之日起计算。注册商标有效期满需要继续使用的,商标注册人应当在期满前 12 个月内按照规定办理续展手续,在此期间未能办理,可以给予 6 个月的宽展期,每次续展注册的有效期为 10 年。超过宽展期未及时续展的,商标局注销其商标。

(5)继承权。商标作为无形财产,可以依照财产继承顺序由其合法继承人继承。

2. 商标权人的义务

(1)按规定使用注册商标。我国《商标法》规定,商标经核准注册后,连续 3 年停止使用注册商标的,任何人都可以向商标局申请撤销该注册商标。使用注册商标应当标明“注册商标”字样或者标明注册标记“®”等。

(2)保证使用注册商标的商品的质量。商标权人和商标的使用者有义务保证其生产经营的商品或服务的质量,不得欺骗消费者。

(3)按规定在申请商标注册和办理其他商标事宜时缴纳费用。

8-3-2 练一练

8-3-2 练一练答案

1.【单选题】我国《商标法》规定,注册商标的有效期为(　　)年。

A. 10　　B. 15　　C. 20　　D. 25

2.【多选题】根据《商标法》的规定,下列各项中,可以作为商标标识的有(　　)。

A. 声音　　B. 纯字母　　C. 纯数字　　D. 纯图形

3.【多选题】下列各项中,不得作为商标注册的是(　　)。

A. 同“红十字”“红新月”的名称、标志相同或者近似的标志

B. 带有民族歧视性的标志

C. 夸大宣传并带有欺骗性的标志
D. 有害于社会主义道德风尚或者有其他不良影响的标志

4.【多选题】下列各项下,可以成为商标专用权主体的是(　　)。
A. 公司　　B. 合伙企业　　C. 事业单位　　D. 外国人

三、商标专用权取得

(一) 商标专用权取得方式

1. 直接取得
商标所有权人可以向当地商标局提出注册申请而取得专用权。
2. 间接取得
商标受让人可以通过与商标所有权人订立转让协议而取得商标专用权。

(二) 商标注册原则

1. 自愿注册和强制注册相结合原则
我国大部分商标采取自愿注册原则。国家法律、行政法规规定必须使用注册商标的商品(人用药品和烟草制品)的生产经营者,必须申请商标注册,未经核准注册的,商品不得在市场销售。
2. 申请在先原则
申请在先原则是指当两个或两个以上申请人在同一种商品或类似商品上,以相同或者近似的商标申请注册的,初步审定并公告申请在先的商标,即由申请在先的人取得商标专用权。我国和大多数国家采用这一原则,而有些国家则奉行使用在先原则或混合原则。我国只有在两个或两个以上申请人同日申请时,商标权才授予最先使用者。
3. 优先权原则
商标注册申请人在外国第一次提出商标注册申请之日起 6 个月内又向中国申请商标注册,依照该外国同中国签订的协议或者共同参加的国际条约,或者按照相互承认优先权的原则,可以享有优先权。

(三) 商标注册程序

在我国,取得商标专用权须经过申请、审查、公告和核准四个程序。
1. 申请
商标注册申请人应当按规定的商品分类表填报使用商标的商品类别和商品的名称,提出注册申请。商标注册申请人可以通过一份申请就多个类别的商品申请注册同一商标。商标注册申请等文件,可以以书面方式或者数据电文方式提出。
2. 审查
对申请注册的商标,按照《商标法》的规定进行审查。主要对申请文书、商标标记的合法性和所附文件的齐全性进行审查。自收到商标注册申请文件之日起 9 个月内审查完毕。

3. 公告

经审查，商标局对符合《商标法》规定并具有显著性的商标予以初步审定公告，自公告之日起 3 个月内，任何人均可提出异议。

4. 核准

经初步审定的商标自公告之日起 3 个月内无人提出异议，或者虽有人提出异议，但经裁定异议不成立，商标局即准予该商标注册，颁发商标注册证，并登记公告。自此，商标注册申请人便取得商标专用权，成为商标权人。

（四）商标异议与撤销

1. 商标异议

商标异议是指对于商标局初步审定并予以公告的商标提出的不同意见。商标局应当根据异议人和申请人陈述的事实和理由，经调查核实后，自公告期满之日起 12 个月内做出决定并书面通知有关当事人。申请人对商标局的决定不服的，可以在收到通知之日起 15 日内向商标评审委员会申请复审，由商标评审委员会做出裁定，并书面通知异议人和申请人。申请人对商标评审委员会决定不服的，可以自收到通知之日起 30 日内向人民法院起诉。

2. 注册商标撤销

注册商标被撤销，当事人不服的，可自收到通知之日起 15 日内向商标评审委员会申请复审；当事人对评审委员会复审决定不服的，可自收到决定通知之日起 30 日内向人民法院起诉。被撤销的注册商标，由商标局予以公告，该注册商标专用权自公告之日起终止。

四、商标管理

（一）商标管理机关

国务院工商行政管理部门国家知识产权局商标局主管全国商标注册和管理工作。各级工商行政机关负责本行政区域内的商标使用管理。对外贸易中的商标管理由商务部和国家市场监督管理总局负责；各省、自治区、直辖市及计划单列市外经贸委（厅、局）、工商行政管理局负责本行政区域内的对外贸易商标管理。

（二）注册商标的使用管理

使用注册商标可以在商品、商品包装、说明书或者其他附着物上标明“注册商标”或者注册标记。商标注册人在使用注册商标过程中，自行改变注册商标的文字、图形或者其组合；自行改变注册商标、注册人名义、地址或者其他注册事项；自行转让注册商标或者没有正当理由连续 3 年不使用注册商标的，由地方工商行政管理部门责令限期改正，期满不改正的，由商标局撤销其注册商标。

（三）未注册商标的使用管理

商标属于自愿注册的，在未注册之前，可以进行使用，但是该商标不受法律的保护；商标属于强制注册的，在注册之前，不可以进行使用。

五、注册商标侵权行为及法律责任

注册商标的专用权,以核准注册的商标和核定使用的商品为限。

(一) 侵犯注册商标专用权的行为

(1) 未经商标注册人的许可,在同一种商品上使用与其注册商标相同的商标的。

(2) 未经商标注册人的许可,在同一种商品上使用与其注册商标近似的商标,或者在类似商品上使用与其注册商标相同或者近似的商标,容易导致混淆的。

(3) 销售侵犯注册商标专用权的商品的。

(4) 伪造、擅自制造他人注册商标标识或者销售伪造、擅自制造的注册商标标识的。

(5) 未经商标注册人同意,更换其注册商标并将该更换商标的商品又投入市场的。

(6) 故意为侵犯他人商标专用权行为提供便利条件,帮助他人实施侵犯商标专用权行为的。

(7) 给他人的注册商标专用权造成其他损害的。

(二) 法律责任

对商标侵权行为的处理方法有三种:一是由被侵权人向县级以上工商行政管理部门要求处理,对处理决定不服的,可以在收到通知后 15 天内向人民法院起诉;二是由被侵权人直接向人民法院起诉;三是对假冒注册商标情节严重的,由司法机关追究刑事责任。因此,对商标侵权行为,行为人应承担相应的责任。

1. 行政责任

县级以上工商行政管理部门对其受理的商标侵权案件,认为其已构成侵权行为的,可视不同情况做出如下处理。

(1) 责令侵权人立即停止侵权行为。

(2) 没收、销毁侵权商品和主要用于制造侵权商品、伪造注册商标标识的工具。

(3) 罚款。违法经营额 5 万元以上,处以违法经营额 5 倍以下的罚款;没有违法经营额或者违法经营额不足 5 万元的,处以 20 万元以下的罚款。

(4) 责令赔偿损失。侵犯专用权的赔偿数额,按照权利人因被侵权所受到的实际损失确定;实际损失难以确定的,可以按照侵权人因侵权所获得的利益确定;权利人的损失或者侵权人获得的利益难以确定的,参照该商标许可使用费的倍数合理确定。对恶意侵犯商标专用权,情节严重的,可以按照上述方法确定数额的 1 倍以上 5 倍以下确定赔偿数额。赔偿数额应当包括权利人为制止侵权行为所支付的合理开支。

2. 民事责任

对于商标侵权行为,被侵权人可直接向侵权行为地人民法院起诉,要求法院责令侵权人停止侵害,消除影响,赔偿损失。

3. 刑事责任

人民法院对假冒他人注册商标,仿造、擅自制造他人注册商标标识或者销售仿造、擅自制造的注册商标以及销售明知是假冒注册商标的商品等情节严重构成犯罪行为的直接责任人员，依法追究刑事责任。

8-3-3 想一想

川娃子食品公司生产的薯条、蛋卷等食品物美价廉，其在此类产品上使用已久的艺术字体“香脆脆”商标也在当地家喻户晓，深受消费者喜爱。为扩大市场、开展线上销售，川娃子食品公司拟对其艺术字体“香脆脆”商标申请注册，使用商品为薯条、蛋卷等。

8-3-3　想一想答案

请思考：① 川娃子食品公司申请的艺术字体“香脆脆”能否成为注册商标？为什么？

② 假定“香脆脆”商标获得注册之后，甲食品厂开始在其生产、销售的同类食品上使用“脆脆香”商标，且字体基本相同，这种行为是否侵犯了“香脆脆”商标的专用权？为什么？

项目实施

本项目“案例导入”中，① “椰树”牌椰子汁生产厂家具有“椰树”牌商标的专用权。我国《商标法》规定，商标权的有效期为 10 年，自该商标核准注册之日起计算。商标有效期满，需要继续使用的，商标注册人应当在期满前 12 个月内按照规定办理续展手续，期满未续展的，可以给予 6 个月的宽展期。“椰树”牌商标已过 10 年有效期但未过 6 个月的宽展期，所以该商标继续有效。② A 工厂的行为构成侵权行为。根据商标专用权内容中的独占使用权分析，“椰树”牌椰子汁商标一经注册，商标权人享有在注册商标核定使用的范围内独占使用其商标的权利，其他人未经许可一律不得在同一种商品或类似商品上使用该注册商标或相近似的商标，否则构成侵权。

项目三　练习

一、单选题

1. 下列商品中,属于法律、行政法规规定必须使用注册商标的是(　　)。

A. 卷烟　　B. 服装　　C. 食品　　D. 化妆品

2. 根据我国《商标法》的相关规定,注册商标的有效期自(　　)起开始计算。

A. 开始使用之日　　B. 申请注册之日

C. 初步审定之日　　D. 核准注册之日

3. 甲、乙两家公司均在2022年8月10日就同一商标向国家知识产权局商标局申请注册。甲公司在2021年1月就开始使用该商标,乙公司是最近才设计出该商标。根据《商标法》规定,该商标应该授予(　　)。

A. 甲公司　　B. 乙公司

C. 甲、乙公司自己协商确定　　D. 两家公司共同拥有

4. 两个或两个以上的商标注册申请人,在同一种商品或者类似商品上,以相同或者近似的商标申请注册的,初步审定并公告(　　)。

A. 使用在先的商标　　B. 申请在先的商标

C. 二者同时公告　　D. 二者都不公告

5. 根据我国《商标法》的相关规定,注册商标所有人与他人签订注册商标使用许可合同,则该许可合同须(　　)。

A. 报国家知识产权局商标局批准　　B. 报商标评审委员会核准

C. 报商标评审委员会备案　　D. 报国家知识产权局商标局备案

6. 甲、乙两公司于2023年同一天向国家知识产权局商标局提出了"金星"商标的注册申请,甲申请注册的是钢笔,并自2022年1月起开始使用该商标;乙申请注册的是圆珠笔,自2022年5月开始使用该商标,下列说法正确的是(　　)。

A. 初步审定并公告甲的商标　　B. 初步审定并公告乙的商标

C. 二者分别公告　　D. 二者都不公告

7. 商品使用未经核准注册的商标,根据我国《商标法》的规定(　　)。

A. 一律不得在市场上销售,违者应受行政处罚

B. 原则上不允许在市场上销售,但《商标法》另有规定的除外

C. 一律可以在市场上销售,但其商标不受法律保护

D. 原则上可以在市场上销售,但《商标法》另有规定的除外

8. 在某公司的商标注册申请公告后,第三人对此提出异议,国家知识产权局商标局裁定异议成立。该公司对此决定不服,向商标评审委员会申请复审。该异议人对复审裁定不

服，则（ ）。

A. 可以向人民法院起诉
B. 可以向仲裁机构申请仲裁
C. 可以请求国家市场监督管理总局再复审
D. 必须服从

二、多选题

1. 根据《商标法》规定，商标权人的义务包括（ ）。
   A. 按规定使用商标
   B. 在使用注册商标时应当标明注册商标字样或标明注册商标“©”
   C. 应当保证使用注册商标的商品的质量
   D. 按照规定缴纳相关的费用

2. 在我国，取得商标权必须经过（ ）程序。
   A. 申请 B. 审查 C. 公告 D. 核准

3. 下列关于注册商标专用权的保护的说法中，正确的有（ ）。
   A. 所有商标都受《商标法》保护
   B. 销售明知是假冒注册商标的商品的行为侵犯了他人的商标权
   C. 造成损害事实是商标侵权行为的构成要件
   D. 仿造他人的注册商标标识是侵犯注册商标专用权的行为

三、判断题

1. 王某把自己酿的酒贴上了从购买的“五粮液”酒瓶上撕下的商标标贴，请朋友一起喝了，该行为构成侵权。（ ）

2. 注册商标的有效期为 10 年，自核准注册之日起计算。（ ）

3. 我国《商标法》不允许商品使用未注册商标。（ ）

4. 商标就是在生产经营活动中使用的、用于识别商品或者服务来源的标志。（ ）

5. 交通标志不得作为商标使用。（ ）

项目四 著作权法

案例导入

2022年5月，某省美艺博物馆向全国有名的画家、书法家、作家发出邀请函，邀请他们参加2023年7月建馆60周年庆典活动。一些画家、书法家、作家收到邀请函后，纷纷赠送自己的画作、书法作品、诗词散文等以表祝贺。2023年4月，美艺博物馆收到字、画、文字作品共计2 000余幅，从中挑选60幅作品编辑成纪念册，限量出版666册并公开销售。

请思考：①该美艺博物馆编辑纪念册限量出版并销售的行为是否侵犯了作者的著作权？为什么？②该美艺博物馆是否可以将上述的作品用于展览？为什么？

知识储备

一、著作权与著作权法的概念

（一）著作权的概念

著作权是法律赋予作者因创作文学、艺术和科学作品而享有的专有权。

（二）著作权法的概念

著作权法有广义和狭义之分。广义上的著作权法包括调整著作权关系的所有法律规范；狭义上的著作权法是指由国家权力机关制定并系统、集中调整著作权关系的法典。

读一读

著作权过去称为版权。版权最初的含义是copyright（版权），也就是复制权。此乃因过去印刷术的不普及，当时社会认为附随于著作物最重要之权利莫过于将之印刷出版之权，故有此称呼。不过随着时代演进及科技的进步，著作的种类逐渐增加。世界上第一部版权法英国的《安娜法令》开始保护作者的权利，而不仅仅是出版者的权利。1791年，法国颁布了《表演权法》，开始重视保护作者的表演权利，1793年又颁布了《作者权法》，作者的精神权利得到了进一步的重视。

二、著作权法律关系

著作权法律关系是指由著作权法所确认和保护的社会关系，它由客体、主体、内容三要素构成。

（一）著作权的客体

著作权的客体是指著作权法律关系中，权利人的权利和义务人的义务所共同指向的对象。著作权是绝对性和排他性的权利，可以根据著作权人的权利指向的对象（也就是作品）加以确定。作品是文学、艺术、科学领域内具有独创性并能以一定形式表现出的智力成果。

著作权法保护作品的种类有以下几种。

（1）文字作品，是指小说、诗词、散文、论文等以文字形式表现的作品。

（2）口述作品，是指即兴的演说、授课、法庭辩论等以口头语言形式表现的作品。

（3）音乐作品，是指歌曲、交响乐等能够演唱或者演奏的带词或者不带词的作品。

（4）戏剧作品，是指话剧、歌剧、地方戏等供舞台演出的作品。

（5）曲艺作品，是指相声、快书、大鼓、评书等以说唱为主要形式表演的作品。

（6）舞蹈作品，是指通过连续的动作、姿势、表情等表现思想情感的作品。

（7）杂技艺术作品，是指杂技、魔术、马戏等通过形体动作和技巧表现的作品。

（8）美术作品，是指绘画、书法、雕塑等以线条、色彩或者其他方式构成的有审美意义的平面或者立体的造型艺术作品。

（9）建筑作品，是指以建筑物或者构筑物形式表现的有审美意义的作品。

（10）摄影作品，是指借助器械在感光材料或者其他介质上记录客观物体形象的艺术作品。

（11）电影作品和以类似摄制电影的方法创作的作品，是指摄制在一定介质上，由一系列有伴音或者无伴音的画面组成，并且借助适当装置放映或者以其他方式传播的作品。

（12）图形作品，是指为施工、生产绘制的工程设计图、产品设计图，以及反映地理现象、说明事物原理或者结构的地图、示意图等作品。

（13）模型作品，是指为展示、试验或者观测等用途，根据物体的形状和结构，按照一定比例制成的立体作品。

（二）著作权主体

著作权的主体仅仅指向权利主体，又称著作权人，即依法对文学、艺术和科学作品享有著作权的自然人、法人或其他组织。

著作权主体即著作权人。著作权人与作者的含义不同，一般情况下，作者是原始著作权人，在特殊情况下，著作权人并不一定是作者，作者也并不一定是著作权人。

1. 著作权人

（1）作者。

创作作品的自然人是作者。由法人或者非法人组织主持，代表法人或者非法人组织意志创作，并由法人或者非法人组织承担责任的作品，法人或者非法人组织视为作者。

作者需要具备的条件包括以下几点。

① 必须是自然人,法人只有在特定的情况下才视为作者。

② 必须是具有创造能力的自然人、法人、其他组织,法律上并不要求作者一定要有行为能力,无行为能力和限制行为能力人也可以成为作者。

③ 必须实施了具体创作行为。

(2) 其他依照《著作权法》享有著作权的自然人、法人或者非法人组织。

2. 著作权主体的分类

(1) 按照自然属性分为自然人、法人、非法人组织、国家(特定情形下)。

(2) 按照作者的国籍进行分类。

① 本国主体:在我国,中国公民、法人或者其他组织的作品,无论是否发表,都可以享有著作权。

② 外国主体:外国人、无国籍人的作品根据其作者所属国或者经常居住地国同中国签订的协议或者共同参加的国际条约享有著作权,受法律保护。如果作者是《伯尔尼公约》成员国国民,当然受到我国《著作权法》保护;如果是非《伯尔尼公约》成员国的作者,但是在成员国中有经常居住地,也应该受到我国《著作权法》的保护。

外国人、无国籍人的作品首先在中国境内出版的,依法享有著作权。

未与中国签订协议或者共同参加国际条约的国家的作者以及无国籍人的作品首次在中国参加的国际条约的成员国出版的,或者在成员国和非成员国同时出版的,受《著作权法》保护。此外,外国人、无国籍人的作品在中国境外首次出版后,30 日内在中国境内出版的,视为该作品同时在中国境内出版,受到我国《著作权法》保护。

(3) 按照著作权取得的方式分类。

著作权取得是基于一定的法律事实,法律确认著作权法律关系的发生。在我国,著作权是自动取得的民事权利,无须专门到某一个机关进行登记、注册,也无须由某个机关对作品进行审查后再授予著作权。

著作权取得的形式有两种。

① 注册登记取得制度。

注册登记取得制度是指以登记注册作为取得著作权的条件,作品只有经登记注册之后才能产生著作权。

② 自动取得制度。

自动取得制度是指著作权以作品创作完成这一法律事实的存在而自然取得,无须履行任何手续。自动取得制度的优点在于,作品一经创作完成即可及时获得保护,可以有效地制止侵犯著作权的行为,保护水平较高;但缺点在于,发生著作权纠纷时,未经登记的作品取证困难,所以有些国家的著作权法通过设立自愿登记制度作为补充。

我国《著作权法》在著作权取得上采取自动取得制度。《著作权法》第二条规定,中国公民、法人或者非法人组织的作品,不论是否发表,依照本法享有著作权。即著作权自作品完成创作之日起产生,并受《著作权法》的保护。但这并不意味着著作权不可以登记,作者等著作权人可以向国家著作权主管部门认定的登记机构办理作品登记。

8-4-1 练一练

【单选题】根据我国《著作权法》的规定，我国公民著作权取得的时间是(　　)。

A. 随作品的发表而自动产生

B. 随作品的创作完成而自动产生

C. 在作品上加注版权标记后自动产生

D. 在作品以一定的物质形态固定后产生

8-4-1　练一练答案

3. 特殊作品的著作权归属

(1) 演绎作品的著作权主体。

改编、翻译、注释、整理已有作品而产生的作品，其著作权由改编、翻译、注释、整理人享有，但行使著作权时不得侵犯原作品的著作权。

(2) 合作作品的著作权主体。

合作作品是指两个或两个以上的自然人、法人或其他组织共同创作完成的作品，著作权由合作作者共同享有。没有参加创作，仅为创作提供咨询意见、物质条件、素材或其他辅助劳动的人不能成为合作作者。

合作作品的著作权由各合作作者共同享有，通过协商一致行使；不能协商一致又无正当理由的，任何一方不得阻止他方行使除转让、许可他人专有使用、出质以外的其他权利，但是所得收益应当合理分配给所有合作作者。

合作作品可以分割使用的，作者对各自创作的部分可以单独享有著作权，但行使著作权时不得侵犯合作作品整体的著作权。

(3) 编辑作品的著作权主体。

汇编若干作品、作品的片段或者不构成作品的数据或者其他材料，对其内容的选择或者编排体现独创性的作品，其著作权由汇编人享有，但行使著作权时，不得侵犯原作品的著作权。

(4) 视听作品的著作权主体。

视听作品中的电影作品、电视剧作品的著作权由制作者享有，但编剧、导演、摄影、作词、作曲等作者享有署名权，并有权按照与制作者签订的合同获得报酬。

前款规定以外的视听作品的著作权归属由当事人约定；没有约定或者约定不明确的，由制作者享有，但作者享有署名权和获得报酬的权利。

视听作品中的剧本、音乐等可以单独使用的作品的作者有权单独行使其著作权。

(5) 职务作品的著作权主体。

职务作品是指自然人为完成法人或者非法人组织的工作任务所创作的作品，可分为一般职务作品和特殊职务作品。

一般职务作品的著作权由作者享有，但法人或者非法人组织有权在其业务范围内优先使用。作品完成两年内，未经单位同意，作者不得许可第三人以与单位使用的相同方式使用该作品；在单位同意的情况下，第三人使用其职务作品后作者所获报酬，由作者与单位按约定的比例分配。

特殊职务作品是指自然人在完成法人或者非法人组织工作任务过程中，主要是利用法人或者其他组织的物质技术条件创作，并由法人或者其他组织承担责任的工程设计图、产品设计图、地图、计算机软件等职务作品；报社、期刊社、通讯社、广播电台、电视台的工作人员创作的职务作品，作者对职务作品只享有署名权，著作权的其他权利由法人或者非法人组织享有，法人或者非法人组织可以给予作者奖励。

（6）委托作品的著作权主体。

委托作品是受托人与委托人订立合同，根据委托人的要求为其创作的作品。著作权的归属由委托人和受托人通过合同约定，合同未做明确约定或者没有订立合同的，著作权属于受托人。

（7）美术作品的著作权主体。

美术作品是指书法、绘画、雕塑等以线条、色彩或者其他方式构成的平面或者立体的造型艺术作品。

美术作品原件所有权的转移，不改变作品著作权的归属，但美术、摄影作品原件的展览权由原件所有人享有。作者将未发表的美术、摄影作品的原件所有权转让给他人，受让人展览该原件不构成对作者发表权的侵犯。

（三）著作权内容

2020 年的《著作权法》规定著作权的内容包括著作人身权和著作财产权。

1. 著作人身权

著作人身权是作者或者著作权原始主体依法享有的与其人身不可分离且不可转让和放弃的、不具有直接财产内容的权利。

（1）著作人身权的特征。

① 不可让与性：著作人身权专属于作者，视为作者的法人或其他组织也享有著作人身权，通常不得转让、继承和放弃。

② 永久性：著作人身权一旦形成，大部分情形下永久存在，即使作者死亡以后，著作人身权也不会消灭。

③ 身份性：著作人身权依附于创作者，基于作品的存在而存在。

（2）著作人身权的内容。

① 发表权：决定作品是否公之于众的权利。

② 署名权：表明作者身份，在作品上署名的权利。

③ 修改权：修改或者授权他人修改作品的权利。

④ 保护作品完整权：保护作品不受歪曲、篡改的权利。

2. 著作财产权

著作财产权又称经济权利，是指著作权人依法享有的自己使用或者授权他人以一定方式使用其作品并获得报酬的权利。

（1）著作财产权的特征。

著作财产权可以转让、继承或放弃。

著作财产权遵循“互不相关原则”。著作权人在经济上利用其作品的专有权，如复制权、发行权、表演权、改编权、翻译权等，均为互不相关的权能形式。

(2) 著作财产权的内容。

复制权：以印刷、复印、拓印、录音、录像、翻录、翻拍、数字化等方式将作品制作一份或者多份的权利。

发行权：以出售或者赠与方式向公众提供作品的原件或者复制件的权利。

出租权：有偿许可他人临时使用视听作品、计算机软件的原件或者复制件的权利，计算机软件不是出租的主要标的的除外。

展览权：公开陈列美术作品、摄影作品的原件或者复制件的权利。

表演权：公开表演作品，以及用各种手段公开播送作品的表演的权利。

放映权：通过放映机、幻灯机等技术设备公开再现美术、摄影、视听作品等的权利。

广播权：以有线或者无线方式公开传播或者转播作品，以及通过扩音器或者其他传送符号、声音、图像的类似工具向公众传播广播的作品的权利，但不包括信息网络传播权规定的权利。

传播权：以有线或者无线方式向公众提供，使公众可以在其选定的时间和地点获得作品的权利。

摄制权：以摄制视听作品的方法将作品固定在载体上的权利。

改编权：改变作品，创作出具有独创性的新作品的权利。

翻译权：将作品从一种语言文字转换成另一种语言文字的权利。

汇编权：将作品或者作品的片段通过选择或者编排，汇集成新作品的权利。

应当由著作权人享有的其他权利。

8-4-2 练一练

8-4-2 练一练答案

1.【单选题】小 A 写了一部长篇小说《追风少年》。某地方电视台未经小 A 许可，也未向小 A 支付报酬，将该作品改编成题为《向前冲的少年》的情景喜剧。该电视台未侵犯小 A 的(　　)权利。

A. 发表权　　B. 著作权

C. 改编权　　D. 获得报酬权

2.【单选题】某电视台摄制电视剧《努力吧少年》，编剧老张根据王某撰写的人物传记《努力吧少年》创作了剧本，演员林某在剧中扮演少年，该电视剧的著作权归(　　)享有。

A. 林某　　B. 电视台　　C. 王某　　D. 老张

3.【单选题】张丹由所在单位安排，承接了一个国家软科学研究项目，在工作期间出版了一本有关企业管理方面的专著并获稿费 6 000 元，此稿费应归(　　)所有。

A. 王某所在单位

B. 王某所有，但王某应缴纳个人所得税

C. 王某所有，由王某所在单位缴纳所得税

D. 王某所在单位，但应拿出一部分奖励王某

三、著作权的保护期限

著作权的保护期限是指著作权受法律保护的时间界限。在著作权的期限内，作品受

《著作权法》保护；著作权期限届满，著作权丧失，作品进入公有领域。

(1) 作者的署名权、修改权、保护作品完整权的保护期不受限制。

(2) 著作权人死亡后，著作权由其继承人、受遗赠人保护；无人继承、受遗赠，由著作权行政管理部门保护。

(3) 自然人的作品，其发表权、著作财产权的保护期为作者终生及其死亡后 50 年，截止于作者死亡后第 50 年的 12 月 31 日；如果是合作作品，截止于最后死亡的作者死亡后的第 50 年的 12 月 31 日。

(4) 法人或者非法人单位的作品、著作权(署名权除外)，由法人或者非法人单位享有的职务作品，其发表权的保护期为 50 年，截止于作品创作完成后第 50 年的 12 月 31 日；著作财产权的保护期限为 50 年，截止于作品首次发表后第 50 年的 12 月 31 日，但作品自创作完成后 50 年内未发表的，不再受《著作权法》的保护。

(5) 视听作品，其发表权的保护期为 50 年，截止于作品创作完成后第 50 年的 12 月 31 日；著作财产权的保护期为 50 年，截止于作品首次发表后第 50 年的 12 月 31 日，但作品自创作完成后 50 年内未发表的，不再受《著作权法》保护。

四、著作权许可使用合同和转让合同

著作权许可使用合同、转让合同是权利人利用著作权并获得经济利益的基本形式。除法律另有规定外，使用受著作权保护的作品应该取得著作权人的许可，否则就构成侵犯著作权的行为。

(一) 著作权许可使用合同

著作权许可使用是指著作权人授权他人在一定的地域和期限内以一定的方式使用，进而获得相应经济利益的法律行为。

著作权许可使用合同的内容包括以下几项。

(1) 许可使用的权利种类。

(2) 许可使用的权利是专有使用权或者非专有使用权。

(3) 许可使用的地域范围、期间。

(4) 付酬标准和办法。

(5) 违约责任。

(6) 双方认为需要约定的其他内容。

著作权许可使用不改变著作权的归属，被许可人取得的只是使用权，并不能成为著作权的主体。

著作权许可使用过程中，被许可人只能按照约定的方式、地域范围、期限使用作品，不能将所获得的使用权再让渡给第三人，著作权人同意除外。

著作权许可使用过程中，被许可人支付著作权使用费。

著作权许可使用过程中，非专有使用权的许可人不能因权利被侵害而以自己的名义提起诉讼，只有专有使用权的被许可人才能因专有使用权被侵害提起诉讼。

（二）著作权转让合同

著作权转让是指著作权人将其著作权中的财产权部分或全部出让给他人的一种法律行为。

著作权转让的对象是著作财产权，它的转让导致著作权主体的变更。著作权转让合同是著作权转让的基本法律形式。

著作权转让合同在出让人与受让人之间形成了债权债务关系，应遵循《中华人民共和国合同法》的规定。著作权转让合同为诺成合同、有偿合同、双务合同、要式合同。

著作权转让合同的内容包括以下几项。

(1) 作品的名称。

(2) 转让的权利种类、地域范围。

(3) 转让价金。

(4) 交付转让价金的日期和方式。

(5) 违约责任。

(6) 双方认为需要约定的其他内容。

著作权的转让中，受让人取得的是著作权，著作权的归属随之发生转移。

著作权转让以后，受让人不仅可以自己使用作品，也可以将获得的权利再转让或许可他人使用，受让人有处分权。

著作权转让中，受让人支付的是著作权价金，一般而言，著作权转让费高于著作权许可使用费。

著作权转让中，任何受让人对侵害其财产权利的行为均可提起侵权之诉。

五、著作权的限制

著作权的限制是指法律规定著作权人对某部作品享有充分权利的同时，也必须在作品的利用方面对社会履行一些义务，包括著作权合理使用、著作权法定许可使用、著作权强制许可使用。

（一）著作权合理使用

在特定条件下，法律允许他人自由使用享有著作权的作品而不必征得著作权人的同意，也不必向著作权人支付报酬，但应当指明作者姓名或者名称、作品名称，并且不得影响该作品的正常使用，也不得损害著作权人的合法权益。

(1) 为个人学习、研究或者欣赏，使用他人已经发表的作品。

(2) 为介绍、评论某一作品或者说明某一问题，在作品中适当引用他人已经发表的作品。

(3) 为报道新闻，在报纸、期刊、广播电台、电视台等媒体中不可避免地再现或者引用已经发表的作品。

(4) 报纸、期刊、广播电台、电视台等媒体刊登或者播放其他报纸、期刊、广播电台、电视台等媒体已经发表的关于政治、经济、宗教问题的时事性文章，但著作权人声明不许刊登、播放的除外。

(5) 报纸、期刊、广播电台、电视台等媒体刊登或者播放在公众集会上发表的讲话,但作者声明不许刊登、播放的除外。

(6) 为学校课堂教学或者科学研究,翻译、改编、汇编、播放或者少量复制已经发表的作品,供教学或者科研人员使用,但不得出版发行。

(7) 国家机关为执行公务在合理范围内使用已经发表的作品。

(8) 图书馆、档案馆、纪念馆、博物馆、美术馆、文化馆等为陈列或者保存版本的需要,复制本馆收藏的作品。

(9) 免费表演已经发表的作品,该表演未向公众收取费用,也未向表演者支付报酬,且不以营利为目的。

(10) 对设置或者陈列在公共场所的艺术作品进行临摹、绘画、摄影、录像。

(11) 将中国公民、法人或者非法人组织已经发表的以国家通用语言文字创作的作品翻译成少数民族语言文字作品在国内出版发行。

(12) 以阅读障碍者能够感知的无障碍方式向其提供已经发表的作品。

(13) 法律、行政法规规定的其他情形。

(二) 著作权法定许可使用

依《著作权法》规定,使用者在使用他人已经发表的作品时,可以不经著作权人的许可,但应向其支付报酬,并尊重著作权人的其他权利。

为实施义务教育和国家教育规划而编写出版教科书,可以不经著作权人许可,在教科书中汇编已经发表的作品片段或者短小的文字作品、音乐作品或者单幅的美术作品、摄影作品、图形作品,但应当按照规定向著作权人支付报酬,指明作者姓名或者名称、作品名称,并且不得侵犯著作权人依照《著作权法》享有的其他权利。

录音制作者使用他人已经合法录制为录音制品的音乐作品制作录音制品,可以不经著作权人许可,但应当按照规定支付报酬,著作权人声明不允许使用的不得使用。

广播电台、电视台播放他人未发表的作品,应当取得著作权人许可并支付报酬;播放他人已经发表的作品,可以不经著作权人许可,但应当支付报酬。

(三) 著作权强制许可使用

在一定条件下,作品的使用者基于某种正当理由需要使用他人已发表的作品时,经申请由著作权行政管理部门授权,即可使用该作品,无需征得著作权人同意,但应当向其支付报酬。

我国《著作权法》没有规定强制许可制度,但我国已经加入《伯尔尼公约》和《世界版权公约》,公约中有关强制许可的规定可以引用。

8-4-3 练一练

【单选题】以下使用作品的行为中,可以不经过著作权人的许可且不必支付报酬的有(　　)。

A. 为介绍某一作品而适当引用

8-4-3 练一练答案

B. 为希望工程捐款举行义演
C. 将少数民族文字作品翻译为汉字出版发行
D. 将他人的讲义复制后卖给学生学习使用

六、著作权的侵权行为及法律责任

有下述侵权行为的，应当根据情况，承担停止侵害、消除影响、赔礼道歉、赔偿损失等民事责任。

（1）未经著作权人许可，发表其作品的。

（2）未经合作作者许可，将与他人合作创作的作品当作自己单独创作的作品发表的。

（3）没有参加创作，为谋取个人名利，在他人作品上署名的。

（4）歪曲、篡改他人作品的。

（5）剽窃他人作品的。

（6）未经著作权人许可，以展览、摄制视听作品的方法使用作品，或者以改编、翻译、注释等方式使用作品的，《著作权法》另有规定的除外。

（7）使用他人作品，应当支付报酬而未支付的。

（8）未经视听作品、计算机软件、录音录像制品的著作权人、表演者或者录音录像制作者许可，出租其作品或者录音录像制品的原件或者复制件的，《著作权法》另有规定的除外。

（9）未经出版者许可，使用其出版的图书、期刊的版式设计的。

（10）未经表演者许可，从现场直播或者公开传送其现场表演，或者录制其表演的。

（11）其他侵犯著作权以及与著作权有关的权利的行为。

有下列侵权行为的，应当根据情况，承担民事责任；侵权行为同时损害公共利益的，由主管著作权的部门责令停止侵权行为，予以警告，没收违法所得，没收、无害化销毁处理侵权复制品以及主要用于制作侵权复制品的材料、工具、设备等，违法经营额 5 万元以上的，可以并处违法经营额 1 倍以上 5 倍以下的罚款；没有违法经营额、违法经营额难以计算或者不足 5 万元的，可以并处 25 万元以下的罚款，构成犯罪的，依法追究刑事责任。

（1）未经著作权人许可，复制、发行、表演、放映、广播、汇编、通过信息网络向公众传播其作品的，《著作权法》另有规定的除外。

（2）出版他人享有专有出版权的图书的。

（3）未经表演者许可，复制、发行录有其表演的录音录像制品，或者通过信息网络向公众传播其表演的，《著作权法》另有规定的除外。

（4）未经录音录像制作者许可，复制、发行、通过信息网络向公众传播其制作的录音录像制品的，《著作权法》另有规定的除外。

（5）未经许可，播放、复制或者通过信息网络向公众传播广播、电视的，《著作权法》另有规定的除外。

（6）未经著作权人或者与著作权有关的权利人许可，故意避开或者破坏技术措施的，故意制造、进口或者向他人提供主要用于避开、破坏技术措施的装置或者部件的，或者故意为他人避开或者破坏技术措施提供技术服务的，法律、行政法规另有规定的除外。

（7）未经著作权人或者与著作权有关的权利人许可，故意删除或者改变作品、版式设计、表演、录音录像制品或者广播、电视上的权利管理信息的，知道或者应当知道作品、版式设计、表演、录音录像制品或者广播、电视上的权利管理信息未经许可被删除或者改变，仍然向公众提供的，法律、行政法规另有规定的除外。

（8）制作、出售假冒他人署名的作品的。

侵犯著作权或者与著作权有关的权利的，侵权人应当按照权利人因此受到的实际损失或者侵权人的违法所得给予赔偿；权利人的实际损失或者侵权人的违法所得难以计算的，可以参照该权利使用费给予赔偿。对故意侵犯著作权或者与著作权有关的权利，情节严重的，可以在按照上述方法确定数额的 1 倍以上 5 倍以下给予赔偿。

权利人的实际损失、侵权人的违法所得、权利使用费难以计算的，由人民法院根据侵权行为的情节，判决给予 500 元以上 500 万元以下的赔偿。

赔偿数额还应当包括权利人为制止侵权行为所支付的合理开支。

著作权纠纷可以调解，也可以根据当事人达成的书面仲裁协议或者著作权合同中的仲裁条款，向仲裁机构申请仲裁。

当事人没有书面仲裁协议，也没有在著作权合同中订立仲裁条款的，可以直接向人民法院起诉。

8-4-4 练一练

【多选题】下列侵犯著作权的行为中，（　　）承担刑事责任。

A. 制作、出售假冒他人署名的美术作品的

B. 未经表演者许可，从现场直播或者公开传送其现场表演，或者录制其表演的

C. 剽窃、抄袭他人作品的

D. 销售侵权复制品的

8-4-4　练一练答案

8-4-5 想一想

2022 年 9 月，张小米在《奇谈》杂志上发表了一篇散文，深受读者喜爱。两个月后，刘兴将张小米在《奇谈》杂志上发表的散文收录到自己主编的《奇文共赏》散文集中并在出版社出版。

请思考：刘兴和出版社是否侵犯了张小米的著作权？为什么？

8-4-5　想一想答案

尚德精技

著作权是知识产权的一个重要组成部分，它是现代社会发展中不可缺少的一种法律制度。著作权保护的意义在于能够促进知识的积累与交流，大大丰富人们的精神生活，提高全民族的科学文化素质，推动经济的发展。著作权保护制度是随着科学技术的进步而不断发展和完善的，著作权保护不仅仅能够促进文化事业的发展，同时版权产业也已经成为经济发展的动力。

著作权调整范围广，涉及调整作者、国家、集体之间的利益问题，平衡创作者和使用者的关系，既要充分保护作者的合法权益，又必须给作者以限制，满足公众的需要。著作权

是一种无形的权利，同时是用有形物体现的，包括精神权利和财产权利，因此，著作权也是人权。盗版就是盗窃。保护知识产权不仅是保护著作权人的个人利益，同时也是为了维护公众利益，维护国家利益，维护国家经济秩序，促进社会的发展。

因此，经济、科技和文化的发展离不开著作权保护制度。

项目实施

本项目“案例导入”中，① 美艺博物馆侵犯了作者的著作权。根据《著作权法》的规定，美术作品等原件的所有权的转移并不视为作品著作权的转移。因为作者将字、画、文字作品赠与博物馆，所有权转移，著作权不转移。② 根据《著作权法》的规定，美艺博物馆对获赠的书、画作品等原件具有展览权。美术作品等原件的所有权的转移并不被视为作品著作权的转移，但美术作品原件的展览权由美术作品原件的所有人享有。美艺博物馆获得的是作品的原件，因此，博物馆作为原件所有人享有对作品原件的展览权。

项目四　练习

一、单选题

1. 以下不属于视听作品的是(　　)。

A. 电影　　B. 电视剧

C. 网剧　　D. 网络游戏直播画面

2. 刘某从画家孙某处购买了一幅画,刘某在对该画享有物权的同时,对该画还享有(　　)。

A. 改编权　　B. 出租权　　C. 复制权　　D. 展览权

3. 下列行为中,侵犯作者发表权的是(　　)。

A. 未经作者许可将作者未发表的作品出版

B. 未经作者许可擅自修改作者作品中的主要内容

C. 未经作者许可擅自阅读作者未发表的作品

D. 某期刊社拒绝发表某作者的作品

4. 一部作者身份不明的文学作品,依照法律规定对其使用权及获得报酬权的保护期为(　　)。

A. 50 年,止于作品首次发表后的第 50 年的 12 月 31 日

B. 作者终生及死亡后 50 年,止于作者死亡后的第 50 年的 1 月 1 日

C. 50 年,止于最后死亡的作者死亡后第 50 年的 12 月 31 日

D. 50 年,但作品自创作完成后 50 年内未发表的不予保护

5. 作家王小米撰写了一篇短篇小说《冬日暖阳》,下列(　　)行为侵犯了王小米的发表权。

A. 王小米将该文投稿到《读者》,《读者》编辑认为该文结局过于悲伤,遂擅自将该文改为以喜剧告终

B. 王小米的好友张盼盼未经其同意,擅自将小说投稿到《大众文学》刊物,并获该刊物录用发表

C. 王小米将该文投稿到《书屋》,但《书屋》编辑认为该文不符合本期刊旨趣,拒绝发表

D. 王小米的好友张盼盼未经许可擅自将该文手稿拿来阅读

6. 下列著作财产权中,属于演绎权的是(　　)。

A. 信息网络传播权　　B. 表演权

C. 摄制权　　D. 复制权

7. 甲厂以招标方法向社会公开征集企业形象标识设计。最后,甲厂职工乙的设计稿被选用作为企业形象标识。乙设计的标识属于(　　)。

A. 受工厂委托而创作的作品

B. 为完成工厂的工作任务而创作的职务作品

C. 由工厂主持并代表工厂意志创作的法人作品

D. 不受著作权保护的作品

二、多选题

1. 我国《著作权法》规定将法人或者非法人组织视为"作者"的条件有(　　)。

A. 作品由法人或者非法人组织主持

B. 代表法人或者非法人组织意志创作

C. 法人或者非法人组织提供物质技术条件支持

D. 法人或者非法人组织承担责任

2. 下列说法中,正确的有(　　)。

A. 委托作品的著作权属于受托人

B. 在没有明确约定的情况下,委托作品的著作权属于受托人

C. 合作作品的使用必须协商一致

D. 合作作品作者一方无正当理由不得组织他方行使著作权

3. 下列选项中,属于著作人身权的权利有(　　)。

A. 发表权　　B. 修改权

C. 表演权　　D. 保护作品完整权

4. 画家林某将其新作《五谷丰登》送给好友李某,下列关于这幅画的说法中,正确的有(　　)。

A. 林某仍享有署名权　　B. 林某仍享有展览权

C. 林某仍享有修改权　　D. 李某享有展览权

5. 下列有关作者的说法中,正确的有(　　)。

A. 创作作品的公民是作者

B. 9岁的儿童创作了一首儿歌,作者应为他的法定监护人,因为他没有民事行为能力,其责任也应由其法定监护人承担

C. 由法人单位主持、代表法人意志创作的作品,法人单位视为作者

D. 如无相反证明,在作品上署名的公民、法人或者非法人单位为作者

三、判断题

1. 在我国《著作权法》语境下,"著作权"和"版权"是同义词。(　　)

2. 演讲、授课、法庭辩论场合所有口述的内容都为口述作品。(　　)

3. 著作权人就是作者。(　　)

4. 除了自然人之外,基于法律规定,法人或者非法人组织在我国也可以成为著作权人。（ ）

5. 如无相反证明,在作品上署名的公民、法人或者非法人组织为作者。（ ）

6. 复制权,即以印刷、复印、拓印、录音、录像、翻录、翻拍、数字化等方式将作品制作一份或者多份的权利。（ ）

单元九

经济纠纷处理法律制度

学习目标

1. 了解经济纠纷的解决途径。
2. 掌握仲裁的基本原则、适用范围、仲裁协议、仲裁程序以及裁决。
3. 掌握民事诉讼的基本制度、适用范围、地域管辖以及诉讼时效。
4. 能够运用所学的法律知识和方法分析解决实际纠纷及相关问题。
5. 培养实事求是的职业精神和尽职尽责的工作态度。

学习框架

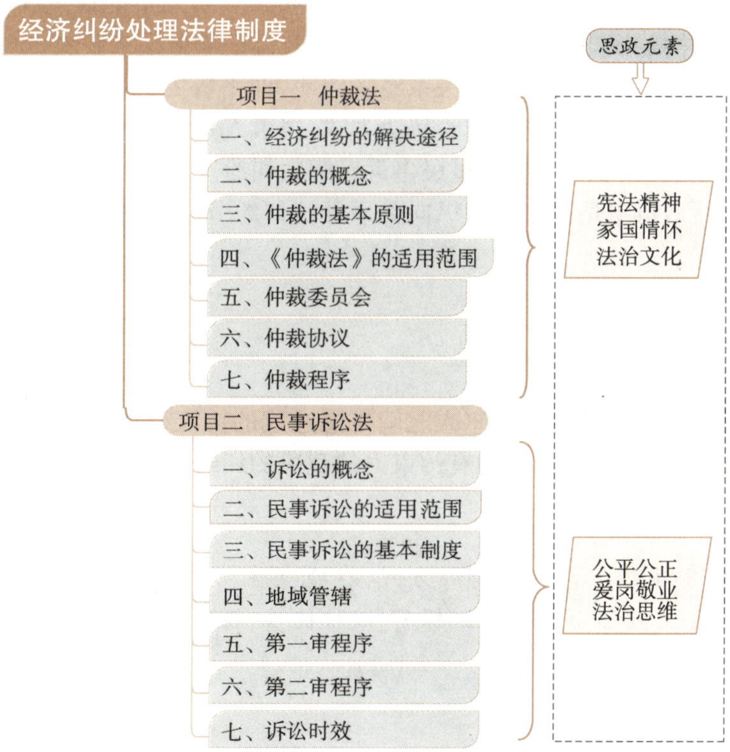

项目一　仲裁法

案例导入

甲税务局从星光百货商场购买了一批办公用品，因办公用品质量问题与该百货商场发生纠纷。同时，甲税务局又因向星光百货商场征税而与其发生争议。

请思考：这两项争议是否可以通过仲裁方式解决？

知识储备

一、经济纠纷的解决途径

经济纠纷的解决途径主要有和解、调解、仲裁、复议和诉讼五种。

调解主要有民间调解、行政调解、仲裁调解和法院调解（人民法院审理行政案件不适用调解）四种形式。其中，法院调解属于诉内调解，其他均属于诉外调解。

和解与调解均不是经济纠纷解决的必经程序，如果当事人不能通过和解或者调解解决纠纷，就需要通过仲裁、民事诉讼、行政复议或者行政诉讼等方式来解决。

仲裁和民事诉讼适用于解决横向关系经济纠纷，即平等的民事主体之间发生的经济纠纷。仲裁与民事诉讼是并列的经济纠纷解决方式，当事人只能选择其一，或者以签订仲裁协议的方式通过仲裁解决纠纷，或者通过民事诉讼解决纠纷。

行政复议和行政诉讼适用于解决纵向关系经济纠纷，即行政管理相对人和行政机关之间发生的经济纠纷。

二、仲裁的概念

仲裁是指仲裁机构根据纠纷当事人之间自愿达成的协议，以第三者的身份对所发生的纠纷进行审理，并做出对争议各方均有约束力的裁决的纠纷解决方式。

读一读

仲裁是一种解决经济纠纷的有效方式，在现实生活中被广泛应用。与民事诉讼相比，仲裁具有自主性、专业性、灵活性、保密性、快捷性、经济性、独立性的特点。

仲裁的基本法律依据是1994年8月31日第八届全国人民代表大会常务委员会第九次会议审议通过，历经2009年、2017年两次修正的《中华人民共和国仲裁法》（以下简称《仲裁法》）。

三、仲裁的基本原则

（一）自愿原则

（1）当事人采用仲裁方式解决纠纷，必须首先由双方自愿达成仲裁协议。没有仲裁协议，一方申请仲裁的，仲裁组织不予受理。

（2）当事人可以自愿选择仲裁机构和仲裁员。

（3）当事人可以自行和解，达成和解协议后，可以请求仲裁庭根据和解协议做出仲裁裁决书，也可以撤回仲裁请求。

（4）当事人自愿调解的，仲裁庭应予调解。

（二）以事实为依据，以法律为准绳，公平合理地解决纠纷原则

仲裁机构应以客观事实为根据，以民事实体法和程序法作为做出仲裁裁决的标准。为了准确地认定事实，仲裁庭必须充分听取双方当事人的陈述、证人证言和鉴定人的鉴定意见，防止偏听偏信和主观臆断。仲裁庭认为有必要收集的证据，可以自行收集。在适用法律时，法律有明文规定的，按照法律的规定执行；无明文规定的，按照法律的基本精神和公平合理原则处理，不偏袒任何一方，也不对任何一方施加压力。

（三）仲裁组织依法独立行使仲裁权原则

仲裁组织是民间组织，不隶属于任何国家机关。仲裁组织依法独立进行仲裁，不受任何行政机关、社会团体和个人的干涉。人民法院可以依法对仲裁进行必要的监督。

（四）一裁终局原则

仲裁裁决做出后，当事人就同一纠纷，不能再申请仲裁或者向人民法院起诉。但是，仲裁裁决被人民法院依法裁定撤销或者不予执行的，当事人可以重新达成仲裁协议，申请仲裁，也可以向人民法院起诉。

9-1-1　练一练

【单选题】根据《仲裁法》的规定，下列关于仲裁一裁终局原则的表述中，正确的是（　　）。

A. 仲裁裁决生效后，当事人就同一纠纷，不能再申请仲裁，但可以向人民法院提起诉讼

B. 仲裁裁决被人民法院撤销后，当事人不得依据重新达成的仲裁协议申请仲裁，只能向人民法院起诉

9-1-1　练一练答案

C. 仲裁裁决被人民法院撤销后，当事人既可以重新达成仲裁协议，申请仲裁，也可以向人民法院起诉

D. 仲裁裁决被人民法院裁定不予执行后，当事人可以重新达成仲裁协议，申请仲裁，但不能向人民法院起诉

四、《仲裁法》的适用范围

根据《仲裁法》的规定，平等主体的公民、法人和其他组织之间发生的合同纠纷和其他财产纠纷，可以仲裁。这就是说，仲裁事项必须是合同纠纷和其他财产性法律关系的争议。与人身有关的婚姻、收养、监护、扶养、继承纠纷，不能进行仲裁。

仲裁事项必须是平等主体之间发生的且当事人有权处分的财产权益纠纷。由强制性法律规范调整的法律关系的争议不能进行仲裁。因此，行政争议不能仲裁。

劳动争议和农业集体经济组织内部的农业承包合同纠纷不同于一般的经济纠纷，它们在解决纠纷的原则、程序等方面有自己的特点，适用专门的规定，因此，《仲裁法》不适用于解决这两类纠纷。

9-1-2 练一练

1.【单选题】下列纠纷中，可以适用《仲裁法》的是(　　)。

A. 周某与吴某之间的婚姻关系纠纷

B. 甲公司员工郑某与甲公司之间的劳动争议纠纷

C. 王某与赵某之间的继承纠纷

D. 钱某与孙某之间的借款合同纠纷

9-1-2 练一练答案

2.【多选题】根据《仲裁法》的规定，下列各项中，不属于仲裁机构受理案件范围的有(　　)。

A. 陈某与所属的农业集体经济组织之间的农业承包合同纠纷

B. 李某与王某之间的承揽合同纠纷

C. 甲公司与某行政机关之间的行政争议

D. 蔡某与其所在单位之间的劳动合同纠纷

五、仲裁委员会

仲裁委员会可以在直辖市和省、自治区人民政府所在地的市设立，也可以根据需要在其他设区的市设立，不按行政区划层层设立。

仲裁委员会的设立虽然应当经省、自治区、直辖市的司法行政部门登记，但是，仲裁委员会独立于行政机关，与行政机关没有隶属关系。仲裁委员会之间也没有隶属关系。

六、仲裁协议

仲裁协议是指双方当事人自愿把他们之间可能发生或者已经发生的经济纠纷提交仲裁

机构裁决的书面约定。仲裁协议应当以书面形式订立，口头达成仲裁的意思表示无效。

(1) 仲裁协议应当具有下列内容。

① 请求仲裁的意思表示。

② 仲裁事项。

③ 选定的仲裁委员会。

合法有效的仲裁协议具有排除诉讼管辖权的作用，在双方当事人发生协议约定的争议时，任何一方只能将争议提交仲裁，而不能向人民法院起诉。但是，一方向人民法院起诉时未声明有仲裁协议的，人民法院受理后，另一方在首次开庭前提交仲裁协议的，人民法院应当驳回起诉；另一方在首次开庭前未对人民法院受理该案提出异议的，视为放弃仲裁协议，人民法院应当继续审理。仲裁协议具有独立性，合同的变更、解除、终止或者无效，不影响仲裁协议的效力。

(2) 仲裁协议无效的情况如下。

① 约定的仲裁事项（如婚姻纠纷）超过法律规定的仲裁范围。

② 无民事行为能力人或者限制民事行为能力人订立的仲裁协议。

③ 一方采取胁迫手段，迫使对方订立的仲裁协议。

④ 仲裁协议对仲裁事项或者仲裁委员会没有约定或约定不明确的，当事人可以补充协议；达不成补充协议的，仲裁协议无效。

当事人对仲裁协议的效力有异议的，应当在仲裁庭首次开庭前请求仲裁委员会做出决定，或者请求人民法院做出裁定。一方请求仲裁委员会做出决定，另一方请求人民法院做出裁定的，由人民法院裁定。

9-1-3 想一想

阳光玩具公司与大海有限责任公司签订买卖合同并另行订立了有效的仲裁协议，后因合同履行发生纠纷，大海有限责任公司隐瞒仲裁协议向法院起诉，法院受理了该案。开庭审理时，阳光玩具公司提出双方订有仲裁协议，法院对该案没有管辖权。

请思考：法院接下来应如何对该案进行处理？是继续审理该案还是中止审理，待确定仲裁协议效力后再决定是否继续审理？

9-1-3　想一想答案

七、仲裁程序

（一）仲裁申请

申请仲裁必须符合下列条件：有仲裁协议；有具体的仲裁请求和事实、理由；属于仲裁委员会的受理范围。

仲裁不实行级别管辖和地域管辖，仲裁委员会应由当事人协议选定。当事人申请仲裁，应当向选定的仲裁委员会递交仲裁协议、仲裁申请书及副本。仲裁申请书应载明下列事项：当事人的姓名、性别、年龄、职业、工作单位和住所，法人或其他组织的名称、住所和法定代表人或主要负责人的姓名、职务；仲裁请求和所根据的理由；证据和证据来源、证人姓名和住所。

（二）仲裁庭的组成

仲裁庭可以由 1 名仲裁员成立独任仲裁庭或者 3 名仲裁员组成合议仲裁庭。

由 3 名仲裁员组成的合议仲裁庭，设首席仲裁员。当事人约定由 3 名仲裁员组成仲裁庭的，应当各自选定或者各自委托仲裁委员会主任指定 1 名仲裁员，第 3 名仲裁员由当事人共同选定或者共同委托仲裁委员会主任指定，第 3 名仲裁员是首席仲裁员。

当事人约定由 1 名仲裁员成立独任仲裁庭的，应当由当事人共同选定或者共同委托仲裁委员会主任指定仲裁员。

（三）回避制度

仲裁员有下列情况之一的，必须回避，当事人也有权提出回避申请。

（1）是本案当事人，或者当事人、代理人的近亲属。

（2）与本案有利害关系。

（3）与本案当事人、代理人有其他关系，可能影响公正仲裁的。

（4）私自会见当事人、代理人，或者接受当事人、代理人请客送礼的。

（四）仲裁裁决

仲裁应当开庭进行。当事人协议不开庭的，仲裁庭可以根据仲裁申请书、答辩书以及其他材料做出裁决。所谓开庭审理，是指在仲裁庭的主持下，由双方当事人和其他仲裁参与人参加，按照法定程序，对案件进行审理并做出裁决的方式。

仲裁一般不公开进行，当事人协议公开的，可以公开进行，但涉及国家秘密的除外。所谓不公开进行，是指仲裁庭在审理案件时不对社会公开，不允许群众旁听，也不允许新闻记者采访和报道。

申请仲裁后，当事人可以自行和解。达成和解协议的，可以请求仲裁庭根据和解协议做出裁决书，也可以撤回仲裁申请，撤回仲裁申请后反悔的，可以根据仲裁协议申请仲裁。

仲裁庭在做出裁决前，可以先行调解，当事人自愿调解的，仲裁庭应当调解；调解不成的，应当及时做出裁决。调解达成协议的，应当制作调解书或根据协议的结果制作裁决书，调解书经双方当事人签收后，即发生法律效力。当事人在调解书签收前反悔的，仲裁庭应当及时做出裁决。

仲裁裁决应当按照多数仲裁员的意见做出；仲裁庭不能形成多数意见时，裁决应当按照首席仲裁员的意见做出。

9-1-4 练一练

1.【单选题】甲、乙因合同纠纷达成仲裁协议，甲选定 A 仲裁员，乙选定 B 仲裁员，另外共同委托仲裁委员会主任指定一名首席仲裁员，3 人组成仲裁庭。仲裁庭在做出裁决时产生了两种不同意见。根据仲裁法律制度的规定，仲裁庭应当采取的正确做法是（　　）。

A. 按多数仲裁员的意见做出裁决　　B. 按首席仲裁员的意见做出裁决

C. 提请仲裁委员会做出裁决　　D. 提请仲裁委员会主任做出裁决

9-1-4　练一练答案

2.【多选题】根据仲裁法律制度的规定，仲裁员在特定情形下必须回避。下列属于该特定情形的有(　　)。

A. 接受本案当事人的请客送礼　　B. 是本案当事人的近亲属

C. 与本案有利害关系　　D. 私自会见本案代理人

3.【判断题】仲裁当事人自行和解达成和解协议后，可以请求仲裁庭根据和解协议做出仲裁裁决书。(　　)

9-1-5 想一想

9-1-5 想一想答案

夏丽丽作为技术人员参与了大海公司一项新产品的研发，并与该公司签订了为期3年的服务与保密合同。合同履行1年后，夏丽丽被大海公司的竞争对手星光公司高薪挖走，负责开发类似的产品。大海公司起诉至法院，要求夏丽丽承担违约责任并对其原知晓的产品研发情况保密。

请思考：以下哪种说法正确？① 只有在当事人双方共同申请不公开审理此案的情况下，法院才可以不公开审理；② 该案不应当公开审理，但应当公开宣判；③ 法院可以根据一方当事人申请，不公开审理此案，但应当公开宣判；④法院应当公开审理此案，并公开宣判。

项目实施

本项目“案例导入”中，因办公用品质量引发的争议中，由于双方处于平等主体地位，所发生的争议属于平等主体之间产生的财产纠纷，根据《仲裁法》的规定，可以通过仲裁方式解决。因征税引发的争议中，双方属于行政管理与被管理的关系，所发生的争议属于行政争议，不能通过仲裁方式解决。

项目一 练习

一、单选题

1. 根据仲裁法律制度的规定,下列纠纷中,可以申请仲裁的是(　　)。

A. 李某与其兄妹之间的继承纠纷　　B. 张某与王某之间的婚姻纠纷

C. 赵某与吴某之间的收养纠纷　　D. 周某与秦某之间的借款合同纠纷

2. 甲公司与乙公司签订买卖合同,并在合同中约定了仲裁条款,但未选定仲裁委员会。根据仲裁法律制度的规定,下列表述中,正确的是(　　)。

A. 该仲裁条款无效

B. 当事人可以就仲裁委员会的选择签订补充协议;达不成补充协议的,该仲裁条款无效

C. 该仲裁条款有效;约定的仲裁事项发生争议时,由合同签订地的仲裁委员会审理

D. 该仲裁条款有效;约定的仲裁事项发生争议时,由合同履行地的仲裁委员会审理

3. 根据仲裁法律制度的规定,当事人有证据证明仲裁裁决具有应撤销情形的,可以申请撤销仲裁裁决。下列各项中,不属于仲裁裁决法定撤销情形的是(　　)。

A. 仲裁裁决根据的证据是伪造的　　B. 没有仲裁协议的

C. 仲裁庭裁决前未先行调解的　　D. 裁决的事项仲裁委员会无权仲裁的

4. 根据仲裁法律制度的规定,有关仲裁一裁终局原则,下列说法正确的是(　　)。

A. 仲裁裁决被人民法院撤销后,当事人不得依据重新达成的仲裁协议申请仲裁,只能向人民法院起诉

B. 仲裁裁决生效后,当事人就同一纠纷,不能再申请仲裁,但可以向人民法院提起诉讼

C. 仲裁裁决被人民法院撤销后,当事人既可以重新达成仲裁协议,申请仲裁,也可以向人民法院起诉

D. 仲裁裁决被人民法院裁定不予执行后,当事人可以重新达成仲裁协议,申请仲裁,但不能向人民法院起诉

二、多选题

1. 根据仲裁法律制度的规定,下列关于仲裁协议效力的表述中,正确的有(　　)。

A. 一方采取胁迫手段,迫使对方订立的仲裁协议无效

B. 合同无效,合同中的仲裁条款也无效

C. 限制民事行为能力人订立的仲裁协议无效

D. 对仲裁协议的效力有异议的,应当在仲裁庭首次开庭之前请求仲裁委员会做出决定或者请求人民法院做出裁定

2. 根据仲裁法律制度的规定，下列各项中，属于仲裁基本原则的有（　　）。

A. 自愿原则　　B. 一裁终局原则

C. 公开仲裁原则　　D. 仲裁组织依法独立行使仲裁权原则

3. 根据仲裁法律制度的规定，下列情形中，属于仲裁裁决的法定撤销情形的有（　　）。

A. 仲裁庭的组成违反法定程序

B. 裁决的事项不属于仲裁协议的范围

C. 仲裁员在仲裁该案时有枉法裁决行为

D. 对方当事人隐瞒了足以影响公正裁决的证据

三、判断题

1. 当事人一方申请执行仲裁裁决，而另一方申请撤销裁决的，人民法院应当裁定终结执行。（　　）

2. 根据《仲裁法》的规定，仲裁裁决书自送达之日起发生法律效力。（　　）

3. 仲裁庭不能形成多数意见时，按首席仲裁员的意见做出裁决。（　　）

4. 仲裁当事人自行和解达成和解协议后，可以请求仲裁庭根据和解协议做出仲裁裁决书。（　　）

项目二 民事诉讼法

案例导入

陈文从云山百货商场购买高压锅后，因其出国工作而一直没有使用。4年后，陈文回国使用高压锅时，发现存在质量问题，他回忆起购买高压锅时云山百货商场并未声明高压锅存在质量问题。

请思考：如果陈文向法院提起诉讼，主张由百货商场更换高压锅并赔偿损失，是否已超过了诉讼时效期间？

知识储备

一、诉讼的概念

诉讼是指人民法院根据纠纷当事人的请求，运用审判权确认争议各方权利义务关系，解决经济纠纷的活动。

读一读

诉讼是解决经济纠纷的重要手段，大多数情况下是解决经济纠纷的最终办法。经济纠纷所涉及的诉讼包括民事诉讼和行政诉讼。民事诉讼是指人民法院在当事人及其他诉讼参与人的参加下，依法审理并裁决平等主体之间经济纠纷案件的活动。行政诉讼是指人民法院根据当事人的请求，依法审查并裁决行使行政管理职权的行政机关所做出的具体行政行为的合法性，以解决经济纠纷的活动，如人民法院依法审理作为经济法主体的纳税人与税务机关在税收征纳关系上发生争议的行政案件。由于解决经济纠纷所涉及的诉讼绝大部分属于平等主体之间发生的民事诉讼，本部分首先对民事诉讼予以介绍。

1991年4月9日由第七届全国人民代表大会第四次会议通过，历经2007年、2012年、2017年和2021年4次修正的《民事诉讼法》，是民事诉讼活动的法律依据。2022年，国家启动了《民事诉讼法》的第五次修正，2022年12月30日，中国人大网公布了《民事诉讼法(修正草案)》征求意见稿。

二、民事诉讼的适用范围

公民、法人和其他组织之间因财产关系和人身关系发生纠纷，可以提起民事诉讼。适用《民事诉讼法》的案件主要有以下几类。

（一）民事案件

（1）由民法调整的物权关系、债权关系、知识产权关系、人身权关系引起的诉讼。如房屋产权争议案件、合同纠纷案件、侵犯著作权案件、侵犯名誉权案件等。

（2）由民法调整的婚姻家庭关系、继承关系、收养关系引起的诉讼。如离婚案件、追索抚养费案件、财产继承案件、解除收养关系案件等。

（3）由经济法调整的经济关系中属于民事性质的诉讼。如因环境污染引起的侵权案件、因不正当竞争行为引起的损害赔偿案件等。

（二）商事案件

商事案件是指由商法调整的商事关系引起的诉讼。如票据纠纷案件、股东权益纠纷案件、保险合同纠纷案件、证券纠纷案件等。

（三）劳动争议案件

劳动争议案件是指因劳动法调整的社会关系引起的争议中，依法律规定适用民事诉讼程序的案件，如劳动合同纠纷案件等。

（四）法律规定人民法院适用《民事诉讼法》审理的非讼案件

（1）适用特别程序审理的案件，如选民资格案件、宣告失踪或者宣告死亡案件、认定公民无民事行为能力或者限制民事行为能力案件等。

（2）适用督促程序审理的案件。

（3）适用公示催告程序审理的案件。

9-2-1 练一练

【多选题】下列各项中，属于适用特别程序审理的民事案件有（　　）。

A. 选民资格案件　　B. 宣告失踪案件

C. 认定公民无民事行为能力案件　　D. 公示催告程序案件

9-2-1　练一练答案

三、民事诉讼的基本制度

（一）合议制度

（1）人民法院审理第一审民事案件，由审判员、陪审员共同组成合议庭或者由审判员组成合议庭；人民法院审理第二审民事案件，由审判员组成合议庭。合议庭的成员应当是 3 人以上的单数。

（2）适用简易程序、特别程序（选民资格案件及重大、疑难的案件除外）、督促程序、公示催告程序公示催告阶段审理的民事案件，由审判员一人独任审理。

（3）2022 年 1 月 1 日开始实施的《民事诉讼法》扩大了独任制度的适用范围，基层人民法院审理的基本事实清楚、权利义务关系明确的第一审民事案件，可以由审判员一人适用普通程序独任审理；中级人民法院对第一审适用简易程序审结或者不服裁定提起上诉的第二审民事案件，事实清楚、权利义务关系明确的，经双方当事人同意，可以由审判员一人独任审理。

但是，下列案件不得由审判员一人独任审理。

（1）涉及国家利益、社会公共利益的案件。

（2）涉及群体性纠纷，可能影响社会稳定的案件。

（3）人民群众广泛关注或者其他社会影响较大的案件。

（4）属于新类型或者疑难复杂的案件。

（5）法律规定应当组成合议庭审理的案件。

（6）其他不宜由审判员一人独任审理的案件。

（二）回避制度

审判人员、书记员、翻译人员、鉴定人、勘验人有下列情形之一的，应当自行回避，当事人有权用口头或者书面方式申请他们回避。

（1）是本案当事人或者当事人、诉讼代理人近亲属的。

（2）与本案有利害关系的。

（3）与本案当事人、诉讼代理人有其他关系，可能影响对案件公正审理的。

上述人员接受当事人、诉讼代理人请客送礼，或者违反规定会见当事人、诉讼代理人的，当事人有权要求他们回避。

（三）公开审判制度

人民法院审理民事案件，除涉及国家秘密、个人隐私或者法律另有规定的以外，应当公开进行。离婚案件、涉及商业秘密的案件，当事人申请不公开审理的，可以不公开审理。

☞ **小提示**

公开审判包括审判过程公开和审判结果公开两项内容，不论案件是否公开审理，一律公开宣告判决。

（四）两审终审制度

（1）二审法院的判决、裁定是终审判决、裁定。对终审判决、裁定，当事人不得上诉。

（2）最高人民法院做出的一审判决、裁定，为终审判决、裁定。

（3）适用特别程序、督促程序、公示催告程序和简易程序中的小额诉讼程序审理的案件，实行一审终审。

9-2-2 练一练

1.【多选题】根据民事诉讼法律制度的规定，下列民事诉讼案件中，一律不公开审理的有(　　)。

A. 涉及国家秘密的案件　　B. 涉及个人隐私的案件

C. 涉及商业秘密的案件　　D. 离婚案件

2.【判断题】涉及商业秘密的诉讼案件，一律不公开审理。(　　)

9-2-2　练一练答案

四、地域管辖

（一）一般地域管辖

一般地域管辖是以被告住所地为依据来确定案件的管辖法院，即实行原告就被告原则。对公民提起的民事诉讼，由被告住所地人民法院管辖；被告住所地与经常居住地不一致的，由经常居住地人民法院管辖。

（二）特殊地域管辖

（1）因合同纠纷提起的诉讼，由被告住所地或者合同履行地的人民法院管辖。

（2）因保险合同纠纷提起的诉讼，由被告住所地或者保险标的物所在地的人民法院管辖。因人身保险合同纠纷提起的诉讼，可以由被保险人住所地人民法院管辖。因财产保险合同纠纷提起的诉讼，如果保险标的物是运输工具或者运输中的货物，可以由运输工具登记注册地、运输目的地、保险事故发生地人民法院管辖。

（3）因票据纠纷提起的诉讼，由被告住所地或者票据支付地的人民法院管辖。

（4）因公司设立、确认股东资格、分配利润、解散等纠纷提起的诉讼，由公司住所地人民法院管辖。

（5）因侵权行为提起的诉讼，由侵权行为地（包括侵权行为实施地、侵权结果发生地）或者被告住所地的人民法院管辖。信息网络侵权行为实施地包括实施被诉侵权行为的计算机设备所在地，侵权结果地包括被侵权人住所地。因产品、服务质量不合格造成他人财产、人身损害提起的诉讼，产品制造地、产品销售地、服务提供地、侵权行为地和被告住所地人民法院均有管辖权。

（6）因铁路、公路、水上、航空运输和联合运输合同纠纷提起的诉讼，由运输始发地、目的地或者被告住所地人民法院管辖。

（7）因铁路、公路、水上和航空事故请求损害赔偿提起的诉讼，由事故发生地或者车辆、船舶最先到达地、航空器最先降落地或者被告住所地人民法院管辖。

（8）因船舶碰撞或者其他海事损害事故请求损害赔偿提起的诉讼，由碰撞发生地、碰撞船舶最先到达地、加害船舶被扣留地或者被告住所地人民法院管辖。

（9）因海难救助费用提起的诉讼，由救助地或者被救助船舶最先到达地人民法院管辖。

（10）因共同海损提起的诉讼，由船舶最先到达地、共同海损理算地或者航程终止地的人民法院管辖。

（三）专属管辖

专属管辖权的确定方式见表 9-1。

表 9-1　专属管辖权的确定方式

纠纷类型	管辖法院
因不动产纠纷提起的诉讼	不动产所在地人民法院
因港口作业中发生的纠纷提起的诉讼	港口所在地法院
因继承遗产纠纷提起的诉讼	① 被继承人死亡时住所地法院； ② 主要遗产所在地法院

（四）协议管辖

协议管辖又称约定管辖，是指双方当事人在合同纠纷或者其他财产权益纠纷（如因物权、知识产权中的财产权而产生的民事纠纷）发生之前或者发生之后，以书面协议或者默示的方式选择管辖他们之间纠纷的人民法院。

合同纠纷或者其他财产权益纠纷的当事人可以书面协议选择被告住所地、合同履行地、合同签订地、原告住所地、标的物所在地等与争议有实际联系地点的人民法院管辖，但不得违反《民事诉讼法》对级别管辖和专属管辖的规定。

（五）共同管辖和选择管辖

两个以上人民法院都有管辖权（共同管辖）的诉讼，原告可以向其中一个人民法院起诉（选择管辖）；原告向两个以上有管辖权的人民法院起诉的，由最先立案的人民法院管辖。先立案的人民法院不得将案件移送给另一个有管辖权的人民法院。人民法院在立案前发现其他有管辖权的人民法院已先立案的，不得重复立案；立案后发现其他有管辖权的人民法院已先立案的，裁定将案件移送给先立案的人民法院。

9-2-3 练一练

1.【单选题】根据民事诉讼法律制度的规定，下列民事诉讼中，适用专属管辖的是（　　）。

A. 因航空运输合同纠纷提起的诉讼

B. 因港口作业中发生的纠纷提起的诉讼

C. 因确认股东资格纠纷提起的诉讼

D. 因票据纠纷提起的诉讼

9-2-3　**练一练答案**

2.【多选题】根据民事诉讼法律制度的规定，下列关于两个人民法院均有管辖权的民事诉讼的表述中，正确的有（　　）。

A. 原告向两个有管辖权的人民法院起诉的，由最先立案的人民法院管辖

B. 先立案的人民法院可以将案件移送给另一个有管辖权的人民法院

C. 人民法院在立案前发现另一个有管辖权的人民法院已先立案的，不得重复立案

D. 人民法院立案后发现另一个有管辖权的人民法院已先立案的，裁定将案件移送给先立案的人民法院

五、第一审程序

第一审程序是指各级人民法院审理第一审经济案件适用的程序，分为普通程序、简易程序。

（一）普通程序

普通程序是民事、经济案件审判中最基本的程序，主要包括以下内容。

1. 起诉和受理

起诉是指公民、法人或者其他组织在其民事权益受到损害或者发生争议时，向人民法院提出诉讼请求的行为。起诉必须符合下列法定条件：原告是与本案有直接利害关系的公民、法人或者其他组织；有明确的被告；有具体的诉讼请求和事实、理由；属于人民法院受理民事诉讼的范围和管辖范围。

受理是指人民法院通过对当事人的起诉进行审查，对符合法定条件的起诉决定立案审理的行为。人民法院接到起诉状或者口头起诉后，经审查认为符合起诉条件的，应当在 7 日内立案，并通知当事人。

☞ 小提示

提起民事诉讼可以提交书面起诉状，也可以采取口头形式。但上诉应当递交上诉状（口头上诉不行）。

2. 审理前的准备

人民法院应当在立案之日起 5 日内将起诉状副本发送被告。被告在收到之日起 15 日内提出答辩状。

3. 开庭审理

开庭审理是指在审判人员主持和当事人及其他诉讼参与人的参加下，在法庭上对案件进行审理的诉讼活动，其目的是确认当事人的权利义务关系，以调解或者判决的方式解决纠纷。

（二）简易程序

简易程序是指基层人民法院及其派出的人民法庭审理简单民事案件所适用的既独立又简便易行的诉讼程序。简易程序适用于事实清楚、权利义务关系明确、争议不大的简单案件。

当事人双方可以就开庭方式向人民法院提出申请，由人民法院决定是否准许。经当事人双方同意，可以采用视听传输技术等方式开庭。人民法院可以采取捎口信、电话、短信、传真、电子邮件等简便方式传唤双方当事人、通知证人和送达诉讼文书。以简便方式送达的开庭通知，未经当事人确认或者没有其他证据证明当事人已经收到的，人民法院不得缺席判决。适用简易程序审理的案件，由审判员独任审判，书记员担任记录。已经按照普通程序审理的案件，在开庭后不得转为简易程序审理。

下列案件不适用简易程序：起诉时被告下落不明的；发回重审的；当事人一方人数众多的；适用审判监督程序的；涉及国家利益、社会公共利益的；第三人起诉请求改变或者撤销生效判决、裁定、调解书的；其他不宜适用简易程序的案件。

9-2-4 练一练

1.【多选题】下列关于民事诉讼简易程序的表述中，正确的有（　　）。

A. 已经按照普通程序审理的案件，在开庭后可以转为简易程序审理

B. 经双方当事人同意，可以采用视听传输技术方式开庭

C. 发回重审的案件不适用简易程序

D. 可以采取捎口信的方式通知证人

2.【判断题】适用简易程序审理的民事案件，由审判员独任审判。（　　）

3.【判断题】被二审人民法院发回重审的民事诉讼案件可以适用简易程序审理。（　　）

9-2-4　**练一练答案**

9-2-5 想一想

夏丽丽因齐韵未偿还到期借款 20 万元，向丁县人民法院提起诉讼，此时齐韵下落不明已达半年。

请思考：丁县人民法院是否可以适用简易程序审理本案？

9-2-5　**想一想答案**

六、第二审程序

第二审程序，又称上诉程序，是指上级人民法院审理当事人不服第一审人民法院尚未生效的判决和裁定而提起的上诉案件所适用的程序。

（一）上诉期限

我国实行两审终审制度，当事人不服第一审人民法院判决、裁定的，有权向上一级人民法院提起上诉。当事人不服地方人民法院第一审判决的，有权在判决书送达之日起 15 日内向上一级人民法院提起上诉。当事人不服地方人民法院第一审裁定的，有权在裁定书送达之日起 10 日内向上一级人民法院提起上诉。

☞ 小提示

上诉应当递交上诉状，上诉状应当通过原审人民法院提出，并按照对方当事人或者代理人的人数提出副本。

（二）第二审人民法院对上诉案件的处理方式

（1）原判决、裁定认定事实清楚，适用法律正确的，以判决、裁定方式驳回上诉，维持原判决、裁定。

（2）原判决、裁定认定事实错误或者适用法律错误的，以判决、裁定方式依法改判、撤销或者变更。

（3）原判决认定基本事实不清的，裁定撤销原判决，发回原审人民法院重审，或者查清事实后改判。

（4）原判决遗漏当事人或者违法缺席判决等严重违反法定程序的，裁定撤销原判决，发回原审人民法院重审。

9-2-6 练一练

【单选题】根据民事诉讼法律制度的规定，当事人不服地方人民法院第一审裁定的，上诉期限是（　　）日。

A. 10　　B. 15

C. 20　　D. 30

9-2-6　练一练答案

七、诉讼时效

诉讼时效，是能够引起民事法律关系发生变化的法律事实，又称消灭时效，是指权利人在一定期间内不行使权利，即在某种程度上丧失请求利益的时效制度。

（一）诉讼时效的相关法律规定

（1）诉讼时效期间届满的，义务人可以提出不履行义务的抗辩。诉讼时效期间届满后，义务人同意履行的，不得以诉讼时效期间届满为由抗辩；义务人已经自愿履行的，不得请求返还。

（2）权利人超过诉讼时效期间后起诉的，人民法院应当受理（起诉权并不丧失）。义务人提出诉讼时效抗辩的，人民法院查明无中止、中断、延长事由的，判决驳回权利人的诉讼请求（权利人丧失胜诉权），但权利人的实体权利并不消灭。

（3）义务人未提出诉讼时效抗辩的，人民法院不应对诉讼时效问题进行释明及主动适用诉讼时效的规定进行裁判。

（4）当事人在一审期间未提出诉讼时效抗辩，在二审期间提出的，人民法院不予支持；但其基于新的证据能够证明对方当事人的请求权已过诉讼时效期间的情形除外。

（5）当事人未按照规定提出诉讼时效抗辩，却以诉讼时效期间届满为由申请再审或者提出再审抗辩的，人民法院不予支持。诉讼时效的期间、计算方法以及中止、中断的事由由法律规定，当事人约定无效。当事人对诉讼时效利益的预先放弃无效。

9-2-7 练一练

【单选题】根据诉讼时效法律制度的规定，下列关于诉讼时效期间届满法律效力的表述中，不正确的是（　　）。

A. 诉讼时效期间届满后，权利人丧失胜诉权

B. 诉讼时效期间届满后，权利人的实体权利归于消灭

C. 诉讼时效期间届满后，当事人起诉的，人民法院应当受理

9-2-7　练一练答案

D. 诉讼时效期间届满后，义务人同意履行的，不得以诉讼时效期间届满为由抗辩

（二）诉讼时效的适用对象

诉讼时效主要适用于请求权，但下列请求权不适用诉讼时效的规定。

（1）请求停止侵害、排除妨碍、消除危险。

（2）不动产物权和登记的动产物权的权利人请求返还财产。

（3）请求支付抚养费、赡养费或者扶养费。

（4）依法不适用诉讼时效的其他请求权。

当事人对下列债权请求权提出诉讼时效抗辩的，人民法院不予支持。

（1）支付存款本金及利息请求权。

（2）兑付国债、金融债券以及向不特定对象发行的企业债券本息请求权。

（3）基于投资关系产生的缴付出资请求权。

（4）其他依法不适用诉讼时效规定的债权请求权。

9-2-8 练一练

1.【单选题】根据诉讼时效法律制度的规定，下列当事人的请求权中，属于诉讼时效适用对象的是（　　）。

A. 甲公司请求乙公司支付租金

B. 丙公司请求股东钱某缴付出资

C. 周某请求银行支付存款本金及利息

D. 赵某请求孙某停止侵害

9-2-8 练一练答案

2.【单选题】根据诉讼时效法律制度的规定，下列各项中，不适用诉讼时效的是（　　）。

A. 请求支付房屋租金　　B. 请求支付劳动报酬

C. 人身伤害赔偿请求权　　D. 请求支付银行存款的本金和利息

（三）诉讼时效期间的具体规定

1. 普通诉讼时效期间

向人民法院请求保护民事权利的诉讼时效期间为 3 年。法律另有规定的，依照其规定。

2. 最长诉讼时效期间

诉讼时效期间自权利人知道或者应当知道权利受到损害及义务人之日起计算；法律另有规定的，依照其规定。但是，自权利受到损害之日起超过 20 年的，人民法院不予保护；有特殊情况的，人民法院可以根据权利人的申请决定延长。

☞ 小提示

普通诉讼时效期间有中止、中断的问题，但不能延长；20 年的最长诉讼时效期间不发生中止、中断的问题，但可以延长。

3. 诉讼时效期间的起算

（1）约定履行期限之债的诉讼时效期间，自履行期限届满之日开始计算。

（2）未约定履行期限之债的诉讼时效期间，依照《民法典》的规定，可以确定履行期限的，诉讼时效期间从履行期限届满之日起计算；不能确定履行期限的，诉讼时效期间从债权人要求债务人履行义务的宽限期届满之日起计算，但债务人在债权人第一次向其主张权利之时明确表示不履行义务的，诉讼时效期间从债务人明确表示不履行义务之日起计算。

（3）当事人约定同一债务分期履行的，诉讼时效期间自最后一期履行期限届满之日起计算。

（4）附条件之债的诉讼时效期间，自该条件成就之日起计算。

（5）附期限之债的诉讼时效期间，自该期限届至之日起计算。

（6）侵权行为所生之债的诉讼时效期间，自权利人知道或者应当知道权利被侵害事实和加害人之时开始计算。

（四）诉讼时效期间的中止与中断

诉讼时效期间的中止与中断见表 9-2。

表 9-2　诉讼时效期间的中止与中断

	发生原因（事由）	发生时间	对诉讼时效期间的影响
中止	① 不可抗力； ② 无民事行为能力人或者限制民事行为能力人没有法定代理人，或者法定代理人死亡、丧失民事行为能力、丧失代理权； ③ 继承开始后未确定继承人或者遗产管理人； ④ 权利人被义务人或者其他人控制； ⑤ 其他导致权利人不能行使请求权的障碍	诉讼时效期间的最后 6 个月内	暂停，中止事由消失后继续计算 6 个月
中断	① 权利人向义务人提出履行请求； ② 义务人同意履行义务（包括义务人做出分期履行、部分履行、提供担保、请求延期履行、制订清偿债务计划等承诺或行为）； ③ 权利人提起诉讼或者申请仲裁； ④ 与提起诉讼或者申请仲裁具有同等效力的其他情形	诉讼时效进行中	清零，从中断、有关程序终结时起，诉讼时效期间重新计算

9-2-9　练一练

1.【单选题】根据民事诉讼法律制度的规定，在诉讼时效期间最后 6 个月内发生或存续的下列事由中，能够引起诉讼时效中止的是（　　）。

A. 权利人提起诉讼

B. 义务人请求延期履行

C. 权利受到侵害的无民事行为能力人的法定代理人死亡

D. 权利受到侵害的完全民事行为能力人的委托代理人死亡

9-2-9　练一练答案

2.【多选题】下列有关诉讼时效中止的说法中，正确的有（　　）。

A. 权利人向义务人提出履行义务请求的,诉讼时效中止
B. 引起诉讼时效中止的法定事由应发生于或存续至诉讼时效期间的最后 6 个月内
C. 诉讼时效中止的事由消除以后,重新计算诉讼时效期间
D. 权利人被义务人控制使其不能行使请求权,是诉讼时效中止的法定事由

项目实施

本项目“案例导入”中,陈文起诉没有超过诉讼时效期间。根据《民法典》的规定,诉讼时效期间自权利人知道或者应当知道权利受到损害及义务人之日起计算。由于云山百货商场并未声明高压锅存在质量问题,那么诉讼时效期间应当从陈文使用并发现高压锅存在质量问题之日起开始计算,而且从陈文购买高压锅之日(即其权利被侵害之日)起并未超过 20 年,因此,陈文向云山百货商场主张更换高压锅并赔偿损失,并未超过诉讼时效期间。

项目二　练习

一、单选题

1. 下列不动产相关纠纷中，不按照不动产纠纷确定管辖的是(　　)。
   A. 房屋租赁合同纠纷　　B. 建设工程施工合同纠纷
   C. 相邻排水关系纠纷　　D. 商品房买卖合同纠纷

2. 根据诉讼时效法律制度的规定，下列请求权中，适用诉讼时效的是(　　)。
   A. 甲公司请求乙公司停止侵害
   B. 张某请求银行支付存款本金
   C. 丁公司要求股东李某缴付出资
   D. 王某要求戊公司支付加工费用

3. 下列请求权中，适用诉讼时效的是(　　)。
   A. 甲公司请求乙公司支付货款
   B. 赵某请求钱某停止对其名誉的侵害
   C. 孙某请求银行支付存款本金及利息
   D. 丁公司要求股东李某返还抽逃的出资款并支付利息

二、多选题

1. 下列各项中，属于适用特别程序审理的民事案件的有(　　)。
   A. 选民资格案件　　B. 宣告失踪案件
   C. 认定公民无民事行为能力案件　　D. 公示催告程序案件

2. 下列民事案件中，可以由1名审判员独任审理的有(　　)。
   A. 适用简易程序审理的案件
   B. 选民资格案件
   C. 适用督促程序审理的案件
   D. 公示催告程序除权判决阶段的案件

3. 下列有关共同管辖的说法中，正确的有(　　)。
   A. 两个及以上人民法院均有管辖权的诉讼，原告有权自由选择向其中一个人民法院起诉
   B. 原告向两个及以上有管辖权的人民法院起诉的，由最先立案的人民法院管辖
   C. 人民法院在立案前发现其他有管辖权的人民法院已先立案的，应当先予立案，再将案件移送给先立案的人民法院
   D. 先立案的人民法院不得将案件移送给另一个有管辖权的人民法院

三、判断题

1. 民事诉讼审理期间，义务人未提出诉讼时效抗辩的，人民法院可以主动适用诉讼时效的规定进行裁判。 (　　)

2. 当事人约定同一债务分期履行的，诉讼时效期间自最后一期履行期限届满之日起计算。 (　　)